JN213265

インクルーシブ保育実践者の人材育成

- 職場を活性化し学び合いの風土をつくる保育KI -

高尾 淳子

TAKAO Atsuko

まえがき

　本書は、2018年に提出した博士論文『インクルーシブ保育実践者の人材育成法に関する研究 - 職場を活性化し学び合いの風土をつくる「保育KI(ケーアイ)」の開発を通して - 』を加筆・修正したものである。

　筆者が、職場での会議の様子を複数の保育者にお聞きしたところ、「職員会議では園長や主任の話を聞くだけで、その場で若い保育者が意見を述べることは難しい」との回答を得た。一方、園長からは「保育者が、突然辞めてしまった」という話をお聞きすることが度々あった。このように、当事者から生の声を聞くことにより、保育職場の風土の特徴を推測することができた。政府が一億総活躍社会の実現を目指し、「夢をつむぐ子育て支援」を具現化する手段として保育の充実に関する諸施策が推進されているなかで、前述のような保育職場内の課題については十分に語られているとは言えない。それを議論するためには、保育職場の風土調査を通じてその特徴を明らかにし、改善すべき点を抽出する必要がある。そこで、本研究の前半では、ダイバーシティ＆インクルージョン(Diversity and Inclusion)を職場に導入し、定着を図る視点に立ち、職場風土調査を実施した。

　本研究は、インクルーシブ保育を実践する保育者の人材育成の手段として「保育KI」を開発し、その適用効果および活動を継続する上での課題を明らかにするものである。保育KI (Knowledge Intensive Staff Innovation：知識集約型職員改革)とは、保育所・幼稚園・認定こども園等で保育に従事する一人ひとりの保育者が気づいた課題を職場で共有し、全員で解決するプロセスを通じて、保育者の成長、ならびに職場力の強化を図る人材育成の手法である。

　本書の序章では、インクルーシブ保育及び教育に関する国内外の捉え

方やその対応状況を整理した上で、わが国のインクルーシブ保育に関する諸問題について述べた。つづいて、インクルーシブ保育に関わる保育者の人材育成に関する先行研究と本研究の着目点を示した。

　本研究では3項目の調査研究ならびに3件の実践研究を実施した。第1章に記述した1項目目の調査研究では、インクルーシブ保育実践者を育成するための方策を検討するために園外研修に着目した。第2章に記述した2項目目の調査研究では、インクルーシブ保育を実践する保育所づくりを目指した職場風土の醸成及び保育者育成の要件を明らかにすることを目的として、185名の保育所長の意識調査を実施した。3項目目の調査研究では、職場風土や保育者の人材育成に関する課題の分析を通じて保育者の知識及び技能の向上に関わる施策検討につながる着眼点を明らかにすることを目的として、649名の保育者を対象に課題意識調査を実施した。

　第3章では、3件目の実践研究の詳細とその成果を記述した。保育KIの試行1では、2015年度に幼稚園教諭21名と保育士24名を対象にワークショップを2回連続講座で実施し、保育KIの現場への適用可能性を確認した。保育KIの試行2では、2016年度に保育士16名を対象にワークショップを5回連続講座で実施し、保育職場への導入効果の計測と分析を実施した。保育KIの試行3では、2017年度に、23名の保育士を対象に「保育KIの手法を用いた風通しの良い職場風土づくり」をテーマとして4回連続講座でワークショップを実施した。第3回と第4回の開講日の間に、筆者が参加者の職場をフォローアップ訪問し、ワークショップ参加者がファシリテーターとして職場で保育KIを展開することをバックアップすると同時に、「本活動に参加した感想」「本活動の利点／難点」「本活動を継続するうえでの障壁」に関する参加者全員の声を聴取した。

　職場に保育KI活動を採り入れた7か所の保育所へのフォローアップ巡回訪問を通じて、保育KIの「発言の対等性」「等至性」「レジューム性」「網

羅性」が実証できた。保育KIの特徴である発言の対等性とは、発言機会の対等性のみを指すのではなく、発言尊重の対等性を含むものである。保育カンファレンスの課題とされていた「発言の対等性」がすべてのフォローアップ調査で実証できたことは、本研究の大きな成果の1つである。さらに、インクルーシブ保育の実践力強化については、気になる子どもの発達支援の分野で、5つの保育所の活動の観察により実証できた。

　以上のことから、保育KIの導入はインクルーシブ保育を実践するチームを活性化するとともに、個々の保育者を育成することで、より高いレベルのインクルーシブ保育を実現するものであると結論づけた。

　本書は、保育関係者はもとより、研究者、ならびに「インクルーシブ保育」、「人材育成」に関する研究を行なう学部生や大学院生を読者として想定している。保育KI活動の展開ならびに継続は、やらされ感のある仕事からやりがいのある仕事への転換を促し、保育者が生き生きと活躍できる風通しの良い職場風土づくりにつながる。保育者が個々の気づきを職場で共有し、全員が知恵を出し合ってチーム保育を進めることにより、保育の質が向上し、子どもたちが享受できる利益は従来よりもさらに大きくなると期待できる。子どもの幸せは、その子どもの家族の幸福に波及するであろう。保育業界にこのような正のスパイラルを創り出すことを願って活動する方々に向けて、本書が新たな知見を提供しうる一冊となれば幸いである。

　2019年12月

高 尾 淳 子

目　次

図目次

表目次

序章　本研究の目的と問題提起

　本研究は、インクルーシブ保育を実践する保育者の人材育成の手段として「保育 KI（ケーアイ）」を開発し、その適用可能性および継続する上での課題を明らかにするものである。保育KI（Knowledge Intensive Staff Innovation：知識集約型職員改革）とは、保育所・幼稚園・認定こども園等で保育に従事する一人ひとりの保育者の意識を改革し、職場力の強化を図る人材育成の手法である。

第1節　研究の目的と問題提起

1　研究の目的

　本研究は、インクルーシブ保育実践者の人材育成の可能性に関し、職場の活性化を図る手段としての「保育KI」の開発を通して、この手法がどのような効果を有するのか、この手法を持続するにはいかなる課題があるのかを明らかにすることを目的とした。

　この研究目的を達成するため、序章では、インクルーシブ保育推進の視点で保育者の現況を網羅的に叙述・概観した。

　第1章では、インクルーシブ保育を実践する保育者の育成に向けた養成教育・現認研修の変遷と現代的な問題を本研究の背景事情として描いたうえで、本論文の主テーマである職場力と個人の能力向上につながる課題を抽出した。これらの課題は、第3章の「保育KI」につながっていく。

　第2章では、インクルーシブ保育を推進するために、職場の力をいかに引き出すかについて、どのような課題が伏在しているかを質問紙調査によって明らかにした。

　第3章では、インクルーシブ保育の推進に向けた「保育KI」活動が保

育の現場に適合するかどうかについて試行を重ねたうえで、適用可能を述べた。

第4章では、第3章で述べた試行について検証作業を行ない、インクルーシブ保育実践者の育成に関する考察と、新しい視点について述べた。

終章では、4章までを総括し、保育職場への展開を推進するステップである「保育KI」について、研究上、実践上の課題を述べた。

さて、第二次世界大戦以降、わが国の社会情勢は大きく変化した。経済の変化により、夫婦ともに職を持つ家庭が増加した。さらに、近年では急速に国際化が進み、長期に在留する外国籍の労働者も著しく増加した。そうした社会の変化に伴って、保育に対する社会的要請もまた変化し続けている。これをふまえて本章では、社会の変化に伴って近年のわが国の保育業界に求められている新たな社会的要請、及びその要請に応えることが期待されている保育者が直面している問題について、多角的に整理した。

新たな社会的要請として、本書では「インクルーシブ保育の推進」を取り上げた。保育者が直面している問題としては、保育者の早期離職問題、他職種との連携の困難、研修・研鑽の不足の現状を取り上げ、それらの問題から生じている現象を整理した。

そのうえで、生きがいをもってインクルーシブ保育を実践することができる保育者の育成に必要な具体的手法（保育KI）を提供する重要性を示した。

つづいて、本節の第2項にて本論文で使用する用語の概念と使い方を示したうえで、第3項で本研究のテーマに含まれる「インクルーシブ保育」について、その発祥からインクルーシブ保育に対する国内外の捉え方、インクルーシブ保育・教育に関する日本の法整備、インクルーシブ

保育と特別支援教育との関係、インクルーシブ保育と保育者の早期離職との関連、インクルーシブ保育と合理的配慮の保育現場での変遷、インクルーシブ保育を実践する保育者と他の専門職との連携の関連、障がいのある子どもの支援の枠組みと連携支援の限界、インクルーシブ保育と支援が届きにくい子どもの保育との関係、インクルーシブ保育とリスクリテラシーの関連、インクルーシブ保育と職場風土の活性化との関連について整理し、その中から問題点を提起した。

2　本論文で用いる用語の概念と使い方
2－1　保育

日本の幼児教育制度では、幼稚園と保育所、認定こども園のそれぞれで管轄省庁が異なることから、幼稚園では「教育」、保育所では「保育」の用語が長期間使用されてきた経緯がある。2014年に内閣府・文部科学省・厚生労働省が示した「幼保連携型認定こども園教育・保育要領解説」の中では「教育及び保育」の用語が用いられている。また、厚生労働省が作成した「教育・保育施設等における事故防止及び事故発生時の対応のためのガイドライン」では、「教育・保育施設」の用語が用いられている。

このように、管轄省庁により用語が異なってはいるが、2018年度より適用されている保育所保育指針に「保育は養護と教育が一体となって展開される」との文言があることをふまえて、本書では幼稚園教育と保育所保育及び認定こども園における教育と保育とを特に区別する必要がない場合には、「保育」の用語で統一した。また、省庁等が作成した文書を引用する際には、原本の記載に従うこととした。

2－2　保育者

わが国の保育現場には、幼稚園や保育所、認定こども園など数種類の保育施設がある。それらの施設における保育従事者は、幼稚園教諭免許

を所持して幼稚園で勤務する教諭、保育士資格を所持して保育所や子育て支援センター、児童相談所等で勤務する保育士、幼稚園教諭免許と保育士資格の両方を所持して幼保連携型認定こども園で勤務する保育教諭である。さらに、それらの人々に加えて、前述の免許・資格を取得せずに保育に携わっている人々もいる。

すでに述べたように、インクルーシブ保育と特別支援教育との関係が密接であることから、本書では、保育士や幼稚園教諭をはじめ、保育に従事している人々について、特に区別する必要がない場合には「保育者」の言葉を用いる。

2−3　インクルーシブ保育

インクルーシブ保育については、国際連合教育科学文化機関 UNESCO(2015)[1]、米国特殊児童協会幼児部会 DEC と全米幼児教育協会 NAEYC(2009)[2]、欧州連合(2010)[3]、カナダの Inclusion Network の捉え方をふまえて、本論文ではインクルーシブ保育にダイバーシティ及びインクルージョンの概念を含み、次のように定義して用いた。

インクルーシブ保育とは、障がいやその他の理由で特別なニーズを有する子どもを含むすべての乳幼児が、保育所・幼稚園等の正式なメンバーとして、差別を受けることなく合理的配慮を受けて、同じ施設を使い、同じ活動に参加し、共に育ちあえる保育の形態である。

---

1 Anupam, A., Mel, A., Alphonsine, B. B., et al. (2015). *Guidelines for Inclusion: Ensuring Access to Education for All.* UNESCO.13.

2 DEC/NAEYC. (2009). *Early Childhood Inclusion: a joint position statement of the Division for Early Childhood (DEC) and the National Association for the Education of Young Children (NAEYC).* Chapel Hill, the University of North Carolina, FPG Child Development Institute.

3 European Commission. (2010). *Europe2020 A European strategy for smart, sustainable and inclusive growth.*

2－4　障がい、障害

「しょうがい」については立場の異なるさまざまな人々に使用される用語であることから、複数の漢字表記法や平仮名表記等についてそれぞれ肯定的・否定的意見がある[4]。現在は、ICF の国際生活機能分類 (2001) の生活機能構造モデル「心身機能・構造障害 (Body Functions & Structure)」、「活動制限 (Activity)」、「参加制約 (Participation)」という捉え方が広がりつつあるが、社会全体の老若男女に周知されているとはいえない。

そこで本書では、一つひとつの文字から負のイメージが連想しづらくなるとの理由で中立的な平仮名を使用し、「障がい」と記述した。但し、医療用語・福祉用語・教育用語等として省庁等が使用する用語や、法律・条令等に謳われている文言については、原本の表記を使用した。

2－5　特別なニーズを有する子ども

特別なニーズを有する子どもについては、障がいがある子ども、パステルゾーンの子ども、医療的配慮の必要な子ども、日本語を母語としない子ども、外国の文化をもつ子ども、宗教的な配慮が必要な子ども、極端な貧困状態にある子ども、虐待を受けている、もしくは受けている疑いのある子ども、セクシュアル・マイノリティ (LGBT 等) の子ども等、文化的・社会的・民族的・性的マイノリティの子ども、及び保育現場で特別な配慮を必要とする子どもの総称として用いた。

2－6　気になる子ども

「気になる子ども」は、保育者が子どもの実態を観察する中で、診断名の有無や療育手帳の取得状況にかかわらず、「行動や言動等に顕著な

4「障害」の表記に関する作業チーム (2010)「『障害』の表記に関する検討結果について」平成22年11月22日.

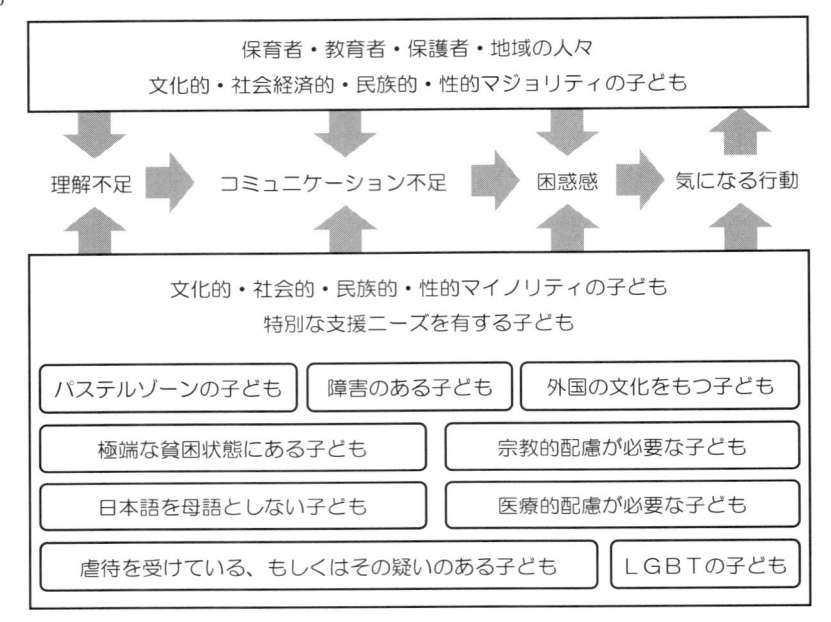

図1　気になる子どもの概念図（高尾, 2017）

特徴をもつ子ども」「発達上の課題が気にかかる子ども」の総称として用いた。「気になる子ども」の用語は、1990年代以降に主に保育者や教育者等によって用いられており、発達障がい等の診断を受けた子どもや、保育者の観察を通じて発達の偏りが疑われる子ども等が含まれる。これらの子どもは、自分の思い通りに進まないことについて、その理由を論理的に理解することができずに困っており、その困り感から苛立ちを感じて、他児や自分自身を傷つける行動を示すことも珍しくない。

　生きづらさをもって園生活を続けているこれらの子どもは、保育・教育の場、及び地域社会、家庭の各生活場面にて、特別な支援ニーズを有している。図1に、特別な支援ニーズを有している子どもが気になる行動を表し、「気になる子ども」と呼ばれるまでの過程を示した[5]。文化的・

5 高尾淳子 (2017)「気になる子ども」『保育士・幼稚園教諭のための障害児保育キーワード100』20-21, 福村出版 .

社会的・民族的・性的マイノリティであること自体に問題はないが、人々のさまざまな「違い」から生じる摩擦により、相互の理解不足やコミュニケーション不足が生じ、大多数の人々から見た少数派の子どもたちの振る舞いが「気になる行動」として映っているのが現状である[6]。

２－７　組織風土

本書で使用する「組織風土」の言葉は、組織を構成している人々の間で共通の認識とされている組織内での行動規範、業務に対する価値観、仕事の進め方、コミュニケーションの取り方、職員の育成に対する姿勢及びその実施状況等、各組織の特性の総称として用いた。その範囲は、就業規則のように明文化されているものにとどまらず、暗黙のルールのような不文律のものも含む。

本書で使用する「組織風土の組織」は、必ずしも1か所の施設をさすのではなく、公的組織や複数の施設を有する法人、企業等の民間組織の意味で用いた。

一方、本論文で使用する「職場風土の職場」は、1か所の施設をさす。たとえば、1つの法人や企業が幼稚園1か所、保育所2か所、障がい児施設1か所を有する場合には、職場の数は4である。同じ法人や企業内でも、施設によって職場風土が異なる場合もある。つまり、組織風土は必ずしも各職場の風土と同一ではない。

なお、本書で記述する職場風土の「風土」は、組織風土の「風土」と同義で用いた。

３　インクルーシブ保育について

３－１　インクルーシブ教育の発祥

インクルーシブ保育及び教育は、特別な教育的ニーズ(special

6 高尾淳子(2017)「気になる子ども」『保育士・幼稚園教諭のための障害児保育キーワード100』, 62-63, 福村出版.

educational needs) に応じた教育、及びインクルーシブ教育を提唱した1978年ウォーノック報告書を発端とし、同報告を基盤とするイギリスの「1981年教育法」の制定を端緒に発展を続けている。

　1994年にはスペインのサラマンカで開催された「スペシャルニーズ教育に関する世界会議」にて、国際連合教育科学文化機関 (UNESCO) がインクルーシブ教育 (inclusive education) の促進を宣言した[7]。同会議では、この「サラマンカ声明」と併せて、「特別なニーズに関する行動のための枠組み (Salamanca Statement on principles, Policy and Practice in Special Needs Education and a Framework for Action)」によって「インクルージョン (inclusion) の原則」、「万人のための学校 (EFA：Education for All)」が表明された。これを契機に、「万人のための教育」に向けた活動の必要性の認識が国際労働機関 (ILO)、世界保健機関 (WHO)、国連児童基金 (UNICEF) といった国際機関等で表明されるなど、教育及び保育の場で子どもの個別のニーズや自己決定を重視するインクルージョンが推進されてきた歴史がある。以降、経済協力開発機構 (OECD) やUNESCO 等の国際機関がリードし研究を進める中、その理念に賛同する国々がインクルーシブ保育及び教育の実現を目指し推進している。

３−２　インクルーシブ保育及び教育に関する海外の捉え方

　UNESCO (2015) は、インクルーシブ教育の定義を「全ての学習者の多様なニーズ（分離教育を減らし、学習・文化・地域への参加を増やす）に対する呼応の過程である。適切な年齢の全ての子どもたちに普通教育を提供するという信念をもち、一般的な展望として、内容・構造・アプローチ・戦略を改変するものである[8]」と提示した。

---

7 UNESCO. (1994) .*World Conference on Special Needs Education: Access and Quality,* Salamanca, Spain.
8 Anupam, Mel, A., Alphonsine, B. B., et al. (2015) . *Guidelines for Inclusion: Ensuring Access to Education for All.* UNESCO.13.

　米国の The Division for Early Childhood of the Council for Exceptional Children (DEC) と、The National Association for the Education of Young Children (NAEYC)(2009)[9] は、乳幼児期のインクルージョンについて「一人ひとりの乳幼児とその家族が、能力に関係なく家族・コミュニティ・社会の正式なメンバーとしてあらゆる活動に参加することの価値・方針・実践を表す」と定義した。DEC は、特別なニーズのある0から8歳の乳幼児の発達支援を目的として、1973年にボランティアグループとして設立された団体である。現在は専門職で構成された最大の組織となり、17地域に渡って活動している。DEC/DECET は、帰属意識とメンバーシップ、前向きな社会的関係と友情、可能性に働きかける学びと発達が、障がいのある子どもと障がいのない子ども、及びその家族のインクルーシブな経験による望ましい結果であると述べている。

　欧州連合 (EU) は、Europe 2020: A strategy for smart, sustainable and inclusive growth で 2010年から 10年間のビジョンを示し、持続可能なインクルーシブ化の戦略として教育を含む5つの目標「雇用、研究開発、気候変動とエネルギー効率、教育、貧困削減」を挙げた[10]。また、早期からインクルージョンに取り組んできたカナダでは Inclusion Network が「インクルージョンは、生涯を通して共に生きることを学ぶものである。単に障がいだけの問題ではなく、ダイバーシティとコミュニティの構築が重要」との見解を示した。

3−3　インクルーシブ保育及び教育に関する日本政府の捉え方

　前述の海外の動向の中、わが国では「インクルーシブ保育」の言葉は

9 DEC/NAEYC. (2009). *Early Childhood Inclusion: a joint position statement of the Division for Early Childhood (DEC) and the National Association for the Education of Young Children (NAEYC).* Chapel Hill, the University of North Carolina, FPG Child Development Institute.
10 EUROPEAN COMMISSION (2010). *EUROPE2020 A European strategy for smart, sustainable and inclusive growth.*

用いていないが、実質的にはインクルーシブ保育及び教育を推進していると言える。内閣府は、2010（平成22）年に子ども・子育てビジョンにて「一人ひとりの子どもの置かれた状況の多様性を社会的に尊重し（インクルージョン）、ひとり親家庭の子どもや障がいのある子どもなど、特に支援が必要な方々が安心して暮らせるよう支援するとともに、子どもの貧困や格差の拡大を防ぐ」と提示した[11]。

　また、厚生労働省（2014）「障がい児支援の在り方に関する検討会（座長：柏女霊峰教授）」の報告書[12]では、「地域社会への参加・包容（インクルージョン）の推進と合理的配慮」「障がい児の地域社会への参加・包容を子育て支援において推進するための後方支援としての専門的役割の発揮」を基本理念とし、障がい児本人の最善の利益の保障と並んで家族支援の重視を明記した。同報告書では提言として、①地域における「縦横連携」を進めるための体制づくり、②「縦横連携」によるライフステージごとの個別の支援の充実、③特別に配慮された支援が必要な障がい児のための医療・福祉の連携、④家族支援の充実、⑤個々のサービスの質のさらなる確保を示した。①では「保育所等訪問支援等の充実」が、②では「ライフステージごとの支援」が、③では「福祉の専門家だけでは適切に対応できないことを念頭に置いた医療・福祉の連携」が、④では「ペアレント・トレーニングの推進」が、⑤では「一元化を踏まえた職員配置等の検討、放課後等デイサービス等の障がい児支援に関するガイドラインの策定」が、それぞれ提示された。

　一方、文部科学省は2012（平成24）年に、「インクルーシブ教育システムは、同じ場で共に学ぶことを追求するとともに、個別の教育的ニーズのある幼児児童生徒に対して、自立と社会参加を見据えて、その時点で

11　内閣府「子ども・子育てビジョン - 子どもの笑顔があふれる社会のために -」平成22年1月29日.
12　厚生労働省（2014）『今後の障害児支援の在り方について（報告書）～「発達支援」が必要な子どもの支援はどうあるべきか～」の取りまとめについて　平成26年7月16日』.

教育的ニーズに最も的確に応える指導を提供できる、多様で柔軟な仕組みの整備が重要である。特別支援教育は、共生社会の形成に向けて、インクルーシブ教育システム構築のために必要不可欠である。最終的には、障がい者の権利に関する条約の理念が目指す共生社会の形成に向けて、インクルーシブ教育システムの構築を目指す」と発表した。

　つづいて、2014（平成26）年にわが国が批准した「障害者の権利に関する条約（略称：障害者権利条約）」によって、障がいに基づくあらゆる差別（合理的配慮の否定を含む）の禁止や障がい者の地域社会への参加の促進等が定められている。日本政府は障害者権利条約の締結以降、障害者政策委員会（2015）において、インクルーシブ教育システムについて議論を進めている[13]。このようにわが国は、保育及び教育分野におけるインクルージョンの推進を図っている。

　すでに述べたように、インクルーシブ保育の概念は欧米で生まれた。その考え方が世界に発信され、わが国の保育業界にも受け入れられつつある。インクルーシブ保育の言葉は, わが国の省庁で未だ用いられていないこともあり、わが国の保育者にとって馴染みの薄い言葉であることは否めない。そのため、インクルーシブ保育が、障がいのある子どもだけではなく、文化的マイノリティ等、支援ニーズのあるすべての子どもたちを対象とすることについて、一人一人の保育者に周知することが必要である。筆者も、保育者研修及び養成教育の場でインクルーシブ保育について丁寧に説明することによって、その一役を担っている。

３－４　インクルーシブ保育・教育に関する日本の法整備

　日本政府は、国際連合の障害者権利条約の理念に則った改正障害者基本法を成立させ、2011（平成23）年8月5日に公布・施行した。さらに障

13　障害者政策委員会（2015）「議論の整理－第3次障害者基本計画の実施状況を踏まえた課題－」平成27年9月.

害者基本法の差別の禁止の基本原則を具体化するものとして、2016 (平成28) 年4月1日には、障害者差解消法が施行された。同法では「差別の解消と共生社会の実現」、「不当な差別的取扱い」と「合理的配慮」の不提供の禁止、「社会的障壁」の排除などの骨格から成り立つ。

「合理的配慮」の言葉については、障害者権利条約第二条で「障がい者が他の者との平等を基礎として全ての人権及び基本的自由を享有し、又は行使することを確保するための必要かつ適当な変更及び調整であって、特定の場合において必要とされるものであり、かつ、均衡を失した又は過度の負担を課さないものをいう」と定義されている。また、「社会的障壁」については、改正障害者基本法第二条で「障害者が日常生活又は社会生活において受ける制限をもたらす原因となる社会的な障壁 (事物、制度、慣行、観念その他一切のもの)」と定義されている。

障害者差別解消法では、差別的取扱いの禁止が国、地方公共団体から民間事業者までを通じた法的義務とされている他、国や地方公共団体等については合理的配慮の提供が義務化され、民間事業者についても合理的配慮の提供が努力義務とされている。

一方、障害者権利条約では、障がいに基づくあらゆる差別 (「合理的配慮」の否定を含む) の禁止や障がい者の地域社会への参加・包容 (インクルージョン) の促進等が定められている。

前述のように、インクルーシブ保育及び教育が推進される動向の中で、保育者はこれらの法律に基づく社会的要請を踏まえて保育にあたることが求められている。

3−5　インクルーシブ保育と障がい児保育制度との関係
3−5−1　わが国の障がい児保育制度の変遷
江戸時代から近代までの障がい児保育制度

わが国の障がい児保育の歴史は、江戸時代の寺子屋で行われていた統

合保育からの記録が残されている。寺子屋では、さまざまな障がいのある子どもたちが共に学び合っていたという[14]。わが国における最も古い託児所は、1871（明治4）年にアメリカ人宣教師によって横浜に開設された「亜米利加婦人教授所」であった。

これは、混血児の救済を目的とする施設であった。

1890（明治23）年には、わが国の民間人の手によって新潟県に「静修女学院附設託児所」が開設された。これは、子守りに従事していた学齢期の子どもに、通学する時間を保障する目的で開設された。

1900（明治33）年には、紡績女子工員の子どもを預かる目的で「二葉幼稚園」が開設された[15]。その後は、戦争孤児となった軍人の子どもを預かる託児所や、農繁期の農村の子どもを預かる託児所など、社会の必要に即した託児所が各地で開設された。

1919（大正8）年には、救貧対策および治安対策の一つとして公立の保育所が開設された。

1920年代には、全国で保育所開設が進み、その利用児の中には疾病や障がいのある幼児も含まれていた。

1938（昭和13）年には、東京都の愛育研究所で知的障がい児を対象とする保育が始められ、その保育を三木安正が担当したとの記録が残されている[16]。

第二次世界大戦後の障がい児保育制度

第二次世界大戦終結後の1947（昭和23）年に児童福祉法が制定され、保育所が法的に位置づけられた。児童福祉法では知的障がい児施設が制度化されたが、一般の保育所での受け入れは、各施設の裁量に任されて

---

14 乙竹岩造（1929）『日本庶民教育史』目黒書店.
15 亀谷和史編（2008）『現代保育と子育て支援』八千代出版.
16 佐藤陽子（2005）「障害児保育 – 特別な援助を必要とする子どもの保育の歴史 – 寺子屋時代から今日まで –」『尚絅学院大学紀要』51, 9-21.

いた。

1974（昭和49）年に厚生省が「障害児保育事業実施要綱」を通知したことを契機に、保育所での統合保育が広がっていった[17]。それは、保育所が障がい児を受け入れるにあたって必要となる経費を国と自治体が補助する事業であった。障がい児の保育は、少数の指定保育所で実施されていたが、1978（昭和53）年に指定方式が解除された[18]。保育所における障がいのある子どもの受け入れについて、このように制度化が進む一方で、現実的にはなかなか受け入れが進まなかった[19]。

1998（平成10）年には、「障害児通園施設の相互利用制度について」の通知が出されたことにより、障がいのある子どもが、知的障がい児通園施設あるいは肢体不自由児通園施設と保育所との並行通園をすることが可能となった。

以上に述べたように、わが国では障がいのある子どもを保育所に受け入れてきた歴史は長い。しかしながら、発達障がいの概念については各保育所に浸透するまでに時間を要した。たとえば自閉症については、1943年に Kanner[20] が論文を発表し、1944年には Asperger[21] がアスペルガー症候群の研究を発表した。Asperger の研究を発展させて Wing（1981）[22] がアスペルガー症候群の論文を発表し、それ以降、欧米を中心に研究が進められた。しかし、アスペルガー症候群の概念がわが国の保育業界に広がったのは、2007（平成19）年の特別支援教育開始後であった。

17 澤田英三 (2009)「制度化以前の保育所における障碍児保育についての事例報告」『安田女子大学紀要』37, 169-178.

18 古屋義博 (2011)「保育士養成科目『障害児保育』の歴史的考察」『身延山大学仏教学部紀要』12, 31-44.

19 宮下俊彦 (1974)「障害児保育の実態と問題点」『1974年度版 精神薄弱者問題白書』196-201.

20 Kanner, L. (1943).Autistic Disturbances of Affective Contact, *Nervous Child,* 2, 217-250.

21 Asperger, H. (1944). Die 'Autistischen Psychopathen' im Kindesalter, *Archiv fur Psychiatrie und Nervenkrankheiten,* 117, 76-136.

22 Wing, L. (1981). "Asperger's syndrome: a clinical account". *Psychol Med* 11(1) 115-129.

障がいのある子どもの保育に対する補助事業

保育所等における障がいのある子どもに対する支援施策についてわが国は、2017年度より実施している保育士等キャリアアップ研修を活用した障がい児保育におけるリーダー的職員の育成及び処遇改善の充実、地方交付税措置とされている障がい児保育の拡充、子どものための教育・保育給付費負担金における療育支援加算の創設等を図っている[23]。具体的には、主任保育士を主任業務に専任させるための代替保育士の配置等の実施に係る加算「主任保育士専任加算」、主任保育士専任加算の対象であり、かつ、障がい児を受け入れている施設において、主任保育士を補助する人を配置し、地域住民等の子どもの療育支援に取り組む場合に加算される「療育支援加算」[24]、障がい児を受け入れる特定地域型保育事業所において、障がい児2名につき保育士1名を配置するために必要な経費を負担する「障害児保育加算」、保育現場におけるリーダー的職員の育成に関する「保育士等キャリアアップ研修」の研修分野として「障害児保育」を盛り込み、当該研修を実施するために必要な経費の一部を補助するもの（2017年度創設）、さらには、保育士等キャリアアップ研修の修了後に障がい児保育を含め、職務分野別リーダー又は専門リーダーとなった職員に対して、その取組に応じた人件費の加算に必要な経費を負担する「処遇改善等加算Ⅱ」（2017年度創設）がある。また、保育環境改善等事業としては、保育所等において障がい児を受け入れるために必要な改修等に必要な経費の一部を補助する「保育対策総合支援事業費補助金」がある。保育所等訪問支援に関しては、保育所等を利用中の障がい児が、保育所等における集団生活の適応のための専門的な支援を必要とする場合に、児童発達支援センター等による訪問支援を実施するために必要な費用を負担する「障害児入所給付費等負担金」がある。巡回支援

23 厚生労働省 (2017)「保育所等における障害のある子どもに対する支援施策について」.
24 認定こども園、幼稚園にも同様の仕組みがある。

専門員整備に関しては、発達障がい者支援に関するアセスメントや支援手法についての知識と技術を持った専門員が、保育所等の子どもやその親が集まる施設・場に巡回支援を実施し、障がいが気になる段階から支援を行うために必要な経費の一部を補助する「地域生活支援事業費等補助金」がある。発達障がい者支援体制整備事業としては、保育士等が子育てに困難を感じる保護者に対して実施すするペアレントプログラム、および保護者がペアレント・トレーニングを行なう必要な経費を補助するものがある。それらはいずれも、国が費用の2分の1を負担する（保育環境改善等事業のみ、国の負担は3分の1）。

３－５－２　保育所保育指針における障がい児保育の位置付け

　1965（昭和40）年には、保育所保育のガイドラインとして保育所保育指針制定され、1990（平成2）年、1999（平成11）年、2009（平成21）年の改定を経て、2018（平成30）年度から改正保育所保育指針が施行された。1999（平成11）年に改定された保育所保育指針では、障がいのある子どもの保育について、「一人一人の子どもの発達や障がいの状態を把握し、指導計画にとらわれず柔軟に保育する」「職員の連携体制の中で個別のかかわりが十分取れるようにする」の言葉が新設された[25]。2009年度版保育所保育指針からは、それまでの局長通知から厚生労働大臣による告示となった。2017（平成29）年告示、2018（平成30）年度施行の保育所保育指針では、障がいのある子どもの保育について、障がいのある子どもが他の子どもとの生活を通して共に成長すること、関係機関と連携をして個別の支援計画を策定することが、2009年度版の保育所保育指針から引き継がれている。

---

25 1999 年度版 保育所保育指針　第 11 章 9 障害のある子どもの保育

3−6　インクルーシブ保育と特別支援教育制度との関係

3−6−1　障がいのある子どもの教育の変遷

　わが国における最初の特殊教育の学校は、1878（明治11）年に設立された盲・聾教育機関である京都盲唖院[26]である。当時の特殊教育は、主として心ある民間人の努力によって設立・運営されていた。京都盲唖院については、1879（明治12）年に京都府立盲唖院に、1989（明治22）年に京都市立盲唖院に改組され、1913（大正2）年に聾唖児部門と盲児部門に分離された。その後、1916（大正5）年には聾唖部に幼稚科が設置された。1923（大正12）年には日本の盲学校と聾唖学校について定めた勅令「盲学校及聾唖学校令」が制定され、盲学校・聾唖学校は学校教育としての体制を確立した。同令に基づいて、京都市立盲唖院の幼稚科が制度化された[27]。

　一方、視覚障がいのある幼児の教育については、1911（明治44）年に眼科領域の疾病もしくは障がいのある幼児が多数在籍していたという神戸市の善隣幼稚園内で、医師による治療が継続的に行われていたとの報告がある[28]。1924（大正13）年には、横濱訓盲院に幼児対象の初等部予科が設置され、1927（昭和2）年には東京盲学校に予科が設置された。

　聴覚障がいのある幼児の教育については、わが国で初の聾児のための幼稚園として、1926（大正12）年に京都聾口話幼稚園が京都盲唖保護院内に設置された。東京では、1928（昭和3）年に東京聾唖学校内に4-6歳児を対象とした予科が設立された。

　知的障がいのある幼児の教育については、1900（明治33）年施行の第三次小学校令の就学義務猶予・免除制度により、学齢期や幼児期にある

26　京都盲唖院が文部省直轄となったのは、1885（明治18）年である。
　　文部科学省 http://www.mext.go.jp/b_menu/hakusho/html/others/detail/1318248.htm
27　吉川和幸（2015）我が国の幼稚園における障害児保育の歴史的変遷と現在の課題」北海道大学大学院『教育学研究院紀要』123, 155-174.
28　小林恵子（1986）「キリスト教保育の創始」キリスト教保育連盟百年史編纂委員会編『キリスト教保育百年史』, 39-103.

対象児は公教育が十分に保障されない状況におかれていた。このように、知的障がいのある子どもの教育が後回しにされている社会情勢の中で、1897（明治30）年に、民間人の篤志家である石井亮一がわが国初の知的障がい児のための施設である滝乃川学園を創設した。それに続いて、1909（明治42）年に脇田良吉が白川学園を、1916（大正5）年に岩崎佐一が桃花塾を、1919（大正8）年に川田貞治郎が藤倉学園を設立した。

　1948（昭和23）年には、盲学校及び聾学校の義務教育制度が施行された。1974（昭和49）年には、公立幼稚園を対象に「心身障害児幼稚園助成事業補助金交付要綱」が、私立園を対象に「私立幼稚園特殊教育費国庫補助金制度」が策定された。盲学校及び聾学校の義務教育化の31年後にあたる1979（昭和54）年には、養護学校が義務化された。養護学校では、知的障がい、言語障がい、肢体不自由、病弱、情緒障がいなどの子どもたちが教育を受けた。この分離教育の時代は、2007（平成19）年に特別支援教育が開始されるまで続いた。

３－６－２　特殊教育から特別支援教育へ

　文部科学省は、2003（平成15）年答申「今後の特別支援教育の在り方について（最終報告）」にて「特殊教育から特別支援教育へ」を掲げ、その中で「LD、ADHD、高機能自閉症の児童生徒を視覚障害、聴覚障害、知的障害等の児童生徒と分けて考えることなく、一人一人の教育的ニーズに応じて特別の教育的支援を行うという視点に立ち、教育的対応を考えることが必要である」と提示した。また同時に、特別の教育的支援を必要とする対象児童生徒数の増加及び対象となる障がい種の多様化という量的・質的変化に対応するための制度の見直し、教育システムの再構築、指導面で高い専門性を有する人材の養成等の取組の必要性についても示した。この答申を端緒として、1979年の養護学校義務教育化から28年後にあたる2007年に、特別支援教育制度が開始された。

　特別支援教育については、2012（平成24）年に文部科学省が「共生社会の形成に向けたインクルーシブ教育システム構築のための特別支援教育の推進（報告）」にて「共生社会の形成に向けて、障害者の権利に関する条約に基づくインクルーシブ教育システムの理念が重要であり、その構築のため、特別支援教育を着実に進めていく必要がある」と示した。すなわち国が推進している特別支援教育は「インクルーシブ教育システム構築のために必要不可欠なもの」との位置づけである。文部科学省を管轄省庁とし、学校教育法に定められた学校の一つである幼稚園では、私立園の割合が高く各園独自の課題を抱えながらも、前述の制度のもとで特別支援教育が推進されている（平成28年度、日本の幼稚園の中で私立園の割合は約62.8％）[29]。

３－６－３　幼稚園教育要領における特別な配慮を必要とする幼児の位置付け

　2018年度から施行された改訂幼稚園教育要領[30]では、特別な配慮を必要とする幼児への指導に関して、「個々の幼児の障害の状態などに応じた指導内容や指導方法の工夫を計画的、組織的に行うこと」が示された。これは、障がいのある幼児の担任教諭だけでなく、幼稚園のすべての教諭が障がいに関する知識を深め合い、適切な配慮のあり方を検討し合うことの必要性を意味する。また、改訂幼稚園教育要領の総則解説では、幼稚園における日々の活動の中で生じる当該児の困り感に寄り添う支援や指導の工夫の意図、並びに手立ての考え方や具体例が新設された。そうした手立ての例示は指導法に困惑している教諭に示唆を与えるものではあるが、あくまでも例示であり、個別に異なる障がい特性をもつ幼児への適用は難しい。

---

29 文部科学省「学校基本調査 – 平成28年度（速報）結果の概要 –」.
30 文部科学省（2017）「幼稚園教育要領 平成29年3月」.

　さらに、改訂幼稚園教育要領では、特別な配慮を必要とする幼児に「海外から帰国した幼児や生活に必要な日本語の習得に困難のある幼児」を挙げ、当該児の幼稚園生活への適応を支援するために指導内容や指導方法の工夫を組織的かつ計画的に行うよう促している。こうした多様な特徴や文化的背景をもつ幼児に適切な教育を提供するには、担任教諭の孤軍奮闘では限界がある。したがって、一人ひとりの幼児の特徴をアセスメントし、支援ニーズを把握し指導計画を立てて実践につなげるためには、職場全体で障害や異文化について学び合い、互いに知恵を出し合い、チームで保育をする風土の醸成が必要である。こうした学び合い、協力し合える風土づくりのための一策として、本論文では保育KIの手法の開発に取り組むことにした。

4　インクルーシブ保育と保育者の早期離職との関係
4－1　頻繁に保育者が入れ替わる保育所

　わが国では、保育士の約3割が入職後3年未満で離職する。総務省統計局 (2017)「日本の統計」[31] によると、保育士の平均勤続年数が7.7年であることから、保育所は入職者と離職者とが頻繁に入れ替わる職場であるといえる。しかしながら、保育職は多くの女子学生にとって憧れの職業の一つであり、毎年4万名程の学生が養成校を卒業している。保育職は9割以上を女子が占める職業であるが、男性保育者も活躍している。

　厚生労働省の社会福祉施設等調査[32] で保育士数の推移を見ると、2004年(32万7千人)から2013年(40万9千人)までの期間、保育者数は毎年徐々に増加している。しかし一方で、保育を必要とする乳幼児数の増加が著しいため、毎年の保育者数の増加がそれに追いついていないのが現状である。厚生労働省によると、平成28年4月時点の待機児童数は23,553人で、

31　総務省統計局 (2017)「日本の統計」主要職種別平均年齢、勤続年数、実労働時間数と月間給与額.
32　厚生労働省大臣官房統計情報部「社会福祉施設等調査」(各年10月1日).

前年度と比較して386人増加した[33]。一方、平成27年10月時点の待機児童数は45,315人であった[34]。平成22年から27年までのデータによると、毎年4月から10月までの期間に待機児童数が2万名以上増加している。例年、4月以降の年度途中に育児休業明け等による保育の申込みが行われるが、保育の受け皿の拡大は主として4月に行われる。このため、10月には申込み者数に対して入園できない人の数が増加する。保育所等の定員は毎年増加（平成27年4月時点では、保育所及び幼保連携型認定こども園〈2号・3号認定〉の定員が前年比13万9千人増加）[35]しているものの、若年層の母親の就労増により、その定員増を申込者が上回る状況が続いている。配偶者控除の廃止等により、今後ますます保育を必要とする子どもの増加が見込まれる中、国は待機児童の解消に向けて「待機児童解消加速化プラン」を推進しており、平成29年度末までに約53万人分の保育の受け皿の確保を目指している。

４－２　保育者確保のための施策

約53万人分の保育を支える保育者の数については、平成29年度末までに46万人が必要とされているが、現在の保育士の離職率等を考慮して推計した保育士数は約38.6万人であり、約7.4万人の不足が見込まれている[36]。これに対して国は「保育士確保集中取組キャンペーン」を進める等の具体策を講じている[37]。その他、保育者の確保を進める手段として、「人材確保（人材育成、就業継続、再就職、働く職場の環境改善）」と「人材確保を支える取組」による総合的な取り組みを示している[38]。このうち

33 厚生労働省「待機児童及び待機児童解消加速化プランの状況について」（平成28年9月2日公表）.
34 厚生労働省（2016）「平成27年4月の保育園等の待機児童数とその後（平成27年10月時点）の状況について」平成28年3月28日.
35 厚生労働省（2016）「保育園等関連状況取りまとめ（平成27年4月1日）」.
36 厚生労働省（2014）保育人材確保のための「魅力ある職場づくり」に向けて」.
37 厚生労働省（2015）保育士確保集中取組キャンペーンについて（平成27年12月25日公表）.
38 厚生労働省 雇用均等・児童家庭局 職業安定局（2013）保育を支える保育士の確保に向けた総合的取組.

就業継続については、「新人保育士を対象とした離職防止のための研修」と「新人を含む保育士等を対象とした保育の質の向上のための研修」との2種類が含まれる。前者は新人保育士を対象とした、就職前の期待と現実とのギャップへの対応方法、及び保護者対応等の業務に関する研修である。

　一方、後者は保育士等を対象とした、保育の質の向上をねらいとする研修である。研修のための費用(研修参加費等)は、前者・後者いずれも「安心こども基金」を活用し国と都道府県又は市区町村が支援する保育士研修等事業により実施することとなる。保育の質の向上について、具体的には厚生労働省が「親子の成長を支える保育所の機能」「専門性の高まりに対応した職員配置、保育士の処遇、専門性の確保」「障害のある子どもの受け入れの増加」を挙げている。

　前述のように待機児童問題が深刻であることから、現在の日本では、保育者の人数の確保が優先課題とされている。その保育を支える保育者には、インクルーシブ保育の推進等、社会の変化にともなって求められる社会的要請が多様化しており、保育職場にはさまざまな課題が生じている。

４－３　熟練層教諭が少ない幼稚園

　総務省統計局 (2017)「日本の統計」[39] によると、幼稚園教諭の平均勤続年数は7.3年である。学校基本調査2017年度(速報)[40] によると、幼稚園教諭数は97,842名である。文部科学省(2015)学校教員統計調査結果[41] を基に、図２に幼稚園教諭の年齢構成を公立幼稚園と私立幼稚園に分けて示した。この調査では、私立幼稚園では30才以上の熟練層が非常に薄い

---

39 総務省統計局 (2017)「日本の統計」主要職種別平均年齢、勤続年数、実労働時間数と月間給与額.
40 2017年8月3日公表.
41 文部科学省 (2015)「学校教員統計調査」平成27年3月27日.

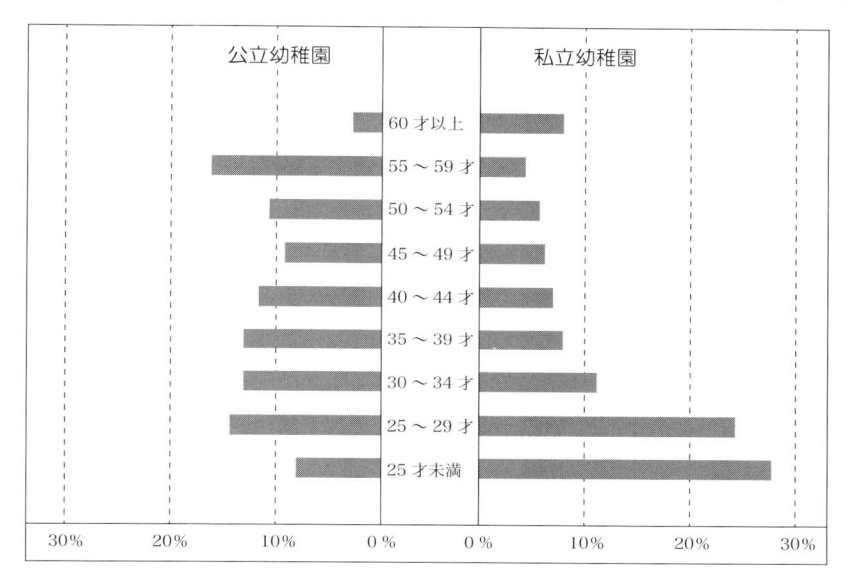

図2　幼稚園教諭の年齢構成
文部科学省「平成 25 年度学校教員統計調査」のデータを基に筆者が作図した

ことが読み取れる。また、私立幼稚園の定員に大きな変化が無かったことから、このデータは私立幼稚園における保育者の在職年数が短いことをも表している。保育者の確保が難しい事情により各園がぎりぎりの保育者で運営していることから、経験豊富な熟練保育者が、経験の浅い保育者を丁寧に指導・育成できる環境にはないことがわかる。

　それでは、なぜ保育者の熟練層が厚くならないのか。文部科学省が教育機関別に離職理由をまとめたデータによると、小中高校の教職員の離職理由の過半が定年退職であるのに対して幼稚園職員の離職理由で定年を理由とするものはわずか2％に過ぎない。

　離職理由の多くは、家庭の事情やその他などであり、離職に至った詳細な原因を示していない（図3）。各施設で若干の違いはあるものの、重要であると認識する上位3項目には、「教員／保育士等の確保」「教員／保

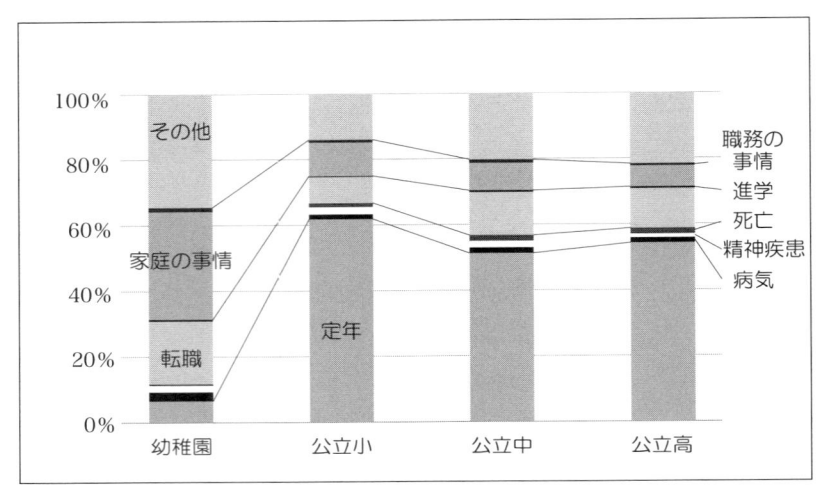

図3　教育機関別の離職理由
文部科学省「平成 25 年度学校教員統計調査」のデータを基に筆者が作図した

育士等の質の維持、向上」が挙げられている。

　本項の冒頭で述べたように保育者の不足が深刻であるばかりでなく、教員 / 保育士等の質を向上することが、保育職場で強く求められていることがわかる。

　保育職場における保育者の課題認識について、高尾（2017）[42] が実施したA県の保育者意識調査（n=97）によると、「気になる子どもの保育について、園内で満足に相談することができない」「保育者間での考え方の違いから、一つのことに力を合わせて取り組みにくい」など、職場での職員間の連携を課題に挙げた回答が多数確認できた（図4）。

　さらに、A県の、上記とは別の保育者に対する質問紙調査（n=42）においては、4割の回答者から「気になる幼児の保育について、養成校で

42 高尾淳子（2017）「保育におけるKI活動 “保育 -KI” の適用可能性の検証」『教育実践学研究』第 18 巻第 2 号，1-12，日本教育実践学会．調査対象は障害児保育研修会に参加した A 県の幼稚園教諭（n=97）．調査実施時期は2015年6月．調査方法は研修会場での質問紙配布、同時回収．有効回収率は 100％．

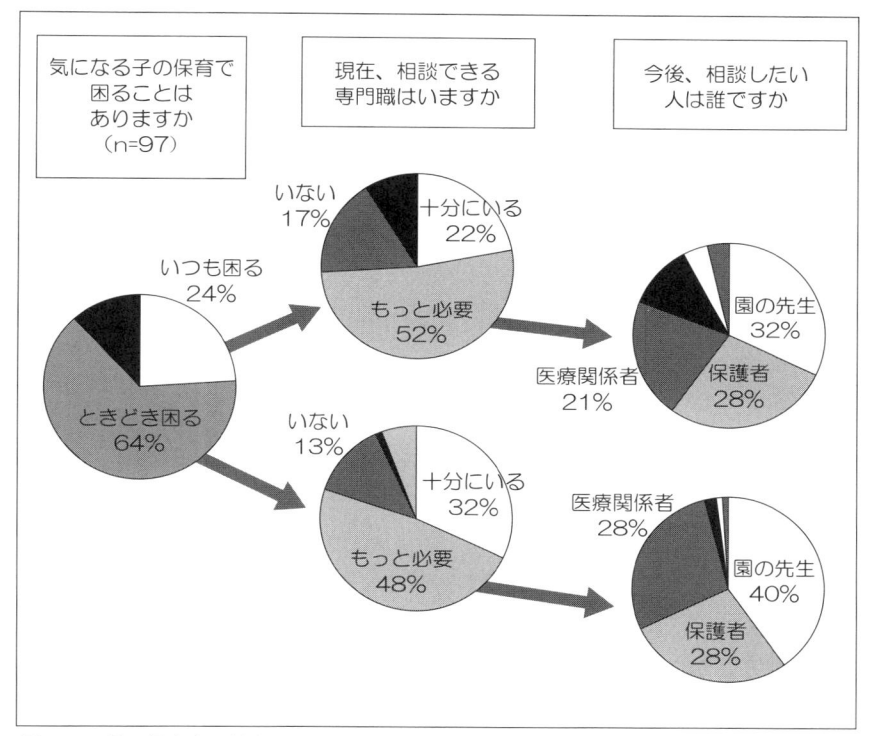

図4　A県の保育者に対するアンケート（n=97）（高尾, 2017）

学んでいない」との回答を得た。また、気になる幼児の保育について、「相談相手が不足している」と回答した保育者は8割を占めた[43]。これらの調査から、インクルーシブ保育が求められる社会的要請の中で、保育者が仕事の過酷さ、責任の重さを認識し、必要を感じても相談できずに孤立している様子が把握できた。

43　高尾淳子（2015）『保育者の生涯学習のための試行的プロジェクト』2015年度放送大学学長裁量経費I報告書. 1-25.

4−4　幼稚園長・保育所長が挙げる「園の保育実践上・運営上最も大きな課題」

　表1に、ベネッセ教育総合研究所 (2012)「第2回幼児教育・保育についての基本調査」を基に、各施設が最も重要な課題であると認識している項目を保育施設別に掲示した。各施設で若干の違いはあるものの、重要であると認識する上位3項目には、「教員／保育士等の質の維持、向上」「教員／保育士等の確保」が挙げられている。この調査結果から、保育者の質の維持、向上と、保育者の数の確保とが保育職場で強く求められており、それら2つの中で、各保育施設では質の維持、向上がより困難であると感じられていることがわかる。その課題解決に向けては、若い保育者が育つまでに離職し、次の保育者が就職するというサイクルを改善する必要がある。そのために必要なことは、若い保育者が「この職場で働き続けたい」と感じられる組織の風土づくりである。

4−5　潜在保育士が再就職に向けて習得したいと希望する知識と技術

　潜在保育士とは、保育士資格を有しながら保育の現職にない人々を意味する。東京都福祉保健局が 2014 年に公表した「東京都保育士実態調査報告書」(n=6,609)[44] によると、過去に保育職への就業経験があり、かつ就業意向のある保育士 (n=2,763) が再就職時に習得することを希望する知識・技術について、39.5％が「救命救急」「特別な支援を必要とする子どもへの接し方」を挙げたと報告している。このデータは、子どもの生命を守ることと、一人ひとりのニーズに即した発達支援が、当該保育士たちが前職を離職した後にあらためて社会でクローズアップされ、現

44　東京都福祉保健局「東京都保育士実態調査報告書　2014年3月」. 調査対象は 2008年4月 -2013年3月の東京都保育士登録者全員 (n=31,550). 調査実施期間は2013年8月26日 -2013年9月10日. 調査方法は郵送配布・郵送回収. 有効回収数は15,369件 (有効回収率 54.7％：宛先不明3,434件を除く)

表1　園の保育実践上・運営上最も大きな課題
ベネッセ教育総合研究所（2012）「第2回幼児教育・保育についての基本調査
（n=5,221）」のデータを基に筆者が作表した

全体	保育者の資質の維持、向上 21.80%	保育者の確保 13.4%	施設・設備の充実 7.5%	予算（補助金・保育料等の確保） 7.3%	新たな園児の確保 7.1%	
国公立幼稚園	保育者の資質の維持、向上 23.0%	施設・設備の充実 7.7%	新たな園児の獲得※ 7.5%	保育者の確保 6.8%	障害のある子ども・特別に支援を要する子どもの対応 5.5%	
				安全、防犯の取り組み※ 6.8%	園の統廃合※ 5.5%	
私立幼稚園	新たな園児の獲得※ 19.8%	保育者の資質の維持、向上 18.1%	予算（補助金・保育料等の確保） 11.3%	施設・設備の充実 8.3%	保育者の確保 6.8%	
公営保育所	保育者の資質の維持、向上 23.1%	保育者の確保 15.2%	園の統廃合 7.5%	施設・設備の充実 6.5%	障害のある子ども・特別に支援を要する子どもの対応 3.9%	
私営保育所	保育者の資質の維持、向上 22.1%	保育者の確保 16.6%	予算（補助金・保育料等の確保） 9.3%	施設・設備の充実 7.8%	新たな園児の獲得※ 4.8%	
認定こども園	保育者の資質の維持、向上 23.0%	予算（補助金・保育料等の確保） 12.2%	保育者の確保 7.9%	施設・設備の充実 5.8%	新たな園児の獲得※ 4.3%	
					安全、防犯の取り組み※ 4.3%	

※は同率・同位

在の保育士に強く求められている社会的要請であることを示唆する。一
方、東京都福祉保健局が実施した同じ調査で、現職保育士（n=8,214）が
就業を継続する上で習得を希望する知識と技術については、61.4％が「保
育実技」を、60.9％が「特別な支援を必要とする子どもへの接し方」を挙
げた。「特別な支援を必要とする子どもへの接し方」については、潜在
保育士が挙げた項目の第1位に、現職保育士が挙げた項目の第2位で
あり、インクルーシブ保育実践の社会的ニーズの高まりが窺える。
　これまでに示したデータから、現職保育者の早期離職の防止や、潜在

保育士の再就職の促進に向けては、保育技術はもとより、インクルーシブ保育実践につながる知識・心構え・スキル等の習得につながる研修・研鑽機会の継続的な提供が必要であると言える。

4－6　現職保育者・離職経験者からの示唆

　幼稚園長・保育所長が挙げた「園の保育実践上・運営上最も大きな課題」の結果は、保育者の不足を解消する必要性に加えて、保育職場で保育者の質の維持・向上が強く求められていることを示した。一方、潜在保育士が再就職に向けて必要としている知識やスキルが「救命救急、特別な支援を必要とする子どもへの接し方」であったことから、潜在保育士は、子どもの生命と一人ひとりの最善の利益を保障するために必要な知識・心構え・スキル等の習得を求めていることがわかった。それらをふまえて、採用時の雇用条件に承諾して入職した保育者の早期離職、および離職者の8割程度が別の保育施設に転職している現象に鑑みれば、保育者不足問題の要因が、待遇面のみではないことを示唆する。

　保育職は、2年課程もしくは3年課程の短期大学や専門学校、あるいは4年課程の大学等での学びを経て免許・資格を取得し、各自がそれぞれの夢をもって入職する職業である。着任した職場に、相互に学び合い、協力し合える職場風土があるならば、保育者は本来の保育業務とは異なる部分で疲弊することなく、離職の道を選択せずに済むのではないか。保育者にとって働きやすい職場とは、風通しの良い風土をもつ職場ではないだろうか。幼稚園長・保育所長も、保育者にとって働きやすい職場づくりを求めているが、その一方で、具体的手法がつかめないまま憂慮しているのではないか。筆者は、これを現職保育者・離職経験者からの示唆と捉えて、保育者が気持ちよく仕事を続けられるような風通しの良い職場の風土づくりの手法を提案する。

4－7　外部専門職から保育者への支援

　守ら (2013)[45] は、気になる子どもの保育に困難を抱えている保育者に対して、主体的な保育実践を導くための手段として専門家によるコンサルテーションを実施し、その成立要因を抽出した。

　一つ目は、コンサルタントが保育者の焦燥感を引き受けること、二つ目は、保育者に主体的判断と選択の余地を与えること、三つ目は、保育者の専門性を触発することである。守らは、試行錯誤を繰り返し、気になる幼児に関わっている保育者が、特効薬的な指導法を求めて HOW TO への偏重を引き起こしがちになることを指摘した。

　それに関して、筆者も、保育者から気になる子どもの保育に関して「どうすれば良いですか」の質問を受けることが多々ある。このような質問からは、気になる子どもの行動 (計画通りに保育が進められないという問題) から、具体的な指導方法 (手段) への直結を試行錯誤すれども、思うように解決できずに孤軍奮闘する保育者の困惑感が読みとれる。

　このように、個人商店的な業務形態の中、単独で問題の解決を図る保育者にとって、守らが述べたように、焦燥感を理解し引き受けてくれる外部の専門職によるコンサルテーションは心強い応援となろう。延いては、このような経験が、保育者がさらに学んでみようとする動機づけにつながる効果も期待できる。現在、保育現場を知る外部専門職として各園を巡回し、研修のフォローアップと課題の聞き取りを行なっている筆者には、守らの研究は示唆に富む。

　コンサルテーションには、保育者の主体的な実践につなげる効果が期待できる一方で、適切なコンサルテーションが実施できるコンサルタントの数と、困っている保育者との数のバランスを取ることは可能であろうか。インクルーシブ保育を実践する園づくりを目指すには、数のバラ

45 守　巧・中野圭子・酒井幸子 (2013)「保育者の主体的な保育実践を導くコンサルテーション成立要因の抽出 - コンサルテーション実施のその後に焦点を当てて -」日本保育学会『保育学研究』51 (3), 82-92.

ンスの点でコンサルテーションによる保育者支援の限界を感じる。

インクルーシブ保育を実践する園づくりは、仮に職場に1人のエキスパートがいたとしても、単独で進めるのは困難である。

加藤・安藤(2012)[46]によると保育士のメンタルヘルスに対する耐性は、一般女性よりも低く、とくに勤務経験の短い保育士のメンタルヘルスに対する耐性が低いことが指摘されている。

保育所の職場の特徴について考えると、新任の保育者は、初年度から単独でクラス担任となることは稀で、多くは副担任として、年長の保育者と共同で保育業務にあたる。このときに新任の保育者は、年長の保育者から業務遂行にあたり多くの指導を受けることになる。年長の保育者にとっては、新任保育者の育成に関する教育を受けたわけではなく、自分が育ってきたように、自己流で新任の保育者を指導することになる。この密室のなかでの指導が離職に至る「心身の不調」「職場の人間関係」の原因の一つであると推測する。

さきに保育士のメンタル耐性についての研究を紹介したが、保育職場の風土にも課題がある。医師、看護師、技師、薬剤師、訓練士などの専門職が役割を分担しチームとして業務を遂行することが一般的な医療や介護の職場とは異なり、教育現場でもある保育職場においては、互いの教室の中に干渉することを避ける傾向がある。それぞれの担任らは、自己の担当するクラスを個人商店のように運営し、たとえ隣のクラスを担任している人同士のコミュニケーションに課題があると気づいていても、それについてクラスの外から干渉することは少ない。

新任の指導にあたる保育者の中には、指導として仕事の進め方に細かく干渉する人もいる。指導する保育者にとっては、新人の保育者が失敗しないように細かく指示を出している。では、事前に注意をすれば、人

---

46 加藤由美・安藤美華代 (2012)「新任保育者の抱える困難に関する研究の動向と展望」『岡山大学大学院教育学研究科研究集録』第151号，23-32.

は失敗しないのか。確かに事前に注意を与えることで失敗数の減少が観測される。しかしながらこれは、「平均への回帰」と呼ばれる現象であり、注意とは無関係であると考えられている。

　逆に新任の保育者にとっては、細かいことまで指示・指導され、失敗するたびに足りなかったこと、できなかったことを指摘され続けると、次第に自発的な活動をしなくなり、指導する保育者の言われるままに仕事をこなすようになる。言われるままに、やらされ感のある仕事を淡々とこなすなかで、保育者のモチベーションが下がり、メンタルヘルスに対する耐性も低下することが予測できる。

　では、経験年数の少ない保育者のメンタルをケアするには、どのように対処すれば良いのか。筆者は、人材を育てるとは、気持ちを育てることであると考える。つまり、メンタルの弱い部分を支えたり、避けたりするのではなく、経験の浅い保育者の気持ちをポジティブに変えることで、困難な状況を乗り越え、より高い目標に向かって進んでいけるようにできると考える。

　この保育者の気持ちをポジティブに変えるためには、やらされ感のある仕事をやりがいのある仕事に変えることが重要である。

　ここで、やらされ感のある仕事をやりがいのある仕事に変えている身近な事例のひとつとして、東京ディズニーリゾートのカストーディアルをあげる。カストーディアルは、主にリゾートの清掃を担当するスタッフである。しかし、カストーディアルは、パーク内外の清掃にとどまらず、自ら進んでゲストの写真撮影を手伝ったり、必要に応じて道案内をしたりするなど、掃除という業務範囲を越えてパークを訪れた方への満足感の向上に寄与している。単なる清掃作業では、カストーディアルがゲストから感謝の言葉を受けることは少ないと考えられるが、仕事の範囲を越えてゲストの満足のために動くことで、自分の仕事に対して直接感謝の言葉をかけられる。カストーディアルは、ゲストの感謝の言葉により、

自分の仕事にやりがいを感じるようになり、もっとゲストに喜んでもらえるにはどのように行動すれば良いのかを考えるようになる。東京ディズニーリゾートのカストーディアルの給与は保育者とほぼ同じレベルであり、高額の給与は得ていない。それにもかかわらず、世間で3K業務のひとつと考えられている清掃業務に対して高いモチベーションを維持している。

　また、米ハーバード大経営大学院の教材として採用された東京駅の新幹線車両の清掃業務も、働く人のモチベーションを経営者の視点から捉えたものと考えられる。

　このように仕事の捉えかたを変えることで、仕事への参加意欲を向上させる方法のひとつにWrzesniewski、Berg、Duttonらが提唱するジョブ・クラフティング法がある[47,48,49]。ジョブ・クラフティング法とは、「与えられた仕事の範囲や他者との関わりを変えていく」ことと定義されている。

　ジョブ・クラフティング法では、「仕事とは、他人から細かく指示されることではなく、自分の意思で仕事をとらえて、定義しなおしてみると、自分らしく仕事ができる」と考えられている。

　ジョブ・クラフティング法では、仕事を視える化し、仕事を構成する要素を把握すること、把握された要素を自分たちに最適なかたちに再構成することで、仕事の捉え方や進め方に自分らしさを取り戻し、自分が仕事をコントロールしているという感覚を取り戻すことができると定義している。

47 Wrzesniewski, A., Jane, E. D.. (2001). Crafting a Job: Revisioning Employees as Active Crafters of Their Work. *Acad. Manage. Rev.* 26 (2), 179-201.

48 Wrzesniewski, A., Justin. M. B., Jane, E. D. (2011)「やらされ感のある仕事をやりがいある仕事に変えるジョブ・クラフティング法」(鈴木英介 , 訳).Turn the Job You Have into the Job You Want. *Diamond Harvard Business Review.* 58-66.

49 森永雄太 (2014)「ジョブ・クラフティングを通じた職務の再設計」『産業看護』6 (3), 33-37.

　経験の浅い保育者にとって重要なのは、この「自分が仕事をコントロールしているという感覚を取り戻すこと」である。自分がしっかり考えて失敗したことであれば、失敗の原因をきちんと把握し、次の行動につなげることで、保育者として成長することができる。一方で、細かく指示されて言われるままに行った仕事に対しては、たとえ失敗しても自分の責任とは思わない。自分の責任と思わないので、失敗の原因を把握しようともしないために、保育者の成長につながらない。新任の保育者が成長しないので、指導する保育者は、さらに細かく仕事の指示を出し続けるといった、負のスパイラルに陥ることになる。この負のスパイラルの中で若い保育者が精神的に疲弊し、離職につながっているものと推定する。

　これまでに述べたように経験の浅い保育者を育てるためには、まず心を育てることが重要である。保育者が保育という仕事を通じてどのように自分も成長していくのかを認識しながら仕事をしていくことが必要である。

　社会がインクルーシブ保育という要求を保育職場に求めていることは既に述べた。現在の保育職場において、インクルーシブ保育を高いレベルで遂行するのは、決してやさしいことではない。ましてや、新任の保育者にとっては、手探りで進めていく部分もある。だからこそ、保育をこれまでのように個人商店的にクラス運営するのではなく、仕事の範囲を再定義して自分たちにあった保育をチームとして推進していく必要がある。

　保育KIは、このような保育職場に、まさに今、必要な手法であると考える。

5　インクルーシブ保育と合理的配慮の保育現場での変遷

5−1　障がいのある子どもや医療的ケア児に対する入園・入学拒否

　わが国の保育及び教育現場で発生するトラブルの内容は、海外の動向やこれを受けた法律や制度の改正、子ども・子育て支援新制度導入、社会環境や保護者の意識変化を含む国民の意識変化等にともない、変遷がみられる。1990年頃には、障がいのある子どもが受入れ体制の未整備等の理由で公立・民間の保育所あるいは小学校普通学級への入園入学を断わられることが珍しくなかったが[50,51,52]、2007年の特別支援教育制度開始を機に、障がいを理由とする入園拒否が争点になった裁判は減少した。一方、障がいのある子どもの保育および教育現場における虐待事例あるいは合理的配慮の欠如の事例については、今後も生じうる可能性があることから一例を紹介するとともに、類似事例の再発を回避する目的で、現在の法律に照らして課題を整理する。

5−2　発達障がいのある子どもの虐待事例からの示唆

　ここでは、「差別をしない」および「平等にする」といった言葉のとらえ方を整理するための手がかりとして事例を挙げる。

　本事例は、著しい偏食があり、かつ「食べられない」との明確な意思表示のある自閉症児に対して、保育者が威圧的態度で給食を食べさせた行為によってPTSDを発症し、退園を余儀なくされたものである[53]。当該児は、就学後に給食指導を原因として不登校になり、他校への転校希

50　徳島地方裁判所, 仮の義務付け申立事件(障害児の町立幼稚園入園拒否), 平成17(行ク) 4, 平成17年6月7日判決.
51　東京地方裁判所民事第38部, 保育園入園承諾義務付等請求事件 (カニューレ装着児入園拒否), 平成17 (行ウ) 510, 平成18年10月25日判決.
52　大阪地方裁判所, 仮の義務付け申立事件 (気管支喘息児の市立養護学校の就学希望), (本案・当庁平成19年 (行ウ) 第100号　学校指定義務付け請求事件) 平成19 (行ク) 40, 平成19年8月10日判決.
53　大阪地方裁判所第16民事部, 損害賠償請求事件 (発達障害児への虐待事例), 平成15 (ワ) 4510, 平成17年11月4日確定.

望を出したが、教育委員会が区域外就学を認めなかったことにより、市と教諭を被告とする民事裁判へと発展した。同裁判は、当該児が高学年になって確定した。しかし、それは事後的な解決であり、本児の通園期及び失った義務教育期間を取り戻すことはできない。この事例は、保育者が担う社会的責任の重さを示唆する。

５−２−１　本事例を現在の法律に照らして

　筆者は、乳幼児の教育や発達支援に関する問題解決に司法制度は適さないと考えているが、本事例の園長及び保育者等の行為を現在の条約・法律に照らすと、1994年にわが国が批准した子どもの権利条約において、「障害を有する児童の尊厳の確保」に抵触する。また、2000年施行の児童虐待の防止等に関する法律においては「児童虐待の禁止」「児童虐待の早期発見」「児童虐待の通告義務」に、2012年施行の障害者虐待の防止，障害者の養護者に対する支援等に関する法律では「障害理解の研修と啓発の義務」「障害・年齢に適した支援を提供する義務」に、2014年批准の障害者の権利に関する条約では「障害児への最善の利益への配慮義務」「障害・年齢に適した支援を提供する義務」に、2016年施行の障害者差別解消法では「合理的配慮の不提供の禁止」「社会的障壁の排除義務」に抵触する。

５−２−２　「差別をしないこと」と「平等にすること」

　本事例を通じて特筆するのは、差別をしないことと、平等にすることは同義ではない点である。本事例で保育者は、クラスの全園児に同一時間内に強制的に同量の給食を食べさせるという「結果の平等」を実現しようとした。しかし，それは差別をしていないことにはならない。法律に使用する「差別」等の言葉の定義については、2010年6月に文部科学省が「第3障害者制度改革の基本的方向と今後の進め方」の中で「障害

の定義」の必要性を示し、2012年3月には、「障害者制度改革推進会議差別禁止部会」で直接差別・間接差別・関連差別を包含した差別の類型として「何人も区別、排除、制限等の不利益な取扱いをしてはならない（包括的な類型）」と、「合理的配慮の不提供（差別の類型）」の2つにまとめる方向性を提示した。つづいて2015年2月24日に政府は「障害を理由とする差別の解消の推進に関する基本方針」の中で、「不当な差別的取扱い」の基本的な考え方を発表した。

　前述ように、法律では障がいのある人々への差別解消が規定されてはいるが、「差別解消」や「平等」等の文言の解釈については各行政機関、保護者等の受けとる側とでギャップがある[54]。たとえば、「平等」については「機会の平等」と「結果の平等」とがあり、それぞれが異なる意味をもつが、両者を混同して認識している保育者も一部には存在する。

５−２−３　定期的・継続的な学び合いの機会の必要性

　本事例のように、自閉症の子どもの著しい偏食（障がい特性）に対する完食の強制（合理的配慮に欠ける指導）は、障害者の権利に関する条約に記載のある差別に該当する。筆者は、現在においても一部の保育現場で「差別解消」や「平等」といった言葉が正しく理解されていないとの危惧をもつ。これに関し本事例のような虐待の再発防止に向けては、「差別の範囲」および「平等の捉え方」等の事項について、保育者養成教育および現職研修に繰り返し導入することを提案する。こうした事項については一度の学習ではなく、定期的に、継続して、現場で保育者同士が相互に再確認する、学び合いの機会をもつことが重要である。このように、一人一人の保育者が頭の中で一度は理解したことであっても、「差別解消」や「平等」等のように幾度も繰り返し再確認する必要のある重

54　中川純 (2015)「障害者福祉と差別禁止アプローチの規範論的検討」日本社会保障法学会
　　編『社会保障法』30, 56-68.

要な概念については、保育KI活動を通じてチームのメンバーが共有していくことが望ましい。

6　インクルーシブ保育を実践する保育者と他職種連携との関連
6－1　医療職・行政職による支援

　わが国の母子保健法に基づく乳幼児健診には3か月、1歳6か月、3歳児健診があり、自治体が無料健診を実施している。中村らの調査（2005-2006年度）によると、1歳6か月健診の重点目標について、約9割の自治体が「育児不安、疾病、虐待、発達障がいの早期発見」と回答した[55]。2007年度の健診受診率は、1歳6か月児健診が93.4%、3歳児健診が90.1%であった[56]。それに加えて、5歳児健診を実施する自治体もある。5歳児健診については、1996年の鳥取県での開始を皮切りに、2005年度には全国55市町で実施されている[57]。小枝ら（2007）は、5歳児になると定型発達段階として社会性がある程度身につくことから、社会性に課題をもつ発達障がい児を発見しやすくなる、と5歳児健診の重要性を指摘している[58]。厚生労働省は、2007年に「軽度発達障害児に対する気づきと支援のマニュアル」を公表し、健診や事後発達相談等の方法について示すことにより、5歳児健診の促進を図っている。

　健康診断では、医師や保健師等が子どもの様子を生活年齢と照らし、発達状況を確認する。そこで子どもの発達に偏りが見られた場合には、親子教室等に誘う支援がある。今日では、1歳6か月健診を終えた子ど

55　中村敬・高野陽・鉾之原昌・吉田弘道・福本恵・堤ちはる・野口晴子・齋藤幸子（2007）「乳幼児健診システムに関する全国実態調査 -2005年および2006年度2年間における悉皆調査の分析結果について -」
56　厚生労働省（2009）「平成19年度地域保健・老人保健事業報告の概況」.
57　中村敬・高野陽・鉾之原昌・他（2007）「乳幼児健診に関する全国調査, 平成18年度厚生労働科学研究費報告書」.
58　小枝達也・塩野谷斉・寺川志奈子・梶川貴子「軽度発達障害児への気づき：5歳児健診と事後相談体制—第1報　相談件数の推移から見えてくるもの—」『日本小児保健学会講演集』第5巻 , 2007, 136.

もの約3割の子どもがこの親子教室に参加する。

　また、5歳児健診の事後には、就学に必要な教育制度の情報提供を行ない、保護者の希望を聞いて学校との意見調整を行う教育相談や、ペアレント・トレーニングを実施する医療機関を紹介する等の支援を行なう自治体もある[59]。子どもの発達の偏りを可能な限り早期発見することは、叱咤等による子どもの心的外傷を防止し、その後の心身発達の促進につながるとの考えから現在では、発達課題をもつ子どもとその保護者に向けた支援について、教育・福祉・医療の各担当者が地域連携する形で進められつつある。子どもの最善の利益を保障するために、発達の偏りに気づいたら、当該児がどのような保育・教育・支援機関にて発達支援を享受するのが最適であるかについて、保護者は幅広い視野をもって選択する必要がある。その保護者の選択をサポートするのは、支援者の重要な役割の一つである。図5に、障がいのある子どもの発達支援スパイラルの概念を示した。発達支援スパイラルとは、障がいのある子どもの加齢にともなうライフステージの移行によって交代する保育、教育、行政、医療、療育施設等およびそれらの施設の支援担当者が螺旋状につながる発達支援システムの一形態である。この発達支援スパイラルがもつ理想的な機能は、当該児が必要とするときに必要な支援を求めることを可能とするセーフティーネット機能である。以上のことから、各地域において障がいのある子どもとその保護者が、この発達支援スパイラル上を自由に往き来できるような体制づくりが必要であるといえる。

　保育者や保護者が子どもに何らかの発達課題を発見した場合には、早期に居住地域の発達支援スパイラルに導くことによって、当該児の生きづらさの軽減、二次障がいの防止、ひいてはQOL（生活の質）の向上につながる。それを実現するために、障がいのある子どものための発達支

59　高尾淳子 (2015)「日本におけるペアレント・トレーニングの展開と今後の方向性 – 米国サンフランシスコ市との比較から –」『愛知教育大学幼児教育研究』18, 63-69.

援スパイラルの出発地点にいる専門職として保育者は、アセスメントの視点をもって子どもを観察したうえで他の専門職とコミュニケーションを図り、支援のスパイラルを伸長させる役割を担うことになる。

６－２　発達支援スパイラルの出発点にいる保育者の役割

子どもの発達の著しい偏りに気づいたら、当該児と保護者を発達支援スパイラルに導くことが重要である。その出発地点を担当するのが保育者である。保育者が、保護者に適切な情報提供ならびにアドバイスを提供するためには、その前提として保育者には発達の理解が必要である。2018年度施行の新保育所保育指針では、2009年度版には記載されていた第２章「子どもの発達」がなくなった。乳幼児の生活年齢と発達段階とは画一的でなく、個人差が大きい時期であることは言うまでもないが、一般的な発達の道筋、及び発達の連続性についての理解は、保育者とし

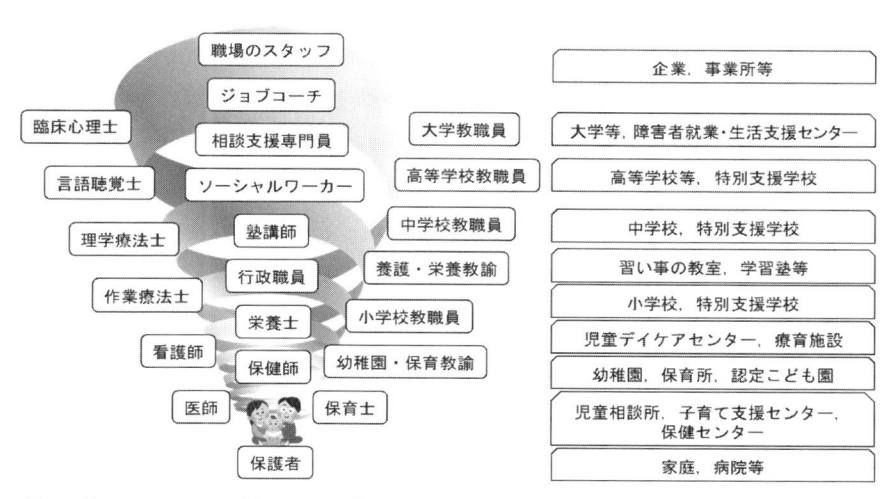

図5　障がいのある子どものための「発達支援スパイラル」の概念図
高尾淳子（2017）「保健・医療・福祉・教育との関連からみた障害児保育」『基礎から学ぶ障害児保育』、ミネルヴァ書房，240．に加筆した．

て踏まえる必要がある。保育者は、痛みや苦しみ、生きづらさ等、支援の要請を言葉で伝えることができない前言語期の乳児や、急速に言葉を学習する単語獲得期（概ね1〜2歳）、前期構文獲得期（概ね2〜3歳）、中期構文獲得期（概ね4歳以降）の幼児と長時間生活を共にする大人である。未だ言葉を獲得していない発達段階にある子どもの状況を把握するには、定型発達児の発達をふまえた上で観察する視点が必要である。乳幼児は、誕生直後から周囲の人との関わりを通じて成長、発達していく。定型発達乳幼児の身体的発達、精神的発達と母語獲得のプロセス、感覚器官である視覚、聴覚、触覚、嗅覚、味覚、および発声器官、構音器官である口唇、舌、歯、歯茎、口蓋、喉頭等の発達過程と、言語表出能力、対人コミュニケーション能力、言語理解能力、状況理解能力、内言語機能・象徴機能は、相互に関連性をもって発達していくことから、その発達過程の全体像を押さえておく必要がある。

　2018年度版の保育所保育指針および幼稚園教育要領には、人の話を、興味をもって注意して聞くことを促す指導を求める記述がある。これらの方針のもとに保育所・幼稚園等での活動が進められていく中、言葉の発達に偏りのある幼児は、周囲の人々との間に摩擦が生じ、生きづらさを感じることがある。このような特徴を持つ子どもがクラスにいることは珍しくない。そうした子どもに対して保育者が適切に関わることによって、当該児の優れた部分、得意な分野をさらに伸ばすことが期待できる。しかし一方で、発達の偏りに関する知識が少ない保育者が、強い言葉による抑制で子どもの行動や言動をコントロールする事例もある。後者の場合には、当該児は1日に何度も先生から注意を受けることになり、他児を言葉で攻撃する等の方法で自身の心のバランスを立て直そうとする現象が生じる。

　わが子の発達の偏りを疑う保護者の主訴には、言葉の遅れや暴言など、表出言語に関するものが多い。それらの相談を受けて保育者は、表出言

語数には個人差が大きいこと、表出言語がなくとも言語理解は進んでいる場合があること等をふまえて当該児の発達の偏り（得意なこと、苦手なこと）を観察し、得意な分野を伸ばしていけるよう、保護者に説明するのも役割の一つである[60]。

　また、子どもの乱暴な言葉づかいを心配する保護者に対しては、子どもの発達課題を踏まえて、望ましい行動・言動に導くための働き掛け（ペアレンティング）を指導するのも保育者の役割である[61]。

　上記ように、保護者が保育者に相談をもちかけた時は、保育者が保護者との連携を図る好機と捉えることができる。保育者はこの好機を逸することなく、保護者に子どもにとって最善の支援者になってもらえるよう、保護者の心情に寄り添って適切な言葉をかけていくことが重要である。しかし、経験の浅い保育者や、未だ保育に自信がもてない保育者の中には、保護者の心情に過度に配慮するあまり適切な言葉かけを行なうことができず、保護者とかかわることに困難を感じる人々もいる。

　上記で述べたような大きな伸び代をもつ保育者をインクルーシブ保育実践者に育成するには、保育KI活動を通して保護者と関わるための心構えやスキルを、チームで学び合いながら習得することが望ましい。

7　障がいのある子どもの支援の枠組みと連携支援の限界
7－1　障がい等のある子どもの早期発見とわが国の支援体制
7－1－1　行政による支援

わが国には、要支援児および保護者に向けた相談助言指導を受けるに

60　高尾淳子（2017）「子どもの言葉の発達を促す保育者のコミュニケーション能力の視える化－保育者養成課程学生による創作短編物語の談話分析を通じて－」同朋大学社会福祉学部『同朋福祉』25.

61　高尾淳子（2015）「日本におけるペアレント・トレーニングの展開と今後の方向性－米国サンフランシスコ市との比較から－」愛知教育大学『幼児教育研究』18, 63-69.

あたり、医師の診断により療育手帳を取得した場合等には、早期から福祉サービスを受けやすくなる制度がある。具体的には、公共交通機関やタクシー利用時の移動費用、ヘルパー依頼時の費用、医療費などの行政補助を受けることが可能となる。

2012年4月1日に児童福祉法が改正され、それまでの通所支援、児童デイサービスについては障がい種別による区分がなくなり、児童発達支援、医療型児童発達支援に一元化された。さらに、学齢期における支援の充実を図るための放課後等デイサービス、保育所等を訪問し専門的な支援を行うための保育所等訪問支援が新たに創設された。

障がい児通所支援の対象には、発達障がい児を含む精神に障がいのある児童も含まれる。それらのサービスが受けられる対象としては、療育手帳等の有無は問わず、児童相談所、市区町村保健センター、医師等により療育の必要性が認められた児童も含まれることになった。障がいのある子どもの通所支援に係る給付の実施主体については市区町村となった。

2012年から開始された「障害児相談支援」には、「障害児支援利用援助」と「継続障害児支援利用援助」の2つのサービスがある。障害児支援利用援助では、子どもの心身の状況や環境、本人や保護者の意向をふまえて、障がいのある子どもが受けるサービスの利用計画「障害児支援利用計画」を作成する。

また、継続障害児支援利用援助では、利用している障がい児通所支援の内容が適切かどうか、サービス等の利用状況の検証を一定期間ごとに行ない、「障害児支援利用計画」の見直し（モニタリング）を行なう。

保育者は、上で述べたような行政による支援を十分に理解し、保護者と共有していくことが必要である。その実現に向けては、保育KI活動を通じ保育者同士で学びあうことが望ましい。保育KI活動で気になる子どもの保育をテーマとした場合には、子どもの困り感を「保育課題ば

らしシート」で整理したうえで、子どもへの合理的配慮を検討していく。その際に、行政支援の仕組みをチームで共有したうえで進めることにより、より建設的なディスカッションを行なうことができる。

　行政用語の中には難解な言葉もあり、なおかつ新しい制度とともに、用語も増えていく。それらについては、熟練保育者から新人保育者までが、ともに学んでいく必要がある。その学びを、明るい雰囲気の中で、職層や経験年数の壁を越えたチームで行なうことにより、保育者が言葉の概念に対する誤解があったことに自ら気づいたり、保護者との連携の方法が整理できたりすることが期待できる。

７−１−２　行政以外の組織・グループによる支援

　行政支援以外にも、特定非営利活動（NPO）法人などの機関が、発達に遅れや偏りのある乳幼児と母親を対象に、早期教育・指導を実施している。そこでは、子ども・保護者への個別指導、療育相談などを行うほか、レスパイト・サービスも提供するなど、保護者支援の一役を担う。2012年の児童福祉法改正に伴い、児童発達支援および放課後等デイサービスの施設が増加した。昨今では、幼稚園や保育所、認定こども園等の園児が、午後２時ごろまでのコアタイムを園で過ごし、その後の時間帯を児童発達支援および放課後等デイサービスの施設で過ごす事例もある。これらの支援は、障がいのある子どもとその保護者の社会参加ならびに活動範囲の拡大をバックアップする役割を担っている。

　その他、地域には大小の当事者グループがあり、類似した育児の不安や悩みをもつ保護者同士の学びあいや相互援助の場がある。こうした保護者同士のかかわりを通じて自らの障がい理解を深めた上で、社会に啓発したり、就学先や療育に関する情報交換を図ったりすることが可能となる。保護者が子どもの発達課題を受容し、個別支援を一日も早く開始することが子どもにとっては必要になるが、保護者の障がい受容は簡単

なものではない。わが国においても障がい理解の啓発が進められているが、十分に社会に浸透しているとは言い難い状況にある。これらのことから保護者自身が子どもの受診を躊躇する場合のほか、世間体を重視する祖父母に受診を引きとめられる事例もあり、早期支援開始の障壁となっている。

　わが国では、ひとたび行政支援システムに組み込まれると一定の支援を受けることができる。また、当事者グループへの参加によって情報交換を図ることが可能となる。しかしながら、当事者による申請が行政支援の基本となるわが国の状況から、特別なニーズを要する子どもを抜けもれなく早期に発見することが課題となる。

　つづいて次項では、子どもの特別なニーズを周囲の人々が早期に発見できないまま就学期を迎え、その後不登校となった事例を挙げ、今後の連携支援の在り方について議論したい。

７－２　通園経験なく就学した子どもの事例からの示唆

　本項では、通園経験なく就学した子どもの事例を挙げ、障がいのある子どもへの今後の連携支援の在り方について検討する。本事例のＣ児は、筆者が保護者相談で関わった自閉症スペクトラムのある子どもである[62]。

７－２－１　障がいの早期発見につながる定期健康診断の必要性

　Ｃ児は、1歳6か月健診、3歳児健診では要フォロー児として発見されなかった。さらには保育所等への通園経験をもたないため、保育者による「気になる子」としての気づきを得る機会もなかった。これらの条件を基に、Ｃ児と同様の発達課題をもつ子どもへの今後の早期支援を狙い

---

62 高尾淳子 (2011)「自閉症スペクトラム不登校児への支援実践事例にみられる問題と課題 – 幼児期からの就学移行支援 –」日本特別ニーズ教育学会『SNE ジャーナル』16, 165-178.

として、わが国で幼児期に受けることが可能な支援を示す。

　わが国の乳幼児健診では3か月、1歳6か月、3歳児健診は法定健診として自治体無料健診が実施される。また、5歳児健診を実施する自治体もある。これについては、1996年の鳥取県での開始を皮切りに、2005年度には全国55市町で実施されている（厚生労働省調査）。小枝ら（2007）は、5歳児になると典型発達段階として社会性がある程度身につくことから、社会性に課題をもつ発達障がい児を発見しやすくなる、と5歳児健診の重要性を指摘している[63]。

　健康診断では、保健師が子どもの様子を生活年齢と照らし発達状況を確認する。そこで子どもの発達にアンバランスが見られた場合には、当該親子を月1回、あるいは週1回程度の親子教室に誘う支援がある。今日では、1歳半健診を終えた子どもの約3割の子どもがこの親子教室に参加する。子どもの発達の偏りを可能な限り早期発見することは、叱咤等による子どもの心的外傷を防止し、その後の心身発達促進につながるとの考えから現在では、発達課題をもつ子どもとその保護者に向けた支援について、教育・福祉・医療の各担当者が地域連携する形で進められつつある。

　子どもの最善の利益を保障するために、発達の偏りに気づいたら、当該児がどのような保育・教育・支援機関にて発達支援を享受するのが最適であるかについて、保護者は幅広い視野をもって選択する必要がある。その保護者の選択をサポートするのは、支援者の重要な役割の一つである。C児の保護者は筆者に、小学校1年生で指摘されるまでC児の発達課題には気づかなかった旨を話した。C児のみならず、このように1歳半、3歳児健診を通過した子どもは少なくない。

　本事例が示すように、1歳半、3歳児健診におけるアセスメント精度

63　小枝達也・塩野谷斉・寺川志奈子・梶川貴子（2007）「軽度発達障害児への気づき：5歳児健診と事後相談体制—第1報　相談件数の推移から見えてくるもの—」『日本小児保健学会講演集』第5巻, 136.

の向上と併せて、5歳児健診を一般化することにより、保護者に早期発達支援開始の機会を提供することが必要である。さらに、通園経験なく就学する子どもに向けては、他の幼児よりも密度の濃い内容の就学前健診の実施により、子どもの発達課題を早期に、かつ客観的に発見できる体制作りが求められる。

７－２－２　早期発達支援の開始が期待できる保育の必要性

　保育所を利用する子どもの中には、1日のうち12時間を保育所で過ごす長時間保育利用児がいる。このような子どもについては、子どもの活動時間帯の大部分を、保育者とともに生活している。

　一方、幼稚園では、4時間の保育を基本とするものの、預かり保育サービスを受けている幼児もいる。このように、毎日多くの子どもと長時間接している保育者は、子どもの発達上の課題に気づく可能性が高い。日常の園生活の中で、子どもの発達の偏りへの気づきがあれば、保育者は専門職として対象児へのかかわり方を配慮する。つづいて個別の保育計画・個別指導計画を作成[64]し、必要に応じて保育者の加配を行なう。

　わが国では、ひとたび行政支援システムに組み込まれると、一定の支援を受けることができる。さらに、当事者グループへの参加によって、インフォーマルな情報交換を行なうことも可能となる。保育所・幼稚園等は、子どもの発達支援ネットワークの一つであることから、発達の課題をもつ子どもとその保護者にとって、有益な支援情報が得られる機関である。園児の保護者は、連絡帳・電話・面接等を通じて、日々保育者とやりとりをしながら子どもの成長をともに喜び、今後の指導方針を一緒に考えていくことが可能となる。しかし残念であるが本事例では、C児が保育所等で発達支援を受ける機会はなかった。もっとも、就園した

64　田中良三（2009）「障害児保育から特別ニーズ保育へ」『ＳＮＥジャーナル』第15巻第1号，5-31.

からとて必ずしも適切な発達支援を受けることができるとは限らないが、少なくとも本事例を見ると、発達課題を有する子どもが就園することなく学齢期を迎え、就学した場合には、幼児期の発達支援の機会喪失による不利益は大きいといわざるを得ない。

７−２−３　幼保小連携による滑らかな就学移行支援の必要性

就学移行期において子どもの滑らかな就学移行[65]を目的として、幼保小連携による継ぎ目のない発達支援の必要性が以前より提唱されてきた。その一策として、2009年度より、保育所から小学校に向けて、すべての入所児の「保育所保育要録」が送付されることになった。一方、幼稚園、認定こども園からも、ほぼ共通した内容の記録（①学籍等に関する記録、②指導及び保育に関する記録）が送付される。

保育所等から小学校に送られる要録は、次年度担任教諭への申し送りの役割を担う。また要録送付の他にも、筆者が訪問したＤ市の小学校では毎学期、学区内の公立私立保育所の保育者および幼稚園の教諭が小学校に集合し、同小学校全教職員の参加のもとで事例検討会を実施する形で幼保小連携が行われている[66]。しかし、Ｃ児のように通園経験なく就学する子どもは、就学以降に小学校教諭が行動観察をするところから始め、個別課題をゼロの段階からアセスメントすることになるため、保育所等を利用した子どもと比較して、教育支援の開始が遅くなる。Ｃ児の事例では、通常学級入学後に発達課題が見つかり、クラス担任が困惑するなかで１年間が経過した。その後、第２学年では通常学級での学習が困難と判断され、特別支援学級のある隣接学区の小学校への転校を余儀なくされた。２年生春季の転校後間もなくＣ児は不登校になったが、教

65　小川英彦（2009）「卒園後の修学に向けて」『幼児期・学齢期に発達障害のある子どもを支援する―豊かな保育と教育の創造をめざして―』, 35-36.
66　髙尾淳子（2010）「発達障害児の家族支援システムに関する日米比較―小学校移行期における事例から―」,『日本保育学会第63回大会発表要旨集』, 17.

育センターによる支援が開始されたのは2年生の秋季、発達検査の実施は3年生の夏季のことであった。

　C児のように、通園経験なく就学する子どもの割合は全国で全幼児の3.7％程度にあたる（総務省統計局、2008）。これらの子どもたちにとっては、条件として幼保小の連携による支援はなく、家庭および地域支援にとどまることになる。特に発達課題を有する子どもの最善の利益を考えるならば、幼保小連携の恩恵を受けられるか否かは、その後の発達に影響を与える大きな問題であるといえる。

　もっとも、小学校への要録送付の義務づけが即座に真の意味での幼保小連携の課題を解決するわけではない。要録には当該児のネガティブな情報が控えられ、ポジティブな情報のみ記載される傾向がある。そのため要録を受けた小学校では、「要録文書のみから当該児の発達課題を読み取ることは困難である」との課題が、E県幼稚園園長やF市小学校教諭へのインタビューから浮上した。このことから、文書の申し送りはあくまでも幼保小連携の一手段であり、保育者と小学校教諭との継続的なフェイス・トゥ・フェイスのコミュニケーションによるネットワークの構築が必要である。したがって要録申し送りの制度は、その第1歩を踏み出す契機と位置づけたい。

７－２－４　学童期の発達支援・教育支援の必要性
不適応の防止に向けた子ども・保護者への個別相談

　発達障がいのある児童が学校で不適応を起こし、不登校になるケースは少なくない。例えば「教室には入れないが、校舎に入ることは可能」という児童には、保健室登校や別室登校という選択肢を準備する小学校もある。一方、「校舎に入ることも不可能」という児童には、小学校とは別の場所に教育支援センターが設置されている。市町村教育委員会運営の同センターでは、退職教員や心理士等が子どもの指導にあたる。また

行動障がいのある児童には、一定期間の入所型療育機関がある。

　これらの他にも、不登校児童の支援機関には公立・私立のものがある。しかし、児童相談所や学校からの助言には、私的機関による学習機会が含まれることは少ない。そのような場合には、保護者が自力で情報収集をする必要が生ずるが、適切な情報入手手段をもたない保護者に入る情報は限定される上、デジタルデバイドによって利益を逃していることに気づかず、為す術もなく苦しむ保護者もある。この現状を鑑みれば、管轄の壁を越えて子どものさまざまな学習機会に関する選択肢を保護者にワンストップで提供し得る人材と手段が必要である。

　C児の事例では、小児科医が保護者に短期入所型療育機関の利用を勧めたが、保護者はそれを受容するには至らなかった。このことから、専門家と保護者との間に、「当該児の最善の利益」についての意見の相違が問題として浮き彫りになった。

　　不登校児童への学習機会保障に向けた訪問教育「ホームスクーリング」

　わが国では、障がいが重いため通学できない子どもに向けて、教員が家庭、病院等に出向き、学習指導を行なう訪問教育制度があり、主に特別支援学校在籍の児童を対象に実施されている。しかし、普通校特別支援学級在籍の発達障がい児であるC児の場合は、訪問教育の対象に入らない。C児が不登校となった後、地域支援者や保護者、学校教育従事者が各々の立場から支援を試みたが、C児は終日自宅内で生活している。本事例から、わが国の連携支援の限界が浮き彫りとなった。

　家庭教育という視点で海外の動向を見ると、米国では5歳から17歳の子どものうち約158万8千人が家庭で教育（Homeschooling）を受けている（2007年）[67]。ホームスクーリングを受ける子どもが占める学齢人口

---

67 U.S. Department of Education NCES. (2009). *1.5 Million Homeschooled Students in the United States in 2007*　03

の割合は、1999年では1.7％、2003年では2.2％、2007年では2.9％となり、増加がみられる。当該児の保護者がホームスクーリングを選択する理由は「宗教的信念」「家庭の事情」「自宅が教育の質・学習環境上優位」などさまざまである。これは、法で認可された公教育の一選択肢である。ホームスクーリングを受ける子ども5人のうち4人は、家庭のみで教育を受けている。また、それ以外の子どもは、公立・私立の学校にも出席している（週25時間以下）。

　わが国では、ホームスクーリングの社会的認知度が未だ低い上に、行政上の認可もないのが現状である。しかし、地方によっては、ＮＰＯ法人等のホームスクーリング支援団体があり、そこでは実践と啓発が行われている。Ｃ児の保護者は登校を強く望まず、本人の意思に任せる旨を筆者に伝えた。Ｃ児の事例から、ホームスクーリングという学習形態に、可能性が見出せるのではないかと期待できる。

　　　７－２－５　本事例からの示唆
　本項では、発達障がいのある不登校児童の連携支援事例を通じて、わが国の課題と支援の改善点について検討した。就学前における発達支援では、障がいの早期発見をねらいとした定期健康診断の重要性について言及した。また、早期支援の開始を目的とした福祉・教育・保育支援の在り方と現在の課題を指摘した。Ｃ児の事例を見ると、就業していない保護者の子どもにも、保育所等における保育・幼児教育が必要であることが分かる。

　就学移行期の支援では、障がい児の滑らかな就学を目的として、幼保小連携の重要性ついて述べた。さらに、通園経験なく就学する子どもが特別なニーズを有する場合にも、入学直後からの支援開始を目的として、対象児の就学前健診の内容強化を提言した。

　学童期の発達・教育支援では、不適応防止を目的として「個別相談」を、

不登校児童への学習機会保障のための「ホームスクーリング」について提案した。不登校児の学習保障を目的としたホームスクーリングが米国では公教育として認可されるところは、わが国の不登校児教育を検討する上で示唆に富む。今後は、わが国でも公教育の選択肢を増やし、多様な学習形態を保障していく必要があるのではないだろうか。特別な教育的ニーズをもつ子どもが、多様な学習形態の下に公教育を受けられるように、選択肢を広げていくことが必要である。

　他国の状況を参考にするならば、米国の障がい児教育は各州の判断に委ねられる部分があるものの、IDEA や ADA 等の法整備が進んでいることからも、保護者が教育に関する要望を出しやすい環境が整備されているといえる。たとえば、IDEA が認可したペアレント・センターでは、"No Child Left Behind" 法の下、①保護者が子どもの障がいについて理解を深めるために活動し、②保護者と学校、その他の機関との問題にも介入する、そして、③地域で教育的・医療的・福祉的ニーズを満たすための情報を提供する。

　2005年のレポートによると、ペアレント・センターを介して、保護者がトレーニング、プレゼンテーション、電話、手紙、家庭訪問、e-mail を通じて専門家との交流をもった。そのコンタクト数は180万件以上にのぼり、その内、80％の保護者が電話によって適切なサービスが得られたと回答した[68]。C児の事例では、保護者の連絡手段は電話が中心であった。保護者は筆者に、学校や行政機関とのネゴシエーション方法がよく分からないこと、与えられた支援や提案と自身のニーズとのギャップに困惑している旨を語った。仮に、わが国に米国のペアレント・センターのような支援体制があったならば、C児の学齢期は変わっていたかもしれない。子どもの教育の第一義的責任は保護者にあるが、子ど

68　高尾淳子 (2010)「障害児の家族支援における日米比較 ―米国「ペアレント・センター」「TLG」「ヘッドスタート」の３制度をもとに―」愛知教育大学『幼児教育研究』15, 49-56.

もの成長を社会全体で支えるというわが国の方針[69]をふまえて、今後は保育、教育、福祉、医療、行政等の専門職にできることを検討していくことが必要である。

8　支援が届きにくい子どもの保育　-医療的ケア児の保育-

8-1　周産期・新生児医療の進歩にともなう低出生体重児の増加現象

　日本の周産期医療の進歩は目覚ましく、平成24年の周産期死亡率は2.6（出産千対）であり、諸外国と比較して最も安全なレベルの周産期医療体制が整っている。高度な医療を必要とする低出生体重児の出生割合については、昭和50年（約5.1％）を境に増加の推移をたどり、平成25年では9.6％となっている。表2[70]は、30年余りの期間に、極低出生体重児の出生割合が約2倍に、超低出生体重児の出生割合が約3倍に増加していることを示す。

　1996（平成8）年、当時の厚生省は人口100万人に対して1カ所の総合周産期母子医療センターの設立を目指し、周産期医療対策整備事業計画を開始した。同事業では、母体胎児集中治療室（MFICU）を設備してハイリスク妊婦を管理することと併せて、新生児集中治療室（NICU）の整備を進めた。これらの結果により、平成17年に48施設（32都道府県）あった総合周産期母子医療センターは、平成20年11月時点で75施設（45都道府県）へと増加した。また、地域周産期母子医療センター（NICUを有する病院）数は、平成17年の188施設（26都道府県）から、平成20年11月時点で236施設（39都道府県）へと増加した。日本の周産期医療の進歩と、周産期医療環境の整備により、数十年前には救えなかった生

---

69 文部科学省　今後の家庭教育支援の充実についての懇談会（2002）「社会の宝として子どもを育てよう！（報告）」.
70 高尾淳子（2017）「保健・医療・福祉・教育との関連からみた障害児保育」小川英彦編『基礎から学ぶ障害児保育』239-254, ミネルヴァ書房.

表2　日本の低出生体重児の出生割合の推移

	出生数（人）	低出生体重児 （2,500g 未満）	極低出生体重児 （1,000～1,499g）	超極低出生体重 児（1,000g 未満）
1980(昭和55)年	1,576,889	約5.2%	0.38%	0.09%
2013(平成25)年	1,029,816	約9.6%	0.77%	0.30%

厚生労働省「人口動態統計」のデータを基に筆者が作表した。

命の多くが、現在では救うことができるようになった。

　しかしながら、依然として課題も存在する。MFICU の病床数の推移は、平成8年の66から平成17年には473へと増加した一方、NICU の病床数については、平成8年の2,519から平成17年の2,341へと減少した。平成19年の記録では、総合周産期母子医療センターで母体（49例）および新生児（41例）の搬送受入ができなかった。その理由については、約8割の総合周産期母子医療センターにおいて、NICU の病床利用率が90％を超えていることから、9割以上のセンターが「NICU 満床のため母体・新生児の搬送受入れが困難」であったと報告している。病床利用率の高い要因としては「救命率の上昇に伴う入院期間の延長」が、NICU の病床数の変化については「周産期医療体制の変化」が理由として報告されている（厚生労働省、2009）。

8−2　医療的ケアの必要な子どもの増加と保育の課題

　わが国の周産期・新生児医療の進歩により、数年前には救えなかった生命の多くが、現在では救えるようになった。しかし、低体重で出生した新生児には、呼吸器、循環器系や消化器系において様々なリスクが生じる（大阪産婦人科医会、2014）[71]。このために引き続き医療的ケアが必

71 大阪産婦人科医会 (2014)「未受診や飛込みによる出産等実態調査報告書」.

要な症状へと移行する事例が少なくない。医療的ケアとは、経管栄養・喀痰吸引などの日常生活に必要な医療職ではない者が行う医療的な生活援助行為である。医療的ケア児[72] は、臥位（寝た状態）で過ごすことが多い児や、歩いたり走ったりすることができる重症心身障がい児等、さまざまな特徴を有する。現状では、医療的ケア児を預かる保育施設や福祉サービスは非常に少ない。そのため、当該児の大多数は保護者による24時間365日体制の看護を受けて在宅生活を余儀なくされている。

　わが国において2014年2月に「障害者権利条約」が発効したことにより、障がい者に差別のない社会を実現する責任を世界に対して負うことになった。乳幼児でいえば、障がいのある子どもも合理的な配慮のもとで差別なく、定型発達児とともに保育が受けられるようにすること、すなわちインクルーシブ保育を推進することが必要である。これらの社会変化のなかで、要支援児のうち日常的な医療的ケアが必要でない子どもたち、例えば自閉症等の子どもへのインクルーシブ保育を提供する準備は徐々に進みつつあるが、医療的ケア児については、ケアの質・受け入れのキャパシティとも十分でなく、まだ緒についたばかりである。

8−3　医療的ケア児を保育所・幼稚園等で受けいれるための法整備

　2015年12月、厚生労働省は、医療的ケア児の大多数が在宅生活を送っている現状をふまえて必要な法律を改正し、医療的ケア児や家族への支援強化方針を決定した。厚生労働省の専門家会議は、必要な支援につなげるための相談窓口の充実、当該児に対応できる専門の医師や看護師等の人材育成を進めるほか、当該児が福祉サービスを利用しやすくなるよう新たな仕組みを作るべきだとする「障害者を支援する法律の見直し案」をまとめた。

---

72 重度の肢体不自由児、知的障害児、重症心身障害児等や、経管栄養、喀痰吸引、酸素吸入等の医療的ケアを必要とする子ども．

　2016年6月3日には、「障害者の日常生活及び社会生活を総合的に支援するための法律及び児童福祉法の一部を改正する法律」[73]（以下「改正法」と記述）が公布され、改正法により新設された児童福祉法第（昭和22年法律第164号）56条の6第2項の規定が同日施行された。それにより、地方公共団体は、医療的ケア児の支援に関する保健、医療、障がい福祉、保育、教育等の連を一層推進するよう、努力義務が課された。この改正法に伴い、厚生労働省・内閣府・文部科学省は、保健・医療・福祉・教育関係者に向けて「医療的ケア児の支援に関する保健、医療、福祉、教育等の連携の一層の推進について」[74]を通知した。

　医療的ケア児に関しては、保育所等における日中活動の意義や必要性について、現状では各保育者への周知がまだ十分に進んでいない。医療的ケア児の保育はこれまで、その必要性を認識する事業者によって進められてきた。具体例としては、現在の法整備や施策が実施される以前から、医療機関と連携して医療的ケア児を受け入れ保育してきた幼稚園が愛知県にある。また、2014年には医療的ケアを可能とする長時間保育所が東京都で開設された。

　2015年度の調査[75]によると、医療的ケアが必要な0〜5歳児（n=119）のうち、保育所等を利用した子どもの割合は20.6％であった。

　現在の制度では、研修を受けた保育者は医療的ケアをすることができる。今後は、医療的ケア児を受け入れる保育所・幼稚園等の増加が見込まれる。保育所等にて当該児とその家族のニーズに応えるには、多職種による情報交換や連携が必要となる。保育所等はその業務形態の特徴により、職場で多職種が協働する経験が十分にない事業所もあることから、

73 平成28年法律第65号.
74 厚生労働省・内閣府・文部科学省 (2016)「医療的ケア児の支援に関する保健、医療、福祉、教育等の連携の一層の推進について」.
75 みずほ情報総研株式会社 (2016)「在宅医療ケアが必要な子どもに関する調査　在宅医療ケアが必要な子どもに関する調査　平成27年度障害者支援状況等調査研究事業報告書」.

医療従事者の配置による職員構成の変化や、外部機関との情報交換に戸惑う保育者もみられる。

　その一策として筆者は、第1段階に、各保育所等の管理職が医療的ケア児を受け入れる目的、及び当該児の日中活動を保障する意義を保育者に示し、保育者の役割を明確にしたうえで、職場内にチームで保育をする意識の醸成を図る活動を実施し、その活動を継続することを推奨する。そのようにして職場内のチームが目的を共有した上で、第2段階として図6に示したような職場外のチームづくりに参加していくことにより、それぞれの専門性を生かした活発なディスカッションが生まれ、多職種連携の輪をつくることが可能となる。

　今後は、医療的ケア児とその家族の生活の質（QOL）の向上に向け、当該児の日中活動の場の保障の観点から、保育ニーズへの対応を含めた支援策の検討が進められていくことが喫緊の課題である。この課題の解決に向けて、筆者は前述の「職場内のチームづくり」を進めている。

9　インクルーシブ保育とリスクリテラシー

　内閣府の発表（2016）[76] によると、平成27年度の教育・保育施設等における事故報告は627件あり、そのうち負傷等が613件、死亡が14件であった。負傷等のうち、498件（81％）は骨折であった。事故の発生場所については、施設内が566件（90％）、そのうち施設内の室外で315件（56％）が発生した。保育現場における虐待や事故に関する裁判事例を見ると、裁判年月が平成27年（事故発生平成23年）[77]、28年（事故発生平成24年）[78]の事例があり、それらの内容はいずれもプール活動・水遊び場面におけ

---

76 内閣府子ども・子育て本部（2016）「教育・保育施設等における事故報告集計の公表及び事故防止対策について」平成28年4月18日.
77 横浜地方裁判所第5刑事部, 業務上過失致死被告事件, 裁判年月日平成27年3月31日.
78 松山地方裁判所, 業務上過失致死傷事件, 裁判年月日平成28年5月30日.

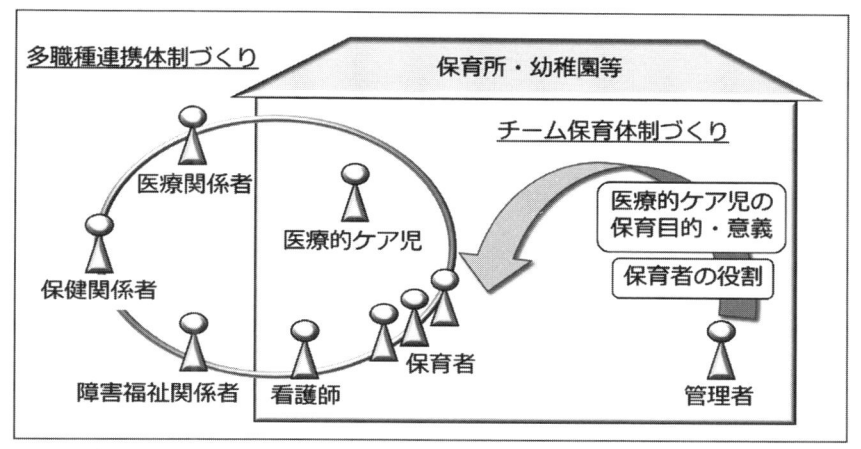

図6　医療的ケア児を保育所・幼稚園等に受け入れるための「多職種連携体制づくり」と「園内のチーム保育体制づくり」の概念図（筆者作成）

る溺死事故であった[79]。

　前述の教育・保育施設等からの報告や裁判事例をふまえて、内閣府、文部科学省、厚生労働省（2016）[80] は、「教育・保育施設等における事故防止及び事故発生時の対応のためのガイドライン」を公表し、子どもの生命に関わる、あるいは重度の障がいを残す重大事故が発生しやすい場面ごとに注意事項を提示した。具体的には、「睡眠中」、「プール活動・水遊び」、「誤嚥」が挙がっている。

　2018年度版保育所保育指針の第3章3(2)では、事故防止の取組を行なう際に、特に重大事故が発生しやすい場面として、睡眠中、プール活動・水遊び中、食事中等を挙げ、必要な安全対策を講じるよう求めている。また、「安全対策のために全職員の共通理解や体制づくりを図る」の言葉で、職場内の連携協力体制の強化を求めている[81]。

79 裁判所ホームページ　http://www.courts.go.jp/app/hanrei_jp/search1
80 内閣府・文部科学省・厚生労働省(2016)「教育・保育施設等における事故防止及び事故発生時の対応のためのガイドライン」平成28年3月31日．
81 2018年度版保育所保育指針第3章3環境及び衛生管理並びに安全管理(2)事故防止及び安全対策

　内閣府らが公表した前述のガイドライン及び2018年版保育所保育指針は、重大事故が発生しやすい保育場面を挙げている。それに加えて、インクルーシブ保育を推進する視点からは、自ら負傷しやすい、あるいは事故に巻き込まれる可能性の高い園児の特徴を考慮したリスクアセスメントが必要である。

　Truls（2014）[82] は、注意欠如多動性障害（Attention-Deficit Hyperactivity Disorder：ADHD）のある運転者が、ADHD のない運転者と比較して、交通事故に関与する相対危険度（relative risk：RR）が1.23 であるとした。さらに、ADHD に反抗挑戦性障害／反抗挑発症（Oppositional Defiant Disorder: ODD）もしくは行為障害／素行症（Conduct Disorder：CD）を合併／併発している運転者は、合併／併発のない運転者と比較して交通事故に関与する相対危険度が高いと報告した。

　曽良ら（2006）[83] は「ADHD の病態はまだ不明であるが、根底には何らかの生物学的異常が存在すると考えられる」と述べた。Truls の報告は児童期の子どもを対象とはしていないが、曽良らの見解によると ADHD の生来の中枢神経系の特徴は生涯持続するとみられることから、Truls の報告は本研究の参考となる。幼児を対象とする研究では、水野ら（2014）[84] が、ADHD 衝動型幼児の交通事故防止のための教育方法を検討する中で、大人が対象児と手をつないでいても振りほどいて飛び出すため、事故防止に有効とは言えない旨を明らかにした。

　一方、小澤（2014）[85] は幼稚園・保育所における事故について男女別・

82 Truls, V.（2014）. ADHD and relative risk of accidents in road traffic: A meta-analysis, *Accident Analysis and Prevention,* 62, 415–425.

83 曽良一郎・福島攝（2006）「脳の発達障害 ADHD はどこまでわかったか？」『日本薬理学雑誌』128（1），8-12.

84 水野智美・徳田克己・西館有沙・西村美穂・安心院朗子（2014）「ADHD 衝動型幼児の交通事故を防止するための教育方法の開発」三井住友海上福祉財団『研究結果報告書集交通安全等・高齢者福祉』20, 21-24.

85 小澤文雄（2014）幼稚園・保育所における保育中の死亡・障害事故の分析・検討（1）－独立行政法人日本スポーツ振興センターのデータを利用して－」『東海学園大学研究紀要』19, 47-65.

年齢別・場面別等で分析を行なったが、療育手帳の有無や障がいの種別による分析をした先行研究は、まだ見当たらない。インクルーシブ保育を推進する園では、保育者に、保育事故を回避するためのリスクリテラシーが求められる。その習得に向けては、事故の根本的な原因を分析する手法（Root Cause Analysis：RCA）を用いて、園児の行動特性や障がい特性を含めて考慮するリスクアセスメントが必要である。そのRCAの一手段として、河野（2004）[86] が開発した医療におけるヒューマンエラーの分析手法P-mSHELLを筆者が保育分野に応用したC-mSHELLモデルがある（図7）。ヒューマンエラーの用語については、人間工学の定義である「システムによって定義された許容範囲をこえる人間行動の集合」、及びJIS Z8115:2000の規定「意図しない結果を生じる人間の行為」として用いる。C-mSHELLモデルの中央 (L1)は保育者自身である。L1を取り囲んで、自分以外の保育者（L2）、子ども（C）、ハードウェア（H）、ソフトウェア (S)、環境 (E)、全体を統括するマネージメント (m)がある。L1はシステムの中心であり、他の要素と比べて最も柔軟性がある。

10　インクルーシブ保育と職場風土の活性化

　これまでに述べたように、保育者は変化しつづける社会から常に新しい保育への要請を受けており、保育者にはそれらに対応していく力量の向上が求められている。その社会的要請の中に、インクルーシブ保育の実践が含まれている。

　インクルーシブ保育を実践する園づくりは、たとえ職場に熟達者がいたとしても、1人では達成しがたい。したがってこの要請に応えるには、一人ひとりの保育者に、特別なニーズを有する子どもと家族に差別なく合理的配慮を提供する力量が必要である。一方、保育職場の特徴として、担任がクラスの責任をもつ個人商店的業務形態であることや、仕事で気

---

86 河野龍太郎 (2004)『医療におけるヒューマンエラー』, 医学書院.

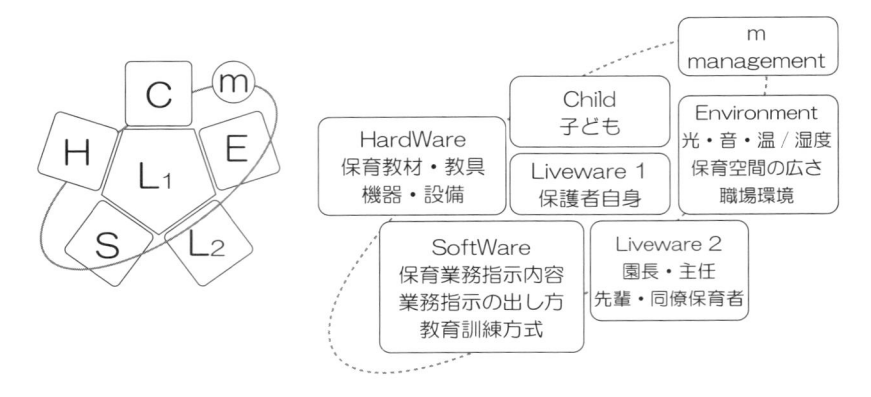

図7　C-mSHELL モデル（筆者作成）
　　ヒューマンファクター工学理論に基づく保育におけるヒューマンエラーの説明モデル

になる子どもの保育をする中で、困った時に教えてくれる先輩が少ないこと、新人保育者は仕事の進め方に関する提案がしづらい職場の雰囲気等がある[87]。

　このような職場環境で、日々発生する様々な問題に保育者が単独で個々の事例に対応している現状がある。この繰り返しでは、保育者は担当以外の業務に関する当時者意識が希薄になり、職場力が低下し、インクルーシブ保育実践者が育ちづらい。「職場力」については、櫻井（2009）が次のように定義している。「職場が本来発揮すべき力の総和であり、メンバー一人ひとりが持つ能力が開発されて最大限に発揮されるとともに、メンバー相互間の緊密な交流によって大きな相乗効果が生み出されるときに最大になるもの。そしてメンバーの成長と協働の発展によって、不断に進歩向上を続けるものである[88]」

　インクルーシブ保育を実践する園づくりには、働きやすい環境づくりが必要である。働きやすい環境には、互いに学び合い、協力し合える職

87　高尾淳子（2015）『保育者の生涯学習のための試行的プロジェクト』2015年度放送大学学長裁量経費Ⅰ報告書 . 1-25.
88　櫻井俊邦（2009）「いま問われる職場力」リクルートマネジメントソリューションズ
　　https://www.recruit-ms.co.jp/issue/column/0000000136/

場風土が含まれる。これに関して厚生労働省は、2017年に「保育士等キャリアアップ研修ガイドライン[89]」にて各園に働きやすい環境づくりを推奨し、さらにその「手引き」[90] では、職場内でのコミュニケーションの円滑化を各園に呼びかけた。同じく 2017年に、文部科学省は「これからの時代の幼稚園教諭に求められる資質能力」に新たな課題に対応できる力、組織的・共同的に諸問題を解決する力を挙げた[91]。ここでいう新たな課題には、発達障がいを含む特別支援を必要とする児への対応が含まれる。

　このように、国が新しい社会的要請への対応や、働きやすい職場環境づくりの必要性を示す一方で、その具体的方策を提示するには至っていないのが現状である。

　インクルーシブ保育を実践するには、職場力の強化が必要である。保育者が成長する場は、第1が職場内であり、第2が職場外である。これに関して保育所保育指針を見ると、2018年版の第5章「職員の資質向上」には、2009年版の第7章「職員の資質向上」と比較して、新設された部分がある。例えば、第1節第1項 保育所職員に求められる専門性として、各職員が「自己評価に基づく課題等を踏まえ、保育所内外の研修等を通じて専門性を高める[92]」とある。保育者の職務能力の自己評価については、適切な指標をまだ持っていない保育者が少なくないのが現状である[93]。これを受けて高尾 (2017) [94] は、保育者が自らのキャリアパスのイメージを描き、その実現に向けてスキルの向上を図る時期及び手段を判断するために有用なものさしの必要性を明らかにしたうえで、現職保育者から協

---

89 厚生労働省(2017)「保育士等キャリアアップ研修の実施について」, 雇児保発０４０１第1号.
90 楽天リサーチ株式会社 (2015) 厚生労働省委託事業『保育士が働きやすい職場づくりの手引き』.
91 文部科学省(2017)「幼稚園教諭に求められる資質能力と教員養成段階に求められること」.
92 2018年版保育所保育指針　第5章職員の資質向上　1職員の資質向上に関する基本的事項 ⑴保育所職員に求められる専門性 .
93 2016年度　保育園連盟の研修部長から聴取 .
94 高尾淳子 (2017)「インクルーシブ保育スキル標準の必要性 – 米国ワシントン州保育スキル標準の開発事例をもとに –」愛知教育大学幼児教育講座『幼児教育研究』19, 65-72.

力を得て「保育スキル標準」の開発に着手している。

　一方、第5章「施設長の責務」としては、「当該保育所における保育の課題や各職員のキャリアパス等も見据えて、初任者から管理職員までの職位や職務内容等を踏まえた体系的な研修計画を作成しなければならない」とある。2018年版保育所保育指針では、職員の体系的・計画的な研修機会の確保を義務とし、職場内での研修の充実、外部研修への参加および組織内での研修成果の活用を求めている[95]。現状の外部研修については、職場における保育者間の受講希望の調整が円滑に行なわれず、希望するテーマの研修に参加できない保育者もいる。また、外部研修で経験したことを職場内で報告する機会が与えられない、あるいは、受講後3か月以上経過してから報告の機会を与えられて、受講内容を想起し、整理するのに苦労した保育者もいる[96]。さらに、研修の配布資料を職場内で回覧して完結する組織もある。この状況をみると、外部研修で得たものを職場で共有し、活用できているとは言い難い。

　これらの問題を考え合わせると、職場風土の活性化に向けた具体的な方策の提示は、現在の社会的要請であるインクルーシブ保育を実践する園づくりを進める上で早急に着手すべき事項であるいえる。

　インクルーシブ保育の実践において日本に先行する米国や欧州各国の事例を参考にすると、高いレベルのインクルーシブ保育を日本の保育現場で実践するには、人材の育成と並行して職場風土の改革を実践する必要がある。特に日本の保育現場では、強い年功序列式の上下関係が存在し、勤務経験年数の少ない保育者が、職場において自由に本音でコミュニケーションすることは、できていない。

　また、保育者の人材育成の柱となるのは、養成校での課程、園内外の研修、OJTの3項目であるが、いずれにも課題がある。少なくない数の

---

95 2018年版保育所保育指針　第5章　2施設長の責務　3職員の研修等.
96 2017年度 筆者が講師を務めた保育園連盟主催研修の参加保育士から聴取.

新任の保育者は、就職後の僅か数か月の間に離職している。これでは、さまざまな研修を準備しても効果は期待できない。このため、まず新任の保育者が、自らが保育者として成長していくイメージを認識し、保育者としての気持ちを育てることが重要であることに着目した。若い人の気持ちを育てるうえで適切な手法がKIであり、それを保育に適用できるようにしたのが保育KIである。

第2節　先行研究と本研究の着目点

1　保育者が知見を整理する手法に関する先行研究

　職場力の強化を図る人材育成の手法である保育KIを開発するにあたり、保育者が知見を整理する手法の導入事例について、国立国会図書館の文献検索にて該当数の多い手法を対象に、手法のねらいとその特徴を整理した。

　保育記録等を使用して行われる保育カンファレンスは事例検討会である[97]。それは、幼児理解と保育の省察が目的とされ、実践報告が多数出されている（中島, 2016）[98]（君岡, 2016）[99]（岡花ら, 2009）[100]。保育カンファレンスはわが国では、医療分野で導入されていたカンファレンスを稲垣（1986）[101] が授業カンファレンスとして提唱し、さらに森上（1996）[102] が保

97　秋田喜代美・安見克夫・小林 美樹（1998）「1年間の保育記録の省察過程 -1 人の子どもの育ちをめぐるカンファレンス -」『立教大学心理学科研究年報』(40), 59-72.

98　中島陽子・福田久美子（2016）「水・砂・土との触れ合いの中で見えてくる子どもの思い、私たちの思い：エピソード記録と保育カンファレンスを手掛かりにして」『保育所保育実践研究報告集』10, 138-140.

99　君岡智央(2016)「試行錯誤し工夫しながら遊ぶための環境・援助とは -5 歳児における作って遊ぶ活動に焦点をあてて」『広島大学附属三原学校園研究紀要』6, 45-50.

100　岡花 祈一郎・杉村 伸一郎・財満 由美子 他（2009）「エピソード記述」を用いた保育カンファレンスに関する研究, 広島大学学部・附属学校共同研究機構編『学部・附属学校共同研究紀要』(38), 131-136.

101　稲垣忠彦（1986）『授業を変えるために―カンファレンスのすすめ』, 国土社.

102　森上史郎（1996）「保育を聞くためのカンファレンス」『発達』68, ミネルヴァ書房, 1-4.

育カンファレンスとして保育業界に応用したことから始まった。森上は、保育カンファレンスが備える特徴として、①「正解」を求めようとしない、②本音で話し合う、③延長や先輩が若い人を導くという形にならないようにする、④話し合いにおいて相手を批判したり、論争しようとしない、の5つの特徴を挙げた。

　医療分野でのカンファレンスについて厚生労働省チーム医療推進方策検討ワーキンググループ (2011)[103] は、チーム医療を推進するために、カンファレンスを充実させることが必要であるとした。互いに他の職種を尊重し、明確な目標に向かってそれぞれの見地から評価を行い、専門的技術を効率よく提供することが重要であることから。カンファレンスが単なる情報交換の場ではなく，議論・調整の場であることを求めている。一方、医療カンファレンスを教育界に応用した稲垣は、一人ひとりの教師の力量の向上を目指し、授業の臨床研究を通じて事業の質や学校を変えていくことを追究した。

　一方、亀山 (2012)[104] は、KJ法を用いて保育記録を分析した。中坪 (2015)[105] はKJ法と TEM（複線経路・等至性モデル）を活用した園内研修を試みた。矢野 (2016)[106] は、Tony Buzanが開発したマインドマップを保育学生のノートテーキングに試用した。

2　保育カンファレンスの利点と問題点

　保育カンファレンスは、保育者が学び合うことによって力量形成を図るものである。保育カンファレンスの場では、保育記録をもとに話し合っ

103　厚生労働省チーム医療推進方策検討ワーキンググループ (2011)「チーム医療推進のための基本的な考え方と実践的事例集」.

104　亀山秀郎 (2012)「幼稚園における稲作の意義の検討 -KJ法による保育者記録の分析を通して -」『保育学研究』, 50 (3), 42-52.

105　中坪史典 (2015)「園内研修における質的アプローチの活用可能性 -KJ法とTEMに着目して -」,『広島大学大学院教育学研究科紀要』第三部 (64), 129-136.

106　矢野潔子 (2016)「子どもの保健」におけるマインドマップ活用の試み,『静岡大学教育学部附属教育実践総合センター紀要』, 25, 271-278.

たり、今後の子どもへのかかわり方について意見を出し合ったりすることが多い。成田ら (2017)[107] は、前述の方法で保育カンファレンスが行なわれた場にオブザーバーとして同席したうえで、障がいのある子どもに関する保育カンファレンスの在り方について以下のことが重要であると述べた。「多様な意見やアイデアが出る」、「子どもの姿から保育実践が再考できる」、「園全体の共通理解を促進し保育者が共通した保育方針をもつことができる」、「子どもの興味や関心から保育方法を探り保育実践につなげることができる」。成田らの示唆については、筆者も同じ意見をもつ。しかし、それらの内容については、筆者は別の視点をもつ。たとえば、多様な意見やアイデアは、参加者全員から出されたのであろうか。子どもの姿から保育実践が再考できたのは、参加者全員であっただろうか。共通した保育方針は、参加者全員が意見を出したうえで決めたものだろうか。一部の発言力の高い、あるいは経験豊かな保育者の意見に他の参加者が流されることはなかったか（発言の対等性）。仮にそうであったならば、その保育方針は参加者の総意とは言えず、業務指示に近い。経験の長短にかかわらず、指示された方法で業務を行ない成功しても、保育者の達成感は低い。それゆえに、一人ひとりの保育者が同じ目標に向かって進み続ける動機づけにはつなげづらい。さらには、すべての参加者が子どもの興味や関心から保育方法を探り、保育実践につなげることができたのであろうか。アセスメントの視点をもち、自分なりの保育方法を検討して意見が言えるようになるには、ある程度の保育経験や年数が必要となろう。したがって、このような一足飛びの話題展開で話し合いが進められる時間帯には、新人保育者にとっては「先輩の話を聞いて勉強する時間」という位置付けになる。障がいのある子どもの表出行動からいきなり指導法の検討に向かうのは、経験豊富な保育者で

---

107 成田　泉・関　理恵・澤田美佳・水内豊和「障害のある子どもの保育カンファレンスに関する研究 – 保育カンファレンスと保育実践の循環に着目して –」

あっても難しいことである。そこは、スモールステップで丁寧に進めていくことが望ましい。

　保育カンファレンスは、参加者全員が等しく発言力を持ち、一定レベルの知識量を持ち、且つアサーティブネスに配慮することができるメンバーがそろった時には、大きな学び合いの効果が期待できる。成田らの論文には、保育カンファレンスの議論の流れ、および保育カンファレンス後の対象児の変容が示された。これらは、筆者が進めている保育KI活動との相違を明らかにする上で示唆に富む。この保育カンファレンスの話し合いでは、保育者が対象児の行動を伝えた後に、他の保育者が本児への関わり方について意見を出していった。しかし、話し合いの流れのなかに本児の困り感を探る視点は見当たらなかった。人の行動には、必ず理由がある。当該児が表出した一つの気になる行動には、本児が抱えるいくつかの理由があり、困り感がある。この考えに基づいて保育KI活動では、仮に「気になる子どもの保育」をテーマとした場合、保育課題ばらしの段階で必ず、子どもの困り感に関する保育者の気づき、及び家庭での養育環境や子ども自身の発達課題（発達の偏り）などをできるだけ多く出し合い、メンバーで共有する。この段階を経ることにより、現状をおさえたうえで保育者間の情報量・知識量の差を心配することなく、自由に各自の気づきが出せるのである。

　成田らが参加した保育カンファレンスでは、その内容が論文に示されていることから、議事録に相当する記録が残されているものと思われる。しかし、その記録には、誰が、どのような順序で意見を出し、他のメンバーのどのような意見によって新しい気づきを得たのか、話し合いがどのような流れで展開していったのかについて、当日のカンファレンスに参加しなかった人を含めて、誰もが一目で分かる資料として残されているだろうか。話し合いの流れが容易に理解できる情報がなければ、第1回のカンファレンスに参加できなかった保育者は、第2回カンファレン

スで自信をもって意見を出すことができず、発言を躊躇する可能性がある。したがって、このような学び合いの場の運営者は、毎回開始当初から活発な意見が出し合える場を作っていく必要がある。

　これについて、保育KI活動では、参加者の意見がすべて付箋に記載され、それらが構造化されたシートに残されているため、第1回の話し合いに参加できなかったメンバーも、第2回の開始直後から活発に意見を出すことが可能となる（発言の対等性）。保育カンファレンスにおける発言の対等性の課題としては、堀越（2015）[108] や利根川ら（2015）[109]、平松（2011）[110] が挙げている。平松は、保育者自身の理解が進む保育カンファレンスが簡単なことではなく、保育者の経験に基づく既成の枠組みや理論にとらわれてしまう場合もあるとことを指摘した。

　さらに若林ら（2006）[111] は、保育の知を再構築する場として保育カンファレンスの重要性を指摘する一方で、保育カンファレンスにおける「意識・思考」の変化を測定できる指標がまだ考案されていないことを課題として挙げた。これについては、保育KI活動の試行2において検証した（cf. 第3章第3節3）。

　その他の視点として、松井（2009）[112] は、保育カンファレンスで周囲の人に影響を与えるキーパーソンの発問に着目した。香曽我部（2014）[113] は過去から現在に至るまでの自らの援助や環境構成のあり方を振り返る

108 堀越紀香（2015）「保育カンファレンスを通して保育者の資質向上をめざす」、『発達』36
　　（142）, 57-63.
109 利根川智子・和田明人・音山若穂他（2015）「継続的カンファレンスへの参加における保
　　育者の課題意識」、『東北福祉大学研究紀要』39, 37-47.
110 平松美由紀（2011）「幼児理解を深めるためのカンファレンスの検討 - 保育実践の一場
　　面のカンファレンスの省察から -」中国学園大学『中国学園紀要』, 163-167.
111 若林紀乃・杉村伸一郎（2006）「保育カンファレンスにおける知の再構築」『広島大学大
　　学院教育学研究科紀要』第三部（54）, 369-378.
112 松井剛太（2009）「保育カンファレンスにおける保育実践の再構成：チェンジエージェン
　　トの役割と保育カンファレンスの構造」『保育学研究』47（1）, 12-21.
113 香曽我部琢（2014）「保育者の時間的展望の共有化と保育カンファレンス - 複線経路・等
　　至性アプローチを用いた保育カンファレンスの提案 -」、『宮城教育大学紀要』49, 153-
　　160.

目的で、TEM保育カンファレンスを発案した。

　なお、「保育カンファレンス」という言葉については、1996年に森上が紹介したことを契機に、それまで保育所や幼稚園等で事例検討会と称されていたものが、保育カンファレンスと呼ばれるようになり、保育界に広がった[114]。その後、保育カンファレンスは多くの保育機関で実施される中で、いくつかの課題も挙げられている。井上 (2013) [115] は、森上の挙げた保育カンファレンスの5つの特徴が、「どの1つの条件を取り上げてみても、これを保つことは困難」との立場から、保育カンファレンスを「指導的 - 共同探索的」「オープン - クローズ」の2軸で4つに類型化し、保育者の経験や課題に応じて多様なカンファレンスを設定する必要性を提唱した。井上の類型に保育KIを照らすと、保育KIは共同探索的×オープンのカテゴリーに入る。

　保育カンファレンスの「カンファレンス」という発想が医療業界における「医療カンファレンス」から移入されてきたことについては前述した。医療機関における業務は、明確に分業化されている。そこでは、1名の患者に対して医師や看護師、コメディカルの人々が協力して治療にあたる。もとより医療の仕事は、ひとりでは行なわないことが前提となる。一方、学校や幼稚園、保育所等はクラス担任制であることが、医療現場との大きな相違点である。クラス担任制には利点もあるが、一方で弊害もある。クラス担任だからという理由で、特別な支援を要する子どもの保育を担任だけに任せてしまうと、心ある保育者、責任感の強い保育者であればあるほど疲弊する。近年、社会的要請が高まっているインクルーシブ保育は、ひとりではなく園全体で進めていくものであるため、医療現場の手法は非常に参考になる。しかし、医療現場の手法を保育業界に導入するにあたっては、保育の業務形態の特徴、さらには保育職場

114 汐見稔幸 (2015)「園内研修と保育カンファレンス」『発達』142, 76-79.

115 井上眞理子 (2013)「専門性の向上と保育カンファレンス - カンファレンス行動指標モデルの提言」『お茶の水女子大学人文科学研究』9, 71 - 82.

の特徴をも踏まえた上で適切に変更を加える必要がある。その点におい
て、医療カンファレンスから保育カンファレンスへの移行、及び効果的
な運用には改善の必要がある。

　一方、保育者の人材育成の手法である保育KIについては、持続可能
な社会の実現を目指す企業の職場力向上策KIを保育の業務形態に即し
てアレンジを加え、開発したものである。この新しい手法を保育業界に
導入するにあたっては、保育職場の組織風土調査、及び園長、主任保育
士、担当保育士への意識調査を行なった。このようにして保育の業務形
態はもとより、保育職場の組織風土及びそこで保育に従事する保育者の
ニーズに沿う工夫を行なっている。

3　看護カンファレンスの利点と問題点

　1960年代初頭に、チームナーシングの導入とともにカンファレンス
が医療職場に定着した。チームナーシングでは、複数の看護師が協働し
て複数の患者への責任を負う。個別の看護計画の作成が必要であり、そ
の計画に沿って患者のケアを行なうためにはメンバー全員が担当チーム
の患者の状態を把握しておく必要がある。また、チームで仕事を進める
には、メンバーの協力体制が必要となる。そこで、毎日のチームカンファ
レンスが必要となった。チームカンファレンスは、個々の患者へのケア
計画の意思統一を図ること、チームメンバーの人間関係を調節すること
を目的としている。看護カンファレンスは、看護師が所属する部署によ
り, 目的や内容が少しずつ異なる。看護カンファレンスには、次に記す
ような種類がある。

3−1　看護カンファレンスの種類

　3−1−1病棟カンファレンス

日々の病棟運営の中で生じた問題をすべての看護師で検討し、改善に

向けて知恵を出しあうのが病棟カンファレンスである。病棟カンファレンスでは、病棟管理の問題や、患者の看護で生じた問題などをテーマに協議する。また、職員の努力のプロセスや結果の評価の場、新しい知識や情報を学び合う場としても活用できる。病棟カンファレンスは、あらかじめテーマを決定したうえで病棟看護師のリーダーが招集し、すべての病棟看護師及び看護師以外の職員にも参加を呼びかける。

３－１－２　チームカンファレンス

病棟でカンファレンスといえば、チームカンファレンスを意味する場合が多い。それは、朝の申し送りの後や、仕事が一段落した時間帯などの細切れの時間帯を利用して行なわれることもある。チームカンファレンスでは患者の個別の問題を検討し、看護計画の立案、修正、評価を行ない、チーム内の意思統一を図る。また、患者のケアに役立つ知識を学んだり、手技の統一をはかったりもする。チームカンファレンスの召集と会議の進行は、チームリーダーが行なう。

３－１－３　外来のカンファレンス

外来のカンファレンスでは、気になる患者を選んで援助の方法を検討したり、前日に発生したトラブル事例の報告、及び改善案の提案や決定を行なったりする。さらに、外来のカンファレンスは新しい知識を学習する場、各課の連絡調整を図る場の役割ももつ。

３－１－４　訪問看護ステーションのカンファレンス

訪問看護においては、担当以外の看護師が患者を訪問する場合もあるため、訪問看護ステーションで担当している患者及び家族の状況をカンファレンスによって共有する。また、訪問看護では１人の看護師が患者宅にて必要な対策を講じることから、その方法の妥当性についてもほか

のスタッフと意見を交わし、カンファレンスで学び合う。

３−２　看護カンファレンスの問題点

３−２−１　看護の継続性

　チームナーシングでは、リーダーやメンバーが頻繁に交替する。そのため、カンファレンスにおける患者の捉え方が断片的になることがある。また、カンファレンスの内容が患者の状態の説明にとどまり、独創的な発想が出づらくなることもある。個人の体験をチームメンバーが共有し、チーム全体の技術水準を高めることがカンファレンスの目的の一つであるが、良い結果や好ましくない結果が生じた事実およびプロセスを報告し、内容を分析してチームの知見として蓄積していくことを困難とする問題が生じている。

　患者への看護方式には、チームワークナーシングのほかにプライマリーナーシングがある。プライマリーナーシングでは、１人の看護師が１人の患者の入院から退院までの責任をもつ。それは患者中心のシステムではあるが、限界もある。入院患者は24時間を院内で過ごす一方、看護師は勤務シフトに基づいて勤務しているため、担当看護師が不在の時間帯が生じる。そのため、退院時のサマリーを書く役割だけの看護師がいたとの事例もある[116]。プライマリーナースの不在時には、アテンドナースがケアを行なうことから、プライマリーナースが患者のケアから見いだした法則性をアテンドナースと共有する場としても、カンファレンスの活用が期待されている。

３−２−２　看護カンファレンスの効率性

　看護業界で毎日行なわれることが理想であるカンファレンスの実施は、現実は病棟看護師の仕事の密度の濃さから、定期化できない職場も

---

116 川島みどり・杉野元子 (2008)『看護カンファレンス』医学書院.

ある。また、時間をやり繰りしてカンファレンスを開いた場合にも、ナースコールでメンバーが中座をするなど、話し合いがまとまらないまま終了することもある。そのため、メンバーはカンファレンスで話し合った内容に確信が持てず、その内容を業務に活用することが困難となる。このような状況になると、メンバーはカンファレンスを開く意義を感じることができない。

　時間確保については、保育職場が抱える問題との類似点がある。保育所では開園時間帯は園児がいて、保育者が園児を保育しているため、開園時間帯に全員が一堂に会する会議等の開催は難しい。

　しかし保育KIでは、5〜6名のチームを単位として活動することから、例えば3歳未満児クラスの保育者チームであれば、園児の午睡中にチームミーティングを開くことが可能となる。また、3〜5歳児クラスの保育者チームであれば、延長保育当番や送迎バス添乗当番等のない午後の時間帯に、細切れの時間を使ってチームワークミーティングを開くことができる。それは、保育KIには、時間の制限により話し合いが途中で中断した場合にも、別の日に中断した時点から話し合いを継続することができるレジューム性によるものである。病棟看護師のチームカンファレンスと比較すると、保育KI活動におけるメンバーの入れ替わりは少ないと考えられるが、仮にある日のミーティングに不参加のメンバーがいたとしても、次回のミーティングでは開始当初から全員で活発な意見が出し合える。構造化されたシートに貼られた付箋により、前回の参加者の意見及び議論の流れが一目で分かるため、メンバー全員が開始直後から議論を進めることができ、前回の欠席者が議論の流れを把握するまでに要する時間のロスを軽減することができる。

３−２−３　看護カンファレンスの記録

　看護カンファレンスでは、討議した内容が正規の記録に残らないため、

当日参加しなかったメンバーには内容が伝わらないことがある。また、記録が残っていないために、討議内容が患者記録にも記載されず、患者のケアに生かされないという問題も生じている。都留（1966）[117]は、「チームカンファレンスを持たないチームナーシングは、チームとしてのまとまりやエネルギーを発生させる場を持たないため、単に業務あるいは患者の合理的な割当制になってしまう」と述べた。このように、チームカンファレンスの実施が提唱されるなか、川島ら（2008）は、カンファレンスを開いたことに満足し、内容の検討をしないまま過ぎている場合があると指摘した。このような状況下では、メンバーはカンファレンスに対して否定的な印象を持ち、カンファレンスでまったく発言しない看護師もいるという。

　保育の職場でも、学年単位での打ち合わせ等、小規模のミーティングでは議事録を残さないことが珍しくない。ミーティング時の発言は、記録しなければ消えていく。一定の期間は参加者の記憶に残るが、長期記憶の能力には個人差があるため、発言の大部分は消滅する。さらに、皆で決めた目標やルール、仕事の進め方等についても、視える化して定期的に確認していかなければ、次第に形骸化する。したがって、何らかの形で議事録を残すことは重要である。これに関して保育KIでは、ミーティングで使用したシートが議事録の役割を担う。公式文書として議事録を残す必要がある場合にのみ、別途作成をすればよい。したがって、保育KI活動では書記を決める必要がないうえに、次の回には開始直後から本題に入ることができる作業効率性を有する。

　チームナーシングを保育に置き換えれば、チーム保育がインクルーシブ保育の実践に必要なものであることがわかる。保育現場では、要支援児について個別の保育計画を作成する。さらに、個別の保育計画に沿って保育を進めるためには、職場の人々の協力体制が必要となる。このよ

---

117 都留伸子（1966）『患者に目を向けよう　チームカンファレンスを中心にして』, 医学書院.

うに看護と保育では、患者／園児の利益を保障するとの視点においては共通する部分があり、看護業界で定着しているカンファレンスは示唆に富む。

4　KI 活動・組織風土の活性化に関する先行研究
4 - 1　QC 活動

　第二次世界大戦後の日本の製造業において、当時最も進んだ米国製造業の技術と生産率に追いつくために、設計や製造現場で職場一体となる業務改善が進められてきた。この中で製造現場での業務改善活動にはQC活動として知られている品質管理（Quality Control）がある。品質管理は米国の Walter(1939)[118]、Deming(2012)[119]、日本の石川(1984)[120] らにより第二次世界大戦後の1950〜60年代にかけて理論構築された。品質管理は発祥の地である米国では当初着目されることは殆ど無かったが、製造の各工程における不良品ゼロを目指すための品質管理手法として1960年代頃から日本の製造業に導入され、日本の製造業の職場力を世界レベルまで急速に向上させることに重大な貢献を果たした。更に、日本の製造業で確立した品質管理システムはサービス部門や管理部門など全社的な活動に拡大され、TQM（Total Quality Management）へと発展した。TQM（Ahire,1997）[121] はKAIZEN等の和製英語とともに米国に逆導入され、80年代に疲弊していた米国製造業の競争力回復に寄与するなど世界の製造業全体の品質向上に大きく貢献した。またこのKAIZENノウハウは、米国の給食ボランティア活動等にも提供されて大きな成果

118 Walter, A. S.：Statistical method from the viewpoint of quality control. The Graduate School, *the Department of Agriculture,* 155, 1939.

119 Deming, W. E.(2012).: *Six Sigma and Quality Management MBA Student Text* 1-3, 8.

120 石川 馨(1984)「QC サークルの基本 - 住宅産業の品質管理」『通産ジャーナル』17(4)46-49.

121 Ahire S. L.(1997). Management Science-Total Quality Management interfaces: An integrative framework. *Interfaces* 27(6)91-105.

を上げたことから、企業の社会貢献の方法として業務ノウハウの提供の有効性が認められている (Anthony, Patricia, Robert, 1999) [122]。

4−2　KI 活動

設計職場における業務改革活動には、KI活動 (Knowledge intensive staff Innovation: 知識集約型職員改革) がある。KI活動は黒沢の「S-F スキーム」(1989)[123]、「組織風土診断」(1990)[124] を基礎とした現場改善活動である。黒沢は、自己の4年間にわたるシベリア抑留時代に体験した厳しい炭鉱労働と、その時に行った生産性調査を通じて生産性を高める主要因として労働者の意識やコミュニケーションなどの心理的要素に着目した (黒沢, 2014)[125]。この経験をもとに黒沢は、知的労働者[126] の日常業務を「視える化の手法」等によって互いの業務課題を共有し、仕事の過程において「何故そこに着目したのか」、「何故そのように判断したのか」などの思考プロセスの相互理解を通じてチームワーク力を向上させる手法を考案した。この手法を「より質の高い仕事」や「職場風土の活性化」、「人材育成」をねらいに体系化したのがKI活動である。KI活動の特徴は、集合研修などの知識伝達型の活動とは異なり、日常業務を直接変えるための気づきと共有の場であるとともに、職場の共通課題の改革に職場全体で挑戦することである (日本能率協会コンサルティング, 2013)[127]。

122 Anthony C. L., Patricia E. M. & Robert W. H. (1999). : The Kaizen Blitz: accelerating breakthroughs in productivity and performance, *John Wiley and Sons,* 26.
123 黒沢一清 (1989)「知識集約型スタッフ (KIS) の生産性と組織風土との関係の診断システム」,『放送大学研究年報』7, 65-88.
124 黒沢一清 (1990)「知識集約型スタッフ (KIS) の生産性 / 創造性を高めるための組織風土改革戦略策定に資する組織診断体系」,『研究技術計画』5 (2), 183-192.
125 黒沢一清 (2014)『自己創生組織論 -SRO Self - Recreating Organization 生産力論 -』, 287-88, 御茶の水書房.
126 Peter, F. D. (1969).The knowledge Economy. The Age of Discontinuity: *Guidelines to Our Changing Society*, 259-260.
127 日本能率協会コンサルティング (2013)「組織風土活性化プログラム KI」,『研究開発 / 技術開発』4-01.

このKI活動は、キヤノン (C-KI)、トヨタ自動車 (T-KI) など日本を代表する400社以上の企業の開発・設計・評価・適合などの知的業務職場に導入されてきた (桑江, 2014)。また、KI活動は各社に導入される過程で各社の業務プロセスに適応してカスタマイズされ、頭に社名を表す一文字を冠したそれぞれのKI活動として定着している。

本論文では以降の説明において、技術系職場に適用しているKI活動を技術KI活動と称し、保育職場への適用を試みている保育KI活動とは区別して論ずることとする。また、単にKI活動と記すときは技術KI活動と保育KI活動に共通する概念を指すものとする.

5　本研究の着目点

前述の先行研究をふまえて、本研究では以下の点に着目して進める。
① 保育カンファレンスの課題として挙げられた「発言の対等性」及び保育者の「意識・思考」の変化の測定方法。
② シンプルで、且つ高い実績を上げている人材育成手法の、業界を越えた汎用性。

第3節　持続可能な社会の実現を目指す企業の職場力向上策KIを保育に導入する理由

1　持続可能な社会の実現を目指す企業におけるKI活動の位置づけ

KI活動のもとになったコンセプトは、SFスキーム[128] である。これは、黒沢[129] が考案した職場改善の手法である。SFスキームでは、日本人とロシア人の働き方の違いの一つに労働者間のコミュニケーションをあげ

---

128 阿部克己 (2002)「教育組織ポテンシャル診断へのファジィ理論の応用 (2) S-F スキームによる教育組織力の機能活性診断」『明星大学研究紀要』219-236, 明星大学.
129 黒沢一清 (1926年7月 -2012年5月), 生産性科学者、経済学博士、放送大学教授、元日本経営工学会名誉会員

ている。黒沢は、仕事の目標やプロセスに関する労働者間のコミュニケーションを良くすることで、仕事のアウトプットの質を高めることができることに気づいた。このSFスキームは、知的労働者の働き方改革として再編され、日本の製造業の中の、特に製品開発組織に適用されるとKI活動と呼ばれるようになる。さらには、各企業に適用するなかで、企業の業務に合わせてカスタマイズされて、頭に企業名のイニシャルを冠した独自活動[130]へと進化している。

このKI活動は、課題の視える化、目標の設定や共有、仕事を開始する前の段取りミーティング、仕事のプロセスや進捗状況の共有などの複数の活動要素から構成されている。それぞれの活動要素を単体で見ると、これまでに教育や福祉、医療の分野でも適用されてきたものである。

2　持続可能な社会の実現を目指す企業の活動を保育職場に適用する理由

2−1　非営利分野で活用されている企業のノウハウ

表3は、非営利の各分野から掲出された論文を、論文中に含まれる企業活動の中で生まれたノウハウの種類ごとに分類したものである。企業活動の中で生まれたノウハウが、非営利分野に展開されて、それぞれの分野において活用されていることがわかる。

たとえば、表中の生産方式は、第2次世界大戦前に豊田[131]が発案し、戦後の間もない時期に大野(1978)[132]が体系化したものである。いまでは、世界の産業界を中心に広くその生産方式が採用されている。中でもジャストインタイムやカンバンなどは、企業名とともに用いられることが多いために手法の由来を知っている人が多いが、なぜなぜ分析や視える化

130 桑江曜子(2015)「アクションラーニングによる "学習する組織" の実現」,『日本アクションラーニング協会 年次カンファレンス』事例講演, 日本アクションラーニング協会.
131 豊田喜一郎(1894年6月11日-1952年3月27日), トヨタ自動車創業者.
132 大野耐一(1978)『トヨタ生産方式』, ダイヤモンド社.

表3　企業ノウハウを含む非営利分野の論文数（筆者作成）

	生産方式						品質管理			物流管理		日程管理
	ジャストインタイム	平準化	ポカヨケ	カイゼン	見える化	標準作業	QC・SQC	TQM	なぜなぜ分析	SCM	ABC分析	Gantt
医療	3		2	36	164	2	89	70	6	10	3	
看護		1		8	65	2	10	43	1		1	1
福祉		2	1	1	24		50	3				1
介護		7			52		18	3	2	2	1	
教育	1			1			2	9		1	2	
保育					3		1	1				
幼児							0	0				
行政		6		5	47		16	12		1		
政府		1			4		1	1		1		

は、それらと起源を同じくする製造業の生産管理ノウハウであることを知らない人もいる。

　また、Deming[133] が提唱した統計を用いた品質管理手法であるQC（Quality Control）手法は、日本企業が品質向上のために積極的に採用し、活動する中で洗練・進化を遂げた。QC手法は、当初、米国では殆ど関心を持たれなかったが、日本での成功に触発された米国企業に逆輸入され、米国製造業の業績回復に大きな貢献をした。このQC手法は、日本国内の製造業以外にも普及が進み、さまざまな業種のスタッフの業務品質向上の手法としてQCサークル活動が行われている。また、このQC手法に用いられるQC7つ道具や新QC7つ道具などは、本来は、生産工程の品質管理のために開発されたツールであることを意識せずに、現在では道具だけがQCとは関係なく単独で使われることもある。表3のデータが示すようにQCやTQM（Total Quality Management）は、分野を問わず非常に広く普及していることがわかる。

　表3に記載した論文の件数は、論文に含まれるキーワードを元に集計したもので、実際には桁違いに多くの導入事例があると推定する。なお、

_____

133 William Edwards Deming 博士（1900年10月14日 -1993年12月20日）アメリカ合衆国の統計学者、ニューヨーク大学経営大学院教授 .

表3に記載した SCM[134]、ABC分析[135]、Gantt[136] の用語については、脚注を参照いただきたい。

２－２　持続的経営を目指す企業の方針転換

　戦後の日本においては、戦災からの復興、これに続く高度経済成長期へとつながっている。この時代においては将来の経済が右肩上がりであると予測されたために各企業は、積極的に経営拡大のための投資を行ってきた。

　21世紀に入り好況、不況を繰り返す景気変動の中において、日本国内での将来の大きな経済成長が見込める状態ではなくなった。明確な右肩上がりの成長が予測できない中で、短期的な需給に対応するために企業が設備投資を行うことで、損益分岐点を押し上げる弊害を招いた。21世紀のITバブルの崩壊やリーマンショックなどの大きく深刻な景気後退局面において企業の売り上げが急減すると、損益分岐点が高くなって企業体力が弱くなっていた企業の中には、大きな経常赤字を出す組織も出現した。企業活動が巨大化している中で、それらの企業が経常赤字を計上すると、減配や無配、自治体の税収減など、深刻な影響が多方面に伝搬した。

　このように短期利益を追求することで社会全体に大きな影響を及ぼし、自らの利益も逸失することに気づいた企業は、21世紀の初頭を境に急激な成長ではなく持続的に安定した成長を目指すことに会社方針を変換してきた。

　図8は、1980年代以降において、企業経営に関して作成された論文を

---

134 SCM（Supply Chain Management）とは，供給業者からエンドユーザーまでの業界の流れを統合的に見直し、プロセス全体の効率化と最適化を実現するためのマネジメント手法.
135 ABC分析（Activity Based Costing：活動基準原価計算）は、コストの分析手法.
136 Gantt chart とは、プロジェクト管理や生産管理等の工程管理に用いる、作業の進捗状況を表す図表.

テーマごとに集計したものである。2000年頃を境に持続的経営に関する関心が高まっていることが論文の件数から見てとれる。

このように年輪経営 (塚越、2009)[137] などとも称される持続的経営への関心が近年高まっていることが確認できたが、日本企業が、持続的経営に対して深く理解し、取り組んできたことが別のデータからも確認できる。

日本の企業と海外の企業と比較すると、企業の創業開始から現在に至る期間の長さ、いわゆる企業年齢において、長寿企業が日本に多いことが特徴の一つとしてあげられる。2008年の調査[138] では、世界の企業の中で創業200年を超える企業5,586社の内の56% を占める3,146社が日本企業であった。また、世界の長寿企業のランキングでも上位6位までを日本企業が占めている。

自然科学者のCharles Robert Darwinは、地球上での生命誕生から現在に至るまでの生命の営みについて「最も強い者が生き残るのではなく、最も賢い者が生き延びるのでもない。唯一生き残ることが出来るのは、変化できる者である」と述べたとされている。さらに後藤(2017)[139] は、「生物は突然変異によっても大きく進化してきました。(中略) 私たちの企業文化も同じことが言えると思います。大きな変革が求められない安定した市場の中では、どうしても閉塞的な企業文化になってしまいがちです。閉塞的な風土の中からは、革新的なアイデアは生まれません。急ぎ大きな環境の変化に耐えうる力を引き出すためには、ダイバーシティを積極的に推進することも一つの手段だと思います」と述べている。社会の変化に対応する組織とは、変化する社会からの要求や経営環境の変化に合わせて、組織の目標を調整し、組織内の活動を制御すること、また同時

137 塚越寛 (2009)『リストラなしの「年輪経営」』, 光文社 .

138 Bank of Korea (2008)「日本企業の長寿要因および示唆点」『Study 2008』, Bank of Korea

139 後藤信志 (2017)「生物の進化とイノベーション」『JTMIA工業会報』第107号会報 , 巻頭 .

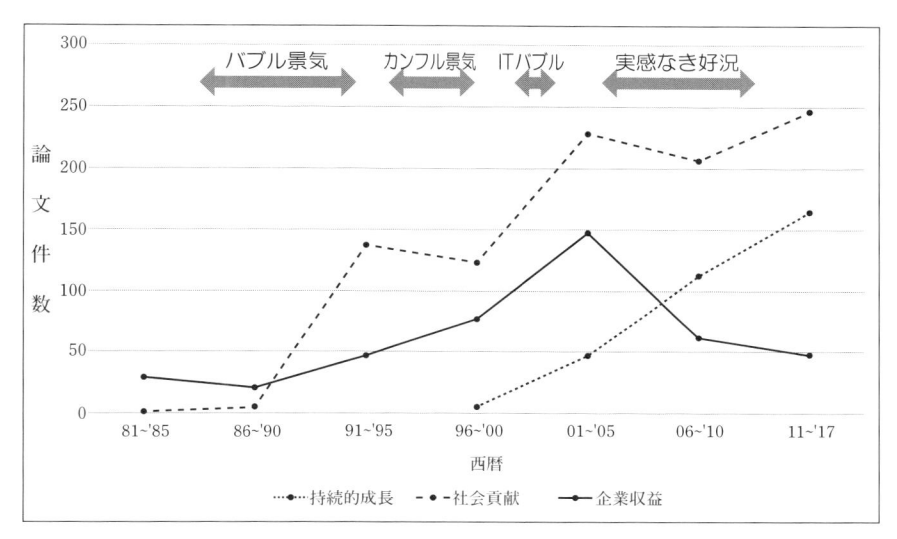

図8　バブル景気以降、企業経営に関して作成された論文テーマの推移（筆者作成）

に職員を育成していくことができる組織のことをいう。このようにして、社会の変化に柔軟に対応できる組織であった企業のみが、長寿企業として現在にも名を遺せている。

　一方で、日本の長寿企業の社風に関しては、石門心学[140]がこれを適切に表している。石門心学は、江戸時代の思想家である石田梅岩の教えをまとめたものである。石田は、「二重の利を取り、甘き毒を喰ひ、自死するやうなこと多かるべし」「実の商人は、先も立、我も立つことを思うなり」と、分かりやすい言葉で商家の心得を述べた（小泉、2014）[141]。この石田の思想は、日本におけるCSR（Corporate Social Responsibility：企業の社会的責任）の原点（山岡、2014）[142]と見做されている。

140　小泉吉永（2014）『石門心学書集成』.
141　イズミヤ総研（2017）「歴史から学ぶ永続的繁栄への道　天地自然の理と一体化した実業家：稲盛和夫、松下幸之助と石田梅岩」、『季刊イズミヤ総研』.
142　山岡　正義（2014）「商人哲学の基礎となった石田梅岩の「石門心学」「正直に」儲けて社会を豊かにするのが商人の使命」『人材教育』30-33.

2－3　組織活動における社会的責任

　CSRは、自発的、かつ自主的に企業が取り組むものとされており、法規制のような規制の枠組みや第三者による監査システムなどはない。CSRとして取り組むべき内容については、国際標準化機構(ISO)が、ガイドラインISO26000を発行している。ISO26000では、「持続可能な発展への組織の貢献を最大化する」ことをねらいに7つの中核主題が設定されている。この7つの中核主題とは、組織統治、人権、労働慣行、環境、公正な事業慣行、消費者課題、コミュニティへの参画及びコミュニティの発展である。中核課題の一つである労働慣行は、労働条件及び社会的保護などの労働基準に焦点があてられてきたが、近年では職場における人材育成と訓練など職業能力向上に向けた企業努力に活動が広がりつつある。

　ここで、KI活動を導入している企業のCSR評価を見てみると、キヤノン、トヨタ自動車、デンソーなどの各社は、いずれもCSR評価ランキング[143]の上位に位置する企業である。また、長寿企業に対する調査[144]によれば、企業経営において重要視することの設問には、「顧客からの信頼」を92.1％の企業が回答している。また、今後、企業が生き残っていくために必要な条件として、「信頼の維持、向上」が65.8％の企業家から支持された。顧客や社会から信頼を得ることが企業として最も重要と認識している。つづいて、生き残るために必要な条件として、「進取の気性」が45.5％、次に品質の向上43.0％が続く。この2項目は、いずれも改革・改善の意欲無しでは成し得ない項目である。

　先にあげたKI活動導入企業は、創業以来、つねに変化を続けてきた。キヤノンは、カメラ機器メーカから、事務用機器、情報機器と一定の期間ごとにコアとなる事業を変化させてきている。また、トヨタ自動車も、

143 東洋経済新報社 (2016)「2017 ESG編CSR企業総覧」『週刊東洋経済』.
144 帝国データバンク史料館・産業調査部 (2009)「伸びる老舗、変わる老舗」『百年続く企業の条件 老舗は変化を恐れない』朝日新書.

自動織機の製造販売事業から自動車製造事業を分離独立して設立した企業であるが、住宅や通信、船舶など多方面に事業範囲を拡大する一方で、コアとなる事業の輸送機器についても、内燃機関から、ハイブリッド、プラグインハイブリッド、電気自動車、燃料電池車と次々と新しい形態の商品を生み出している[145]。これらの企業は、コアとなる事業を保ちながら改革を継続的に行ってきた。これらの組織の規模は、キヤノンは19万人[146]、トヨタ自動車は35万人[147]の従業員を擁する国際企業である。これだけの大きな組織が様々な習慣や言葉、宗教や考え方の違いを越えて、常に変化しながら成長を続けるには、さまざまな改革・改善の工夫がされているものと推察する。両社は、製造プロセスにおいては、ひとり屋台方式（セル生産方式）[148]やトヨタ生産方式[149]など世界の製造業に大きな影響を与える改革を行ってきた。一方の開発や設計などを行う知的労働者の職場を活性化するための工夫の一つがKI活動である。

　CSRについては、経済産業省がISO/SR国内委員会及び国内委員会内に設置された事例ワーキンググループ（財団法人日本規格協会及び株式会社三菱総合研究所が協力）に委託して作成した「やさしい社会的責任-ISO26000と中小企業の事例-」に、次の記述がある。「社会を構成する世界中のあらゆる組織に対して、社会的に責任ある行動がより強く求められるようになってきている。現在では、様々な組織が持続可能な社会への貢献に責任があると考えられるようになり、企業だけではないという意味で、単にSocial Responsibility（社会的責任）となっている。社会

---

145 トヨタ自動車株式会社 (2013)「トヨタ自動車75年史 もっといいクルマをつくろうよ」, トヨタ自動車株式会社.
146 キヤノン株式会社CSR活動労働と人権データ集.
　　http://web.canon.jp/csr/labor/data.html
147 トヨタ自動車株式会社。
148 大分キヤノンのものづくり　セル生産方式。
　　https://www.oita-canon.co.jp/tech/index.html
149 トヨタ自動車公式ホームページ　企業情報　トヨタ生産方式. http://www.toyota.co.jp/jpn/company/vision/production_system/

的責任とは、組織活動が社会及び環境に及ぼす影響に対して組織が担う責任のことをいう」。

2－4　社会的責任が求められる保育者

　厚生労働省（2013）による「新制度を見据えた保育所の設置認可等について」[150] の発出以降、保育所への株式会社・NPO法人等の参入が拡大した。2015年には、株式会社立の保育所が 927か所（2007年時点では 118か所）、NPO法人立の保育所は165か所（2007年時点では54か所）あり、いずれも年々増加している[151]。したがって現在では、社会福祉法人や学校法人、株式会社等、経営母体は異なれども、保育の業務やインクルーシブ保育が求められていることは共通している。

　本研究では、CSR評価が高く、世の中の変化に柔軟に対応し持続的成長を続けてきた企業の職場改善及び人材育成のために導入されているKI活動に着目した。保育の職場においても、昨今の大きくかつ、急激な社会的要請の変化の中でインクルーシブ保育を行う必要がある。インクルーシブ保育は、一人の保育者が単独で行えるものではなく、さまざまな専門職が互いに協力することで成しえるものである。また、保育の業務は、一人ひとり特徴の異なる幼児を対象に、常に小さな、時には重大な判断を繰り返し伴うものである。

　このような特徴をもつ仕事を行なう保育者は、CR（社会的責任）を果たす努力が求められているナレッジワーカー（知的職業人）である。これらの理由から本論文では、CSR評価の高い企業で知的労働者の職場改善として活用されているKI活動を保育職場の職場力向上活動として

150　厚生労働省（2013）「新制度を見据えた保育所の設置認可等について」平成25年5月15日雇児発0515第12号。

151　厚生労働省（2016）「保育分野における規制改革」平成28年4月14日．
　　http://www8.cao.go.jp/kisei- kaikaku/kaigi/meeting/2013/wg4/kenko/160414/item2.pdf

適用することとした。KI活動は、製品の開発を行う技術系職場に特化したプロセスを含むため、KI手法を保育職場に適用するための改造やツールの開発を行なった。

3　QC活動の概要とKI活動との違い

QC（quality control：品質管理）は、仕事のアウトプットの質を高めるための活動である。QC活動は、狭義には製品のばらつき低減などの品質向上や不良率低減、加工時間短縮など工程能力向上を目的とした現場が中心となった工程管理などの活動をさしている。

このQC活動は、製造現場にとどまらず、サービス業や医療などの現場にも導入されている。接客などのサービス業においては、顧客の満足度向上などを目的に待ち時間短縮、コスト低減を狙いとして廃業のムダ削減などの活動が行われている。これらは、現場を丁寧に観察し、とらえた事実をQC7つ道具、新QC7つ道具等を用いて課題を視える化する活動である。

QCの考え方は、Walter, A. S., Deming, W. E., 石川 馨らが提唱したものである。戦後、製造品質において欧米企業に大きく遅れていた日本企業が着目し、まず日本の製造現場に普及、定着させた。1950年から1980年にかけて、多くの日本企業や日本の企業人がデミング賞を受賞している。さらにこの手法は、日本から米国に進出した製造業によって、「カイゼン」や「リーン生産方式（トヨタ生産方式の英名）」などとともに米国に逆輸入され、米国の製造業でもその効果が認められるようになった。これらの活動は、QCサークルという少人数のグループによっておこなわれることが多い。

一方で、このQC活動を設計現場に取り入れたものとして、統計的品質管理（SQC：Statistical Quality Control）がある。SQCは、製品品質を設計段階で保障するとの考え方から、部品を組み合わせてアセンブリ

化した時の性能差を考慮し、個々の部品のばらつきの管理にSQCを用いた設計が行われている。

さらにSQCは、開発プロセスの効率化をねらいに品質工学を取り入れた実験／評価の検討を行なう。この一つの例に田口メソッドなどの実験計画法がある。これは、単純に試験の組み合わせで検討すると、数万ケースの実験が必要になる評価でも、数十ケースの試験で同等の評価結果を得ることができる工学手法である。

これらのSQC活動は、活動の目的を仕事のプロセスと成果に置いている。したがって、SQCでは、人を測ることをせずに、業務の過程と結果を測ることが基本である。

一方で、KI活動は、仕事の達成と個人の成長、チームの向上を狙いとした活動である。特に保育KI活動では、活発な周囲との議論により若い人材が業務を通じて経験を積み、プロの人材として成長していくこと、また個人商店になりがちな職場環境において、チームとして仕事を進めていくための考え方である。

ここで、QC活動とKI活動の枠組みについて差異を検討してみる。まずSQCには、これだけ守っていればSQC手法に準拠した活動であると認められるような基準や認証はない。この点では、同じ品質の維持向上をねらいとしたISO (International Organization for Standardization：国際標準化機構) などの規格、例えばISO9000などと異なる。基準や企画がないために適用にあたっては業務をよく分析し、業務により適した形に変化させて導入する必要がある。KI活動も、考え方であるために基準や規格はない。業務に適合させるために現場でさまざまな工夫を加えて変化させる点は、KI活動もSQCと同じである。

ばらし→気づきの範囲・優先度の判断
保育所等では、気づきの都度、緊急度や優先順位に基づいて次の行動

を判断できることが多い。例えば、保育所等ではまず安全の確保、健康、しつけなどの優先順位が明確である。

　一方、工業製品は、一度市場に出てしまうと設計者は製品の使われ方をコントロールできない。それゆえ、さまざまなケースを想定した綿密な検討が必要である。そのために精密なばらしを行なうため、技術KIの課題ばらしは手間がかかる。

　手間がかかる一方で、等至性やレジューム性は確保されており、誰でも一定のばらしができる。さらに、中断しても途中から再開できるように工夫されている。この特長を生かした状態で、保育KIでは手間のかかる原因になっている部分に改善を加えた、その結果、かける工数とうれしさとのバランスが良くなり、比較的小規模なばらしにおいても、活用することが可能になった。

第4節　研究方法と論文の構成

1　研究の方法

　第1に、インタビュー調査を実施した。インクルーシブ保育推進の視点から保育三団体の研修事業の変遷を調査し、インクルーシブ保育実践者の育成のための全国組織と地方組織の役割を検討した。この調査は、2015年度放送大学学長裁量経費から助成を受けて実施した。

　第2に、文献調査を実施した。保育職場におけるOJTに関する先行研究、ならびに、KI活動に関する先行研究について整理した。

　第3に、質問紙調査を実施した。保育KI活動導入時の参考資料となる「各園における人材育成の状況及び職場風土」について園長、主任保育士、担当保育士834名を対象に意識調査を実施した。

　第4に、実証研究を実施した。試行1として、2015年度に保育士25名、幼稚園教諭19名を対象にワークショップを開催した。そのフォローアッ

プアンケートを基に教材を改良し、2016年度に試行2を実施した。保育団体加盟園の所長20名を対象に、5回の連続講座にて保育KIを導入し、効果の確認を行なった.試行1は2015年度放送大学学長裁量経費から、試行2は2016年度公益財団法人倶進会から研究助成を受けて実施した。2017年度には、試行3として保育団体加盟園の所長23名を対象に、4回の連続講座にて保育KIを導入した。3回目のワークショップ終了後、4回目までの期間に参加者の保育所を筆者が巡回し、フォローアップを行なった。このようにして、保育KI活動の保育職場への適用を促すとともに、保育者から直接、この活動の利点、難点、活動を継続する上での障壁等について聴きとりを行なった。

　第1から第4で得た情報を総合して、相互に学び合い、協力し合える風通しの良い職場風土づくりを通してインクルーシブ保育実践者を育成する手法保育KIを確立した。

2　本論文の構成

　本書の構成図を、図9に示した。

　序章では、インクルーシブ保育及び教育に関する国内外の捉え方を整理した上で、保育に関するわが国の諸問題を挙げ、インクルーシブ保育との関連を概説した。

　第1章では、インクルーシブ保育に関するわが国の保育者育成の変遷を整理した上で、インクルーシブ保育実践者育成に向けた全国組織と地方組織の研修事業の役割分担を検討した。さらに、より効果的な研修にしていくために、現状と望ましい状況とを抽出し、研修の内容、効果測定、機会の3観点から分析した。

　第2章では、KI活動および組織風土の活性化に関する先行研究を整理した上で、保育KI導入に向けた風通しの良い職場づくり及び人材育成の要素を整理した。この整理にあたっては、人材育成状況及び職場風土

に関する保育者への質問紙調査の結果を分析した。

　第3章では、インクルーシブ保育推進に向けた保育KI活動を開発し、その適用可能性及び適用効果を検証する。さらに、各保育所への巡回訪問を通じて、この活動を継続する上での障壁を把握した。

　第4章では、保育KI活動を通じた保育者の育成、及びインクルーシブ保育を実践する園づくりのための提言を行なった。

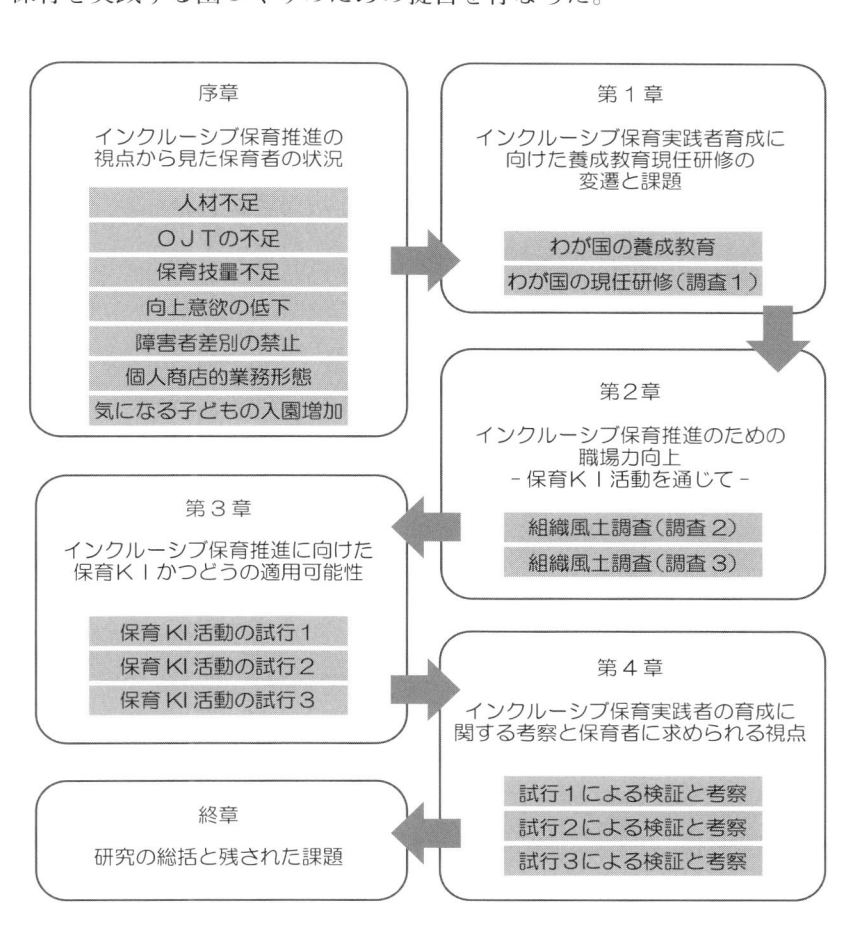

図9　本書の構成図

第5節　小括
– 保育KI活動によるインクルーシブ保育実践者の育成 -

　本章では、インクルーシブ保育及び教育に関する国内外の捉え方を整理した上で、保育に関するわが国の諸問題を挙げ、インクルーシブ保育との関連について述べた。近年、わが国では社会の中の保育所の位置付けが変わってきつつある。その背景には、わが国が抱える少子高齢化問題への対策として国が進める施策がある。2016年6月2日には「ニッポン一億総活躍プラン」が閣議決定され、誰もが活躍できる一億総活躍社会を創っていくために、女性の社会進出が奨励されている。国は、女性の社会進出にともなって生じる保育ニーズの増加に応えるために、受け皿整備の推進の一策である規制緩和や、保育士を目指す学生への返済免除の修学資金貸付制度の拡充、潜在保育士の再就職に向けた再就職準備金貸付制度を創設し、保育者の人材確保を進めている。さらに、現職保育者の離職を防止し定着を促進するため、処遇改善の施策を進めている。このようにして国は現在、保育者の増員と流出防止とを同時に進めている。

　保育者の確保、定着及び保育の質の向上については、国の役割としての処遇改善はもとより、養成校にできること、各事業所にできることを併せて検討し、進めていく必要がある。本章第1節で述べたように、わが国の保育職場では、特にインクルーシブ保育に関して、経験の浅い保育者を丁寧に指導・育成できる環境にはまだ至らない。わが国の保育職場には、担任保育者がクラスの責任をもつ個人商店的な業務の特徴があることから、他のクラスの運営にコメントすることを躊躇する保育者が少なくない。各々の保育室を聖域と捉える文化の中では、担当を越えたチームでの仕事が進めづらくなる。さらに、新人保育者の場合には、先

輩に対する遠慮から仕事の進め方に関する提案がしづらい職場の雰囲気
がある。今の保育職場の課題は、新人の気持ちを育てることである。

　保育の業務は多岐にわたるが、特にインクルーシブ保育に関すること
は、熟練保育者であっても養成校時代に学んでいない人が多い。また、
仮に多くの知識と高いスキルを有する保育者であっても、インクルーシ
ブ保育は単独では進めづらい。インクルーシブ保育はチームで実践する
ものであることから、インクルーシブ保育を実践する職場力を向上させ
るには、年齢や経験のギャップを越えて相互に気づきを共有し、学び合
う必要がある。従来の個人戦から団体戦へと、仕事の進め方を改革して
いく必要がある。

　インクルーシブ保育を実践するために、他職種の連携が必要であるこ
とは既に述べた。多職種で連携するためには、保育者が子どもの実態を
的確にアセスメントしたうえで、専門職の一員として他の専門職に情報
を伝達するスキルや、他の専門職から得た情報を適切に活用するスキル
が必要である。それらのスキルを習得するためには、職場内での学び合
いが不可欠である。

　チームで仕事を進めるうえで、保育職場の中に風通しの良くない風土
があるならば、活性化していく必要がある。本研究では、そこに着手する。
本研究では、個人の成長と組織の強化を同時に行なう。人材育成の柱は
OJTであることから、風通しの良い組織風土の中で新人を育てていくこ
とによって早期離職を防止し、保育の質の向上につながることが期待で
きる。

　さらに、先に述べたもう一つの視点として、保育者養成課程の状況に
ついても確認し検討する必要がある。保育者養成課程では、現状ではイ
ンクルーシブ保育に関する教育が不十分である。インクルーシブ保育に
関する保育者養成課程の状況については、第1章で述べる。第1章では、
インクルーシブ保育に関するわが国の保育者育成の変遷を整理した上

で、インクルーシブ保育実践者の育成に向けた全国組織と地方組織の研修事業の役割分担を検討する。

第1章　インクルーシブ保育実践者育成に向けた養成教育・現任研修の変遷と課題

　海外に視線を注ぐと、OECDが近年、幼児期の教育とケアの重要性を特に重視し、子ども、家族、コミュニティに関する問題に高い優先順位をもって取り組んできたことがわかる。さらに、保育に従事する保育者についても、活動内容や勤務時間、リーダーシップ等を調査する取組を始めている。

　これをふまえて本章では、第1節でOECDへの協力を通じて保育に関する政策立案に資する情報の獲得を図るわが国の取組を整理したうえで、第2節でわが国の保育者養成を整理する。つづいて、第3節で保育者の人材育成状況を調査し、第4節でその調査結果の分析を行ない、インクルーシブ保育実践者育成の観点から課題を抽出する。第5節では、本章で述べたことを小括する。

第1節　OECDにおける保育領域への取組

1　Starting Strong

　近年、OECDは、雇用指向の社会政策の中で保護者が仕事と家庭の責任を両立させるのに役立つ「家族にやさしい政策」の必要性を強調している[1]。OECDは、2001年に加盟国間の比較レポートであるStarting Strong（OECD保育白書）を発行した。

　OECDが発行したStarting Strongには、早期幼児教育とケアを促進する効果的な3つの中心的戦略が挙げられた。

　① 幼児及びその家族のための行政責任の明確さ。

---

1 John, P. M.（2001）. *Starting Strong: Early Childhood Education and Care*. Stockholm, 13-15.

② サービスに対して十分に資金提供し、複数のニーズに対応するためにサービスを活性化し、統合する政治的意思。

③ 十分なトレーニングによる幼児教育の専門職化。

2001年に発行されたStarting Strongは、その後も継続的に発行されており、Starting Strong Ⅱ（2006）[2]、Starting Strong Ⅲ（2012）[3]、Starting Strong Ⅳ（2015）[4]、Starting Strong Ⅴ（2017）[5,6]へと続いている。

最新のStarting Strong Ⅴでは、35か国のOECD加盟国及びその他の国々における資金調達、カリキュラム、保育者、保護者への関与などの問題を精査し、保育業界を改善するための主要課題を特定している。それに加えて、3歳未満児のための保育の規定、及び3歳未満児の保育の参加度に関する新しいデータも提供している。また、保育者のプロフィール（資格の水準、給与、勤務時間等）や保育を受ける機会の公平性に関する新しい指標も提示している。

2 ECEC Outcome Survey

OECDでは、幼児期にどのような力が身についているかを分析し、国際比較を行なうことを目的とした調査 ECEC Outcome Surveyの実施に向けた取組を進めている。これは、PISA（Programme for International Student Assessment：OECD生徒の学習到達度調査）の保育版に相当する。そこでは、幼児期に習得すべき能力、及びその能力を計測する方法について議論が進められている。

2 OECD.（2006）. *Starting Strong II: Early Childhood Education and Care.*

3 OECD.（2012）. *Starting Strong III: A Quality Toolbox for Early Childhood Education and Care.*

4 OECD.（2015）. *Starting Strong IV: Monitoring Quality in Early Childhood Education and Care.*

5 OECD.（2017）. *Starting Strong V: Transitions from Early Childhood Education and Care to Primary Education.*

6 OECD.（2017）. *Starting Strong 2017 Key OECD Indicators on Early Childhood Education and Care.*

3　International ECEC Staff Survey

　OECDでは2018年から、幼児教育・保育施設に勤務する保育者の資質・能力の向上や勤務環境等に関するデータの収集を目的として調査する取組International ECEC Staff Survey（国際幼児教育・保育従事者調査）を進めている。これは、TALIS（Teaching and Learning International Survey：OECD 国際教員指導環境調査）の保育版に相当する。この調査には、わが国の他にドイツ、デンマーク、アイスランド、ノルウェー、イスラエル、チリ、トルコ、韓国の計9か国が参加する。

　同調査の参加にあたり、文部科学省国立教育政策研究所幼児教育研究センターは、2017年12月に、幼稚園、保育所、認定こども園に向けて協力の依頼を行なった[7]。調査時期は2018年10～11月、結果の公表は2019年秋季である。調査対象は、全国の国公私立の幼稚園、保育所、認定こども園から無作為に選出した220園の園長、所長、及び3歳から5歳児を担当する保育者である。調査方法は、郵送による質問紙調査である。調査項目は、園の環境、保育のプロセスの質、園でのリーダーシップ、保育者の信念と実践、自己効力感、職場の雰囲気・勤務環境、仕事への満足度、保育者養成、保育者の専門性向上等であり、各項目につき数問の質問が設定される予定である。

　このInternational ECEC Staff Surveyの結果については、2019年秋の公表を待って議論を進めることとする。これまでの動向に鑑みて現時点でいえるのは、わが国が、保育の質の向上に大きく関与する保育者の養成および人材育成の重要性に着目し、本腰を入れて取り組む姿勢を示したという事実である。

　OECDのInternational ECEC Staff Surveyの参加国であるドイツ、デンマークは、EU加盟国である。EU加盟各国は、教育への投資は次世

7 文部科学省国立教育政策研究所幼児教育研究センター（2018）「OECD調査国際幼児教育・保育従事者調査（International ECEC Staff Survey）にご協力をお願いします」平成29年12月更新版.

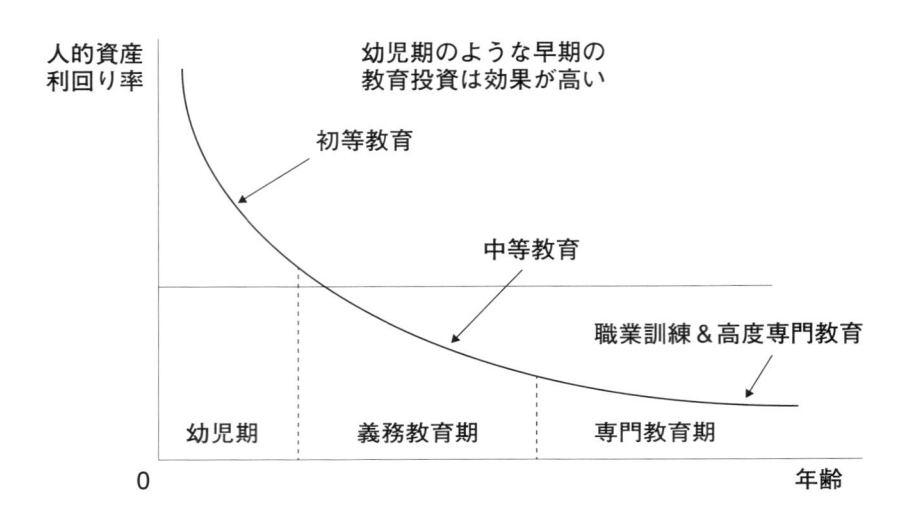

図10　年齢ごとの教育への投資効果の変化
James, J. H., & Dimitriy, V. M. (2007). The Productivity Argument for Investing in Young Children, *Review of Agricultural Economics*, Volume 29, Number 3, p476. を基に筆者が説明を加筆した.

代への投資であるとの認識から、積極的な幼児教育への関与を行っている。図10に示すように、幼児期に実施した教育への投資が成人後の社会に対する経済的な貢献などで高い効果を生むことが明らかになっているためである。

4　OECDと連携する幼児教育研究センター

　わが国の幼児教育政策への関心の高まりを背景として、2015年8月、11月、2016年2月の3回にわたり開催された「幼児教育に関する調査研究拠点の整備に向けた検討会議」での検討を経て、2016年4月に幼児教育研究センターが設置された[8]。同センターでは、文部科学省をはじめとした関係省庁との連携の下で、幼児教育に関する国内の調査研究拠点と

8 文部科学省（2016）「幼児教育に関する調査研究拠点の整備に向けて（報告書）」

して、次に挙げる3カテゴリの業務を行なう[9]。

① 幼児教育に関する調査研究の推進

　幼児教育の質や効果に関する研究、OECD国際調査などの実施。

② 研究ネットワークの構築

　大学等内外の研究機関、OECD等の国際機関、地方公共団体、幼稚園等、幼児教育研究団体、民間研究機関との連携・協力。

③ 研究成果の普及

　地方公共団体や幼稚園関係者等に、HPや公開シンポジウム等を通じて研究成果を発信。

2018年10〜11月に実施予定のOECDの International ECEC Staff Surveyへの協力を行なうのは、上で述べた3カテゴリの業務を担う幼児教育研究センターである。

　文部科学省 (2016) は、「幼児教育に関する調査研究拠点の整備に向けて (報告書)」の中で、「幼児教育者の養成段階から採用・研修にわたる資質の向上の重要性が一層増している」としたうえで、国内外の研究動向をまとめ、集約した成果を、文部科学省をはじめとした関係省庁や地方公共団体の幼児教育行政関係者、教育現場の関係者等が活用できるよう、分かりやすい形で発信することの必要性、すなわち「政策形成や幼児教育の実践の参考となる研究成果の集約」を、幼児教育に関する調査研究拠点である「幼児教育研究センター」の研究課題として挙げた。

　その言葉の通り、国内外の研究動向を俯瞰し、整理したならば、インクルーシブ保育の必要性や、インクルーシブ保育を実践する保育者の育成の重要性が浮上するであろう。わが国の現状では、インクルーシブ保育の意義や必要性について、またそれを担う保育者の育成の重要性についての啓発が十分に進んでいない。この現状に鑑みれば、行政関係者は

9 国立教育政策研究所 http://www.nier.go.jp/youji_kyouiku_kenkyuu_center/about.html#a1

もとより、実際に子どもと接している一人一人の保育者や保護者に、最新の研究成果を分かりやすい形で発信していくとする同センターの活動は、わが国の保育の質の向上につながるであろうという大きな期待をもつことができる。

第2節　インクルーシブ保育に関する保育者養成課程の状況

1　保育士養成課程の変遷

　ここではまず、わが国における保育士養成の開始から現在にいたるまでの経緯を述べる。第二次世界大戦後の1948年から施行された児童福祉法に基づいて保育所保育士が制度に位置付けられ、1949年には2年制の指定保育士養成施設が12か所設置された。当時の卒業生が50名と少数であったため、試験による資格取得制度と並行して保育士の養成が進められた。1950年代後半には保育所の増設に伴って保育士の増員が求められ、保育士養成校が増加した。1962年に厚生省が保育士養成施設における科目及び保育実習の基準を改めたことが契機となり、養成校における保育士資格の取得者が高い割合を占めるようになっていった。1965年には、保育所保育のガイドラインとして保育所保育指針が設定された。

　この保育所保育指針は1990年、2000年の改訂を経て、2017年には全部が改正され告示された。新しい保育所保育指針は、2018年度より施行される。

　保育士資格の取得を養成校に大きく依存するようになった後の40年程の期間は、短期大学や専修学校が保育士養成の主流であったが、2000年ごろから4年制大学における保育士養成が増加した。

　現在では、保育士を養成している4年制大学と短期大学の学校数はほぼ同数である。それに加えて、短期大学の半数程にあたる専修学校等で

の養成が行なわれている。4年制大学数と短期大学数はほぼ同数であるが、学生数については短期大学の方が多く、全養成施設在学生の半数を占めている[10]。2016年4月1日時点の指定保育士養成施設数は、4年制大学と短期大学、専修学校等を含めて653か所である。4年制大学における保育士養成が増加した要因としては、2001年に改正（2003年施行）した児童福祉法にて、子どもの保育に加えて保護者への子育て支援が保育士の業務に組み入れられたことや、発達障がい等のある子どもへの対応等の高い専門性が求められるようになったことが挙げられる。

2　保育士養成課程におけるインクルーシブ保育関連科目の位置づけ

　1974（昭和49）年に障害児保育実施事業要項が公布された時期には、障がいのある子どもの保育について深く学べる科目がなかった。保育所において障がいのある子どもの受け入れが進められる中で、専門的な知識を学ぶことなく着任した保育士が、相談できる専門機関も持たず、当該児へのかかわり方に困惑していた[11]。保育現場では、障がいのある子もの入所が増える中で、保育士の力量の向上がその流れについていけていないとの問題が浮上した[12,13]。

　障がいのある子どもの保育が、専門的知識をもった一部の保育士に期待されていた時期であった1991（平成3）年に、保育士養成課程の教科目が見直され、選択必修として障がい児の保育科目が新設された。保育士養成校において免許・資格に関わる科目編成については、1970年以降現在に至るまで、2年制の養成校の学生に配慮して総履修単位を68単位におさめるための工夫が行われてきた。2001（平成13）年に保育士養成

10　一般社団法人全国を保育士養成協議会（2016）「平成27年度子ども・子育て支援推進調査研究事業（厚生労働省）保育士養成のあり方に関する研究」.
11　金子健（1990）「保育所」『1978年度版 精神薄弱問題白書』46-48.
12　村田弘子（1976）「保育所における障害児保育の現状」『1978年度版 精神薄弱問題白書』46-48.
13　高橋障彦（1978）「保育園の現状と問題点」『1978年度版 精神薄弱問題白書』30-49.

課程の改正があり、インクルーシブ保育に関する科目では「障がい児保育」が必修化された一方で、単位数が2単位から1単位に減少した。また、「養護内容（選択必修2単位）」は「社会的養護内容（必修1単位）」に変更された。「社会的養護内容」については、選択必修科目から必修科目に変更された一方で、単位数が2単位から1単位へと減少した。この改正が行われた2001年度には、全国6,369か所で、9,674名の障がいのある子どもが保育所保育を受けていた[14]。

2004（平成16）年には発達障害者支援法が成立し、以降は発達障がいの障がい特性の説明や、当事者の困り感などに関するメディアの報道が増加した。それに伴い、保育者を含む一般の人々にも、発達障がいに関する関心が広がった。発達障害者支援法が成立した2004年度には、全国7,200か所で、1万428名の障がいのある子どもが保育所を利用していた。

2009（平成21）年に開催された第2回保育士養成課程等検討会の参考資料4では、全国の児童福祉施設1,182か所を対象とした「保育サービスの質に関する調査研究のアンケート調査」の結果が示された[15]。それによると、児童福祉施設の人々が今後更に充実が必要な科目として挙げたのは、多いものから順に、家族援助論（66.7％）、発達心理学（60.1％）、障がい児保育（52.2％）であった。それら3科目は、いずれもインクルーシブ保育に関する科目であった。この2009年度に保育所を利用していた障がいのある子どもは、全国7,376か所で、1万1,113名であった。

つづいて2011（平成23）年度の保育士養成課程改正では、インクルーシブ保育に関する科目では「保育相談支援」（演習1科目）、「保育の心理学Ⅰ」（講義2単位）、「保育の心理学Ⅱ」（演習1単位）、「保育者論」（講義2単位）が新たに開設された。「保育者論」については、2010年度以前の「保

14 内閣府（2012）「障害児保育の実施状況推移」『平成24年版　障害者白書』.
15 厚生労働省（2009）「今後さらに充実が必要な科目」『第2回保育士養成課程等検討会　参考資料4』

育原理（講義 4 単位）」が、保育士養成課程等検討会での保育者からの要請を受けて「保育原理（2 単位）」と「保育者論（2 単位）」とに分割された[16]。「障がい児保育」の単位数については、2001 年度の改正で減少した 1 単位から 2 単位へと増加した。「障がい児保育」の単位数の増加は、発達に偏りのある乳幼児への適切なかかわりを保育士に求める社会的要請の高まりを反映しての変更である。科目の名称変更については、「児童福祉」から「児童家庭福祉」に、「小児保健」から「子どもの保健Ⅰ」「子どもの保健Ⅱ」に、「家族援助論」から「家庭支援論」に変更された。

3　子どもの実態から支援ニーズをアセスメントする力の育成

　保育者が園で接する「特別なニーズを有する子ども」の中には、障がいがある子ども、パステルゾーンの子ども、医療的配慮の必要な子ども、日本語を母語としない子ども、外国の文化をもつ子ども、宗教的な配慮が必要な子ども、極端な貧困状態にある子ども、虐待を受けている、もしくは受けている疑いのある子ども、セクシュアル・マイノリティ（LGBT 等）の子どもなどが含まれる。保育におけるインクルージョンの実現に向けては、このように多様な子どもの特徴と特別な支援のニーズについて、養成課程において学ぶことが必要である。

　高尾（2013）は、保育者養成校での個人内差に関する教育を受けて、保育所及び幼稚園での実習を終了した学生群 A（3 年次生）、個人内差に関する教育を受けておらず、実習経験もない学生群 B（1 年次生）を対象に、子どもの「気になる行動」に気づく力に関する調査[17]を実施した。この調査では「気になる行動」を、直接影響事象と間接影響事象の 2 種類に分類した。

---

16 香曽我部琢（2011）「保育者の専門性を捉えるパラダイムシフトがもたらした問題」『東北大学大学院教育学研究科研究年報』59（2）, 53-68.
17 高尾淳子（2013）「保育実習生が認識する幼児の気になる行動 - 学生のキャリア・デザインの視点から-」『愛知江南短期大学紀要』第 42 号 , 57-66.

　直接影響事象は、子どもの行動が直ちに他者への危険につながることが認識可能な事象であると定義した。間接影響事象は、子どもの行動が直ちに他者への危険につながることは予測しづらいものの、その行動が次のリスクの高い行動につながりやすいものと定義した。直接影響事象は、保育者養成課程での教育効果には大きな差異は無いと思われるが、間接影響事象は、保育養成課程で受けた授業や実習中の体験を元に強化されるものと考えられる。

　調査の結果として、直接影響事象のカテゴリに入る「すべり台を下から上に向かって登っている子ども」については、学生群Aと学生群Bに差はみられなかった。一方で、間接影響事象のカテゴリに入る「ブランコから飛びおりようとしている」については、学生群Aの気づきの割合が90.3%であるに対して学生群Bの気づきの割合が72.7%となり、差異が確認できた。同様に「ブランコの前で平均台あそびをしている」に対しての学生群Aの気づきの割合が91.0%であるに対して学生群Bの気づきの割合が81.9%、となった。

　保育者養成課程においては、障がい児保育科目において個人内差に関する講義を行い、気づきを促すための知識を学習している。また、幼稚園での教育実習や保育所での保育実習を一通り経験している学生群Aは、自己の体験を通じて、何ステップか先に起こるリスクを予測する力を習得できており、間接影響事象の気づき増加につながったと考えられる。このように学生には、気づきのための訓練が有効であるが、非常に多様な特徴をもつ子どもたちに特別な支援を行うためには、現在の養成課程の授業量は十分であるとは言えない。

　一方、「多文化理解」については、幼稚園教諭免許状・保育士資格取得に要する最低単位数を修得するための科目には含まれていない。そのため、現状では選択科目として「多文化理解」を設定している一部の養成校がみられる。この現状を踏まえて筆者は、養成校の教員として担当し

ている「保育者論」科目の中で、保育士の専門性に含まれる知識として、多文化理解教育を導入している。多文化理解教育は、社会の変化に即して現職教育にも定期的に導入する必要があるが、保育者養成の基礎教育段階においても必修科目としての導入が望まれる。

第3節　インクルーシブ保育に関する保育者育成の変遷
- 保育三団体へのヒアリング調査を基に -

1　調査研究の背景

　序章第1節2で述べたように、国は待機児童の解消に向けて「待機児童解消加速化プラン」を推進している。その保育を支える保育士の不足に対しては、「保育士確保集中取組キャンペーン」を進める等の具体策を講じている他、「人材確保（人材育成、就業継続、再就職、働く職場の環境改善）」と「人材確保を支える取組」による総合的な取り組みを示している。このうち就業継続については、「新人保育士を対象とした離職防止のための研修」と「新人を含む保育士等を対象とした保育の質の向上のための研修」の2種類が含まれる。

　保育の質の向上について厚生労働省が挙げた項目の中で、障がいのある子どもの保育所への受け入れについては、1974年に厚生省による「障害児保育事業実施要綱」の通達が行われ、以降わが国で統合保育が進められてきた。近年では、日本は統合保育の次の段階である「インクルーシブ保育」の推進過程にある。

　インクルーシブ保育に関する世界の動向（cf. 序章、第1章）の中で、日本政府は国際連合の「障害者の権利に関する条約（日本は2007年9月28日署名）」の理念に則った改正障害者基本法を成立させ、2011年8月5日に公布・施行した。障害者基本法の差別の禁止の基本原則を具体化するものとして、2016年4月1日より「障害を理由とする差別の解消の推

進に関する法律（障害者差別解消法）」が施行された。同法では「差別の解消と共生社会の実現」、「不当な差別的取扱い」と「合理的配慮」の不提供の禁止、「社会的障壁」の排除などの骨格から成り立つ。インクルーシブ保育が推進される動向の中で、保育者はこれらの法律を念頭に置いて保育にあたることが求められる。

　以上に述べたように、時代の流れにともなって変化する保育職への社会的要請を、保育士研修事業に関わる全国私立保育園連盟、日本保育協会、全国保育協議会（以下、保育三団体）がどのように課題を把握し、その中のどの課題に着目して自らの研修事業に反映させてきたのかを整理することは、現職保育士の力量向上において公的組織によるOff-JT（職場外研修）、及び自職場におけるOJT（職場内研修）などを中心とした人材育成や自己啓発等との役割を明らかにする上で重要である。

2　調査の目的

　山本らは、北九州市の保育士に意識調査（n=230）を実施し、インクルーシブ保育の実践に必要な知識や技術に関する保育者の自己評価の傾向を分析した。その結果、定型発達児の保育実践にかかわる自己評価が高い一方で、インクルーシブ保育にかかわる自己評価が低かったことから、障がい児保育にかかわる学びが概論的な部分で留まっており、指導に関する実践的内容を十分に学ぶことが困難である現状を指摘した。この結果をふまえて、インクルーシブ保育に向けた保育者の研修や専門機関からの支援体制の整備、保育者自らが保育プログラムの検討を行なうなどの意識の向上を課題として挙げた[18]。山本らが課題提示をしたように、保育者が自らインクルーシブ保育のプログラムを開発する意識をもつためには、その準備としての知識や情報の入手が必要となる。それらの必要

---

18 山本佳代子・山根正夫（2006）「インクルーシブ保育実践における保育者の専門性に関する一考察 – 専門的知識と技術の観点から –」山口県立大学社会福祉学部紀要（12），53-60.

な情報を得るために重要な役割をもつと考えられるのが研修機会である。しかしながら、保育者の研修について内容・機会・タイミング等の観点から評価した先行研究はない。

このため、本研究はインクルーシブ保育を実践する保育者育成に向けた研修を、内容、効果測定、機会の視点から明らかにすることを目的とする。

3　調査方法

3−1　調査の概要

・訪問前に、ヒアリング調査対象の保育三団体に、調査内容の質問紙を送付する。
・2015年10月、現職の保育士に向けた研修を企画・実施している公的組織（保育三団体）を訪問し、研修の企画プロセス・研修内容などの過去から現在までを詳細に調査する。
・各団体の沿革史、教育記録など関連資料を調査する。
・ヒアリングでの質問項目は、以下の5項目である。

研修事業全体について
　① 各研修テーマに対する参加者の関心の深さ
　② 研修テーマ・内容へのニーズ把握について
　③ 保育士の専門性向上について（保育士育成のモデルプラン）
　④ 研修の効果測定方法
　⑤ 保育士の専門性向上に向けての課題

3−2　分析の方法

① ヒアリング調査における聞き取り内容と、各団体から提供された資料を基に、保育士研修事業における研修の対象、機会、形態、及び内容の変遷について整理する。

② ①で整理した保育士育成の枠組みの中から、インクルーシブ保育を実践する保育士育成の視点で、全国組織と地方組織との役割分担及び研修の内容・機会・効果について考察する。

4　保育三団体における現職教育の変遷

4－1　保育三団体とは

　全国の認可保育所が加盟する全国団体として、全国保育協議会、全国私立保育園連盟、日本保育協会の三団体がある。日本が戦後の食糧危機を経て、先進国並みの経済水準への復興を進める過程で、女性の雇用機会の拡大とともに保育を必要とする子どもが急増し、保育所数も増加の一途をたどった。これらの時代背景の中、1952年に全国保育協議会は、小規模施設が個別に活動することが多かった保育所間の連絡組織及び保育事業の研究機関としての機能をもつ全国社会福祉協議会保育部会（全国保育協議会の前身）を設立した。同団体には、公立保育所と私立保育所が加盟した。

　1953年頃は、公立と私立との間で、保育所職員の収入や福利厚生、雇用の安定度などの格差が顕著であった。公立・私立の共通の問題としては取り扱いづらいこの問題を解決するために、1958年に私立保育所職員の処遇改善等を求めて、全国私立保育園連盟が結成された[19,20]。

　1954年以降には、日本は高度経済成長期に入り、女性の就労者数の増加に拍車がかかり、それに伴い保育児童の激増がみられた。当時すでに複数の保育団体が存在し、それぞれの目的をもって活動していたが、立法・行政機関等との連携が十分に機能しているとは言えなかった。保育所が単独で社会からの要請を充足させることが容易ではないとの実情に鑑み、日本保育協会は1962年に政界、官界、学界等と連携して社

---

19 全国私立保育園連盟（2008）『全国私立保育園連盟50年史』, 364, 520, 380, 381.
20 全国私立保育園連盟（1997）『全国私立保育園連盟40年史』, 503 - 506.

会の要請に応える民間保育園の使命を果たすことを目的として設立された[21,22]。

　保育三団体は、それぞれ異なる設立趣旨を持って創設され、独自に活動を続けてきた。しかし、近年では、業界からの強い要望を関係官庁に伝えるため、保育所運営費の一般財源化に対する要望書(2002)や、私立保育所運営費一般財源化に対する要望書(2004)を三団体合同で内閣総理大臣、及び文部大臣等に提出している。さらには、保育三団体の共通のテーマとして「わが国の子育て・子育て支援を考えるシンポジウム」(2006)が共同開催された。現在は、保育三団体が共同で作成した「保育3団体パンフレット」が公表されている。

　次項からは、保育三団体のそれぞれが、保育士の人材育成をねらいとして実施している保育士研修事業の特徴の比較・整理を行なう。

４－２　全国保育協議会・全国保育士会

　1952年、保育所の連絡組織及び保育事業の研究機関としての機能をもつ全社協保育部会が設立され、1977年に全国保育協議会へと改称された[23]。現在は、全国の公立・私立の認可保育所の約93%、約2万1千か所の保育所(会員数18万8千人強)が加入しており、東京都に所在する事務局と各都道府県・指定都市ごとに設置された保育協議会で組織されている。主な活動には、保育関係者への情報提供や広報活動、保育関係者の研修、保育に関わる調査・研究、保育制度や施策に関する国(行政)等への提言などがある。

　全国保育協議会は保育士の人材育成に関しては、多くの保育所が小規模な組織であることから、所長、主任保育士等の役職の数が限られる中

21 日本保育協会 (1985)『日本保育協会二十年の歩み』, 52-56.
22 日本保育協会 (1995)『日本保育協会三十年の歩み』411, 487-489.
23 全国社会福祉協議会 (2003)「慈善から福祉へ」『全国社会福祉協議会九十年通史』, 356, 35.

で、役職への就任以外のキャリアパス導入の必要性を挙げ、保育士のキャリアパス構想を示した[24]。管理的な役割になる主任保育士には、分野を限定しない広範囲の知識・技術・経験をもつジェネラリストとしての力量向上を目的に研修を行っている。一方で、現場や地域でのリーダーとして活躍する特定の分野に深い知識や優れた技術をもったスペシャリストとしての保育士の養成を目的に研修や技能の認定を行っている。

4－3　全国私立保育園連盟

　全国私立保育園連盟（全私保連）は、1954年1月の名古屋私立保育園連盟結成を発端とする私的機関である。私立保育所職員には、雇用条件などにおいて改善を求められる点が多々あった。これらの処遇格差の是正を求め、前述の名古屋私立保育園連盟に続いて1955年3月には京都府園長会が、同年10月には東京私立保育園連盟が結成され、東京・名古屋・京都の三都市連絡協議会の開催を経て全国にその規模を拡大した。

　さらに、各地方組織を統括する形で1958年に全国私立保育園連盟が結成された。同連盟は、「政治・信教・思想の別なく私立保育事業の団結を強め、民間事業の特性を発揮しつつ、社会的要求の充足に先駆する」を基本綱領に掲げ、活動してきた。全国私立保育園連盟は、年々会員増加の推移をたどり、2015年10月現在で加盟園数は約8,600か園である。同連盟は、全国都道府県・政令都市・中核市単位で組織された任意団体であり、2015年度は、47都道府県・政令指定都市・中核市の組織及び北海道地区の釧路市、帯広市、北見地区を加えた50組織で構成されている。同連盟の事業活動には、予算対策、研修、調査、広報、事業活動、保育カウンセラー養成講座、保育所の経営に関する研究等がある。

---

24 全国保育協議会 全国保育士会 (2011)「保育士のキャリアパス構築に向けて」『全国保育士会・新たな保育制度への対応に関する検討委員会報告（第1次）』.

4－4　日本保育協会

　日本保育協会は政界、官界、学界等と連携して社会の要請に応える民間保育所の使命を果たすことを目的として 1962 年 10 月に設立された。同協会の活動には、厚生省 (現在の厚生労働省)の方針が反映されており、事業活動は主に国から補助金の交付を受けて継続されている。この時代の日本は高度経済成長期にあり、女性の就労者数の増加が著しかった。それに伴い保育所に預けられる児童の激増がみられた。当時既に複数の保育団体が各々の目的をもって活動していたものの、立法・行政機関等との連携が十分に機能しているとは言えなかった。そこで、保育所が単独で社会の要請を充足させることが容易ではないとの実情に鑑み、日本保育協会は政界や関係省庁などとのパイプ役を担うための組織として期待された。

　日本保育協会における現在までの主な活動には、保育専門図書の発行、所長・保育士を対象とした研修会、保育に関わる調査・研究、情報提供、企業委託型保育施設の設置促進、保育所関係の予算対策、保育士証の交付、保育の充実のための国会への請願、民間保育所の会員・組織活動、子育て相談電話の開設などがある。

4－5　全国保育協議会主催研修の変遷

　全国保育協議会では、研修対象については主任保育士等やクラス担任保育士等が主な対象とされ、保育所長を主な研修対象とする日本保育協会との間で役割分担が行われてきた。研修内容については 3 年ごとに見直しが行われ、研修内容がその時のニーズに沿うものとなるように配慮されている。

　全保協はキャリアパスの必要性に着目し、保育士のキャリアパス構想を示した。まだ制度的位置づけのない主任保育士等には、ジェネラリストとしての力量向上を目的に、主任保育士特別講座や、保育スーパーバ

イザー養成研修会などが設定されている。一方、スペシャリストとして
の保育士の育成に向けては、2007年度より地域の保育活動や保育組織
の活性化を図るリーダーの養成を目的として、保育活動専門員認定制度
が導入された。

　全国保育協議会で長年継続されてきた代表的な研修事業には全国保育
士研修会があり、1974年度に開催された第1回から、2015年度の第42
回へと継続開催されている。

　全国保育協議会における研修の場所及び回数については、2016年度
の例では所長研修が4回（東京・神奈川でそれぞれ2回）、主任研修が2
回(神奈川)、食育研修、保育スーパーバイザー研修が東京でそれぞれ1回、
保育新制度に関する研修が4回(岩手・神奈川・愛知・福岡でそれぞれ1回)、
保健衛生に関する研修が神奈川で1回実施されている。インクルーシブ
教育に関する分野の研修については、独立した研修会は設定されていな
いものの、全国大会の分科会にて「配慮を必要とする子どもや家庭の支
援」がテーマに挙げられている。

全国保育協議会が示す「保育士の研修体系」

　全国保育士会（2007）が発行した「保育士の研修体系（2009年改訂）[25]」
によると、保育士に求められる専門性が（ア）専門職としての基盤、（イ）
専門的価値、（ウ）保育実践に必要な専門的知識・技術、（エ）組織性の4
項目に大きく分けられている。全国保育士会では、この（ア）から（エ）
を保育士の各階層に当てはめ、階層別に期待される役割と研修目的を設
定している。保育士の各階層とは、全国保育士会が設定した初任者、中
堅職員、リーダー的職員、主任保育士の4階層である。専門性（ア）に
ついては、4階層のすべての保育士が対象とされ、「観察力」「共感性」等、
OJTに委ねられる部分が多いと同時に、「主体性」「達成意欲」項目につい

25 全国保育士会（2007）「保育士の研修体系」, 7-11, 14-96.

てはSDS（自己啓発援助制度）の積極的導入が推奨されている。

　インクルーシブ保育を推進する視点で同文献を見ると、専門性（イ）に含まれる「一人ひとりの子どもの発達保障」が初任者からリーダー的職員までを研修対象としている。専門性（ウ）では「発達の気になる子や障害のある子への対応」が挙げられており、研修対象は初任者及び中堅職員とされている。また、ソーシャルワークの知識・技術については、初任者を対象とした「基礎的な相談援助技術」から、中堅職員対象の「ソーシャルワークの構造理解」、リーダー的職員対象の「ソーシャルアクション」「関係機関との関わり」へと、ステップアップできる道筋が示されている。

４－６　全国私立保育園連盟主催研修の変遷

　全国私立保育園連盟の研修事業については、構成員の８割を保育所長が占めるという研修部において、テーマや内容及び講師等の具体的内容が検討される。このようにして、保育現場から上がってくる課題を研修内容に反映させることを長年実施してきた。代表的な研修事業には、保育総合研修会があり、1975年度に開催された第１回から、2015年度の第41回へと継続されている。

　インクルーシブ保育を推進する視点から分科会テーマの変遷を俯瞰すると、「保育総合研修会」で障がい児保育に関するテーマが毎年のように導入されるようになったのは2003年度以降である。

　2014年度には、テーマにインクルーシブの視点で考える「気になる子」の言葉が取り入れられた。障がい児保育に関する専門的な研修については各地域で実施されており、研修計画の立案や研修の運営は地域の実行委員会に委ねられている。

　前述の研修の他に、同連盟ではカウンセリングマインドをもった保育者を育てる保育カウンセラー養成講座が実施されている。全私保連の保

育カウンセラー（カウンセリングマインドをもった保育者）は、文部科学省の定義する保育カウンセラー（臨床心理士等の資格を持ち、直接保育には関わらず相談業務を行う人）とは異なる。また、昨今では同連盟の喫緊の課題として、保護者や同僚、子どもとの間に生じる問題を平和的に解決へ導くためのコミュニケーション能力の向上が挙げられ、コンフリクト・マネジメントの研修に力が注がれている。

　全国私立保育園連盟における研修の場所及び回数については、2015年度の例では、保育総合研修会（兵庫）、全国私立保育園研究大会（鳥取）、園長セミナー（山梨）、保育実践セミナー（静岡）、コンフリクト・マネジメント（北海道）、海外視察研修（ハンガリー・シンガポール）が各1回、子どもの運動に関する研修が6回（青森・埼玉・名古屋・大阪・広島・熊本でそれぞれ1回）、自然遊びの研修が3回（山形・愛知・京都でそれぞれ1回）、保育カウンセラー養成講座が10回（和歌山・長野でそれぞれ2回、東京・横浜・静岡・滋賀・大阪・大分でそれぞれ1回）であった。

4－7　日本保育協会主催研修の変遷

　日本保育協会における研修事業では、保育所長及び主任保育士等などの幹部職員を対象にした研修を活動の柱としてきた。主任保育士等を対象とする研修については、1962年度から同協会最初の研修事業である全国保育所主任・中堅保母研修会が開催され、1974年度まで継続した後、1975年度からは国庫補助事業として地区別保育所主任保母研修会へと継承された。その後も講座の名称変更を経ながらも、研修は継続されてきた。また、保育所長を対象にした研修では、1964年度から1974年度の「全国保育所長研修会」の開催を発端として、1975年度以降は国庫補助事業「地区別保育所長研修会」との名称変更を伴い継続された。同研修会では、受講料は徴収せず、各地区に全国同レベルの研修を保障するなどの特徴があった。

　日本保育協会では、年度により企画されるテーマ数に若干の変動がみられるが、毎年3から5テーマの研修が実施されてきた。同協会の主催研修は、参加対象者が所長や主任など幹部職員を対象とした管理者向けの研修が主体である。インクルーシブ保育を実践する保育者育成の視点でみると、この管理者向け研修が短期間に多くの話題を解説していることから、インクルーシブ保育に関する研修コンテンツ数は、他の団体に比べて少ない。

　日本保育協会における研修の場所及び回数については、2015年度の例では、厚生労働省委託事業と自主事業による研修会とを合わせて所長研修が7回（東京で4回、神奈川・大阪・福岡で各1回）、主任研修が4回（東京・大阪で各2回）、アレルギー対応研修が4回（東京・名古屋・大阪・福岡で各1回）、地域子育て支援研修が3回（東京で2回、大阪で1回）、保育事故の予防研修が2回（東京・大阪で各2回）であった。東京のみで実施された研修は、乳児保育研修、保育マネージャー養成研修がそれぞれ2回、実習指導研修、保護者支援研修、障がい児保育研修がそれぞれ1回であった。海外研修（欧州・北米・オセアニア）は民間社会福祉施設職員を対象とした。

第4節　ヒアリング調査に基づく分析

　全国組織である保育三団体へのヒアリング調査を通じて、保育士研修事業における研修の対象、機会、形態、及び内容の変遷が明らかになった。本節では、全国組織の研修事業の枠組みの中からインクルーシブ保育を実践する保育士育成の視点で、全国組織と地方組織との役割分担及び研修の内容・機会・効果について分析した。

5 全国組織の役割と限界

5−1 インクルーシブ保育推進に向けた現職研修の内容

5−1−1 多文化理解意識の醸成・向上

OECD[26] や米国カリフォルニア州[27] はインクルーシブ保育に関して、文化の多様性、公平性、多様な言語への対応等について指標を定義している。こうした内容に特化した研修内容は、保育三団体の研修では設定されていない。昨今の日本においては、特定の地域に多くの外国人が家族単位で定住する社会現象がある。たとえば愛知県名古屋市や豊田市には、園児の70%を超える多様な国籍の子どもを受けいれている公立保育所がある[28]。保護者とのコミュニケーションや、文化の違いにより生活指導に対応の困難さを感じる保育士も多いが、多様性への対応方法に関する研修は全国組織では然程準備されていない。

日本保育協会 (2015) が実施した調査[29] によると、「園長自身が参加してみたい研修内容」(n=32) として上位3つに「リスクマネジメント（震災対応含む）(6名)」「子ども子育て支援新制度について(5名)」「人材育成・コーチング (4名)」が挙げられており、多文化理解に関連したテーマはみられない。さらに、園長の視点からみた「保育士の参加が望ましいと考える研修内容」(n=36)の中にも多文化理解関連のテーマは上位3つ「リスクマネジメント (4名)」「コミュニケーション (3名)」「中堅保育士研修 (2名)」「接遇・マナー研修 (2名)」に入っていない。本調査結果を見て筆者は、管理職の多文化理解を学ぶ必要性に対するプライオリティの低さに着目した。

研修内容の選択については、まず各園の管理職が自園の保育目標を明

---

26 OECD. (2015). *The Definition and Selection of Competencies Executive Summary.*

27 Developed collaboratively by the 1 California Department of Education and First 5 California. (2011). *California Early Childhood Educator Competencies.* 6-89.

28 中川美子 (2006)「外国人の子どもの保育に関する調査」『愛知県立大学文学部論集』54, 55-75.

29 日本保育協会 (2015)「保育所における人材育成の実態に関する調査報告書」, 8.

確にした上でそれを職員に示し、つづいて保育者が自園の目標に即した研修を選択するのが順当である。したがって管理職には、自園の保育目標設定の参考となる研修が必要である。これをふまえて全国組織の役割としては、組織の長に多文化理解意識の醸成・向上を促す研修の強化が望まれる。

　多文化理解への対応は一部の担当保育者だけでなく園全体での対応が必要であることから、一人ひとりの保育者が多文化理解を含むインクルーシブ保育の実践力を習得することが求められる。

　その部分を担うのが地方組織主催の研修であり、当該研修内容を各園で展開する場が園内研修である。日本保育協会（2015）が実施した園長への質問紙調査（n=94）によると、園内での勉強会、研究会、職員会議での検討などの園内研修を実施している園は87園（92.6％）あった。これに関して、岸井（2001）は、「日々多忙さを増す保育者の資質向上につながる園内・園外研修がどのくらい行われているのか」との疑問を呈すると同時に、「保育者の園内・園外研修が形骸化し、負担感ばかりが残り保育者自身の成長実感や専門職としての誇りや喜びにつながらない研修になってはいないか」と指摘した[30]。外国の文化をもつ子どもについては、それぞれの園に在籍している園児の母国及び母語、文化的特徴、保護者の子育てに対する考え方等について、職場内の職員全員が共有できる機会を設定することが望ましい。しかし一方で、前述の日本保育協会（2015）の調査で、保育士の専門性の向上を行うにあたっての阻害要因、問題点として37名の園長が「園内研修会の時間の確保が難しい」と回答している。

　保育所の業務の特徴として、開園中の時間帯には常に園児が園内におり、いずれかの職員が当該児の保育にあたっている。したがってこの状況に鑑みて、筆者は全職員が一堂に会する園内研修ではなく、5～6名

30　岸井慶子（2011）「保育者の資質向上と研修のあり方」『保育学研究』49（3）,321.

のグループによる細切れの時間帯を利用しての園内研修を頻繁に実施することを提案する。

５－１－２　障がいのある子どもが文化的マイノリティであるという理解

　外国人の子どものみならず、障がいのある子どももまた、文化的マイノリティであるといえる。これからの保育者には、この文化的視点から障がいを捉えなおすことが必要である。人々は、それぞれに生まれた地域、育った地域、活躍する地域をもつ。各々がそれらの風土に即した生活様式をもち、当該地域の風土に無理なく適応できるような言語文化や食文化等を育んでいく。障がいのある子どもや大人も、それぞれの身体的・精神的特徴をふまえて、より快適で心豊かな生活の質を維持したいと願う。このように、誰もが異なる独自の文化をもっていることは自明の理である。

　それでは何故、差別や偏見が生じ、不当な攻撃や処遇に発展するのか。「自己の中に、偏見や差別意識はないか」保育者はこの点に疑問をもち、日々の保育を通じて繰り返し考えていく必要がある。

　それぞれの文化は個人のアイデンティティにも関わる大切なものであり、当該文化の保持者がいかに少人数であろうとも軽視すべきものではない。たとえば、聞こえにくい乳幼児や聾の子どもたちは、自然言語である手話を第一言語として、日本語を第二言語として習得すると、聞こえる子どもたちと同様の発達が期待できるという[31]。それは、聞こえにくい子どもと聞こえる子どもが、各々の文化に即した教育を受けることにより、伸び伸びと自身の気持ちを表現するコミュニケーション手段を手にした結果である。

---

31 明晴学園幼稚部・小学部・中学部・明晴プレスクールめだか https://www.meiseigakuen.ed.jp/

　乳幼児は、自分を尊重し向き合ってくれる人と愛着関係を築き、その人とのやり取りを通して母語を獲得していく。そして、尊重される経験を通じて、子どもの自尊感情は育つ。逆に、抑圧された状況や、一方的な情報提供を受けるのみの状況下では、乳幼児の発話は阻害される。

　生物学的には一定の割合で障がいのある子どもは出生し、かつその他の子どもたちとの比較では、当該児の数は少ない。しかし、障がいが、程度の差はあれ誰もがもつ「発達の偏り」の特徴であり、その人の文化の構成要因であると捉えるならば、障がい特性も文化の一部である。

　研修内容のニーズに関しては、川池が2004年に実施した保育者へのアンケートの自由記述を分析し、障がい児保育及び当該児の保護者へのかかわりに関する研修ニーズが、全回答220のうち2割近くであったことを報告した[32]。これを見ると、保育者が障がいのある子どもの保育に関する知識を得たいとするニーズがうかがえる。無論それも必要であるが、これからの保育者には、知識と手段のインプットはもとより、学んだ知識を共有したり、気づきを出し合ったりして学び合える職場の風土づくりが必要ではないだろうか。さまざまな文化を理解するためには、多くの人々との語り合いが必要である。それに向けては、アサーティブネスに配慮し、本音で話せる職場風土をつくる具体的手法の提供と、そのためのトレーニングが必要となる。そこには、全国組織における研修事業の限界が見える。

6　インクルーシブ保育推進に向けた現職研修の効果測定

　保育三団体主催の研修では、研修テーマを現場から吸い上げた課題を参考に設定していることは適切である一方で、研修効果を「参加者が研修に参加した満足度」で評価している点に懸念がある。これは、研修テー

32　川池智子 (2006)「子育ち・子育て支援」をめぐる保育政策の課題 (その3)：障害児等、特別な配慮を必要とする子どもと親の支援」山梨県立大学人間福祉学部紀要 (1) ,43-64.

マごとに研修における理解度や到達レベルが具体的に定義されていないこと、及び定量的な効果確認ができていないことが要因の一つである。

　研修の効果測定については、園内研修に関する先行研究が複数報告されている[33,34]。一方、100名単位の参加者が集合する職場外研修では、研修効果は参加者へのアンケートによる満足度の測定に留まり、研修効果を定量的に解析しフィードバックしている事例はない。研修参加者の満足度の測定は主催者側に参考にはなるが、保育三団体におけるヒアリング調査で協力者自身が指摘したように、参加満足度で研修効果を評価している点には改善の余地がある。研修の効果については、実務の課題に対して解決に向けた良い方向性が得られたかどうかで測るのが望ましい。したがって、研修後に一定期間をおいてから追跡調査とフォローアップを行なうこと、またフォローアップで得られた知見を研修内容へフィードバックすることが理想である。これについては、全国組織及び地方組織の両者によって、各々実施されることが望まれる。

7　インクルーシブ保育推進に向けた現職研修の機会

　全国組織主催の研修会場が東京など一部の都市に限られていることや、開催の頻度の各テーマが年に数回しか開催されないこと、勤務を調整して参加する必要があるために、保育士が受講を希望しても研修に参加できるのはその一部に限られている。また、35万人以上が在職している保育士と1年間に開講される全研修の定員数の総和を比較すると、研修を受けることのできる保育士の割合は、ごく僅かである。

　山本ら（2006）は、保育士の意識調査[35]を通じて、障がい児保育に関す

33　松井剛太（2009）「保育カンファレンスにおける保育実践の再構成」、『保育学研究』47
　　（1）,12-21.
34　中坪史典（2015）「園内研修における質的アプローチの活用可能性 -KJ法とTEMに着目して -」『広島大学大学院教育学研究科紀要』第三部（64）129-136.
35　山本佳代子・山根正夫（2006）「インクルーシブ保育実践における保育者の専門性に関する 一考察 - 専門的知識と技術の観点から -」山口県立大学社会福祉学部紀要（12）, 53-60.

る学習が概論的な部分で留まっており、指導に関する実践的内容の学習
が不十分であると指摘した。これをふまえた課題として、インクルーシ
ブ保育に向けた保育者研修や専門機関からの支援体制の整備、保育者自
らが保育プログラムの検討を行なうなどの意識向上を挙げた。山本らが
述べたように、保育者自身がインクルーシブ保育のプログラムを開発す
る意識をもつに至るには、その準備として情報の入手が必要となる。そ
の情報入手に重要な役割を担うのが研修及び研鑽の機会である。

　集合方式の研修には、時間的、金銭的、リソースなど様々な制約により、
広く保育士のスキルを向上させるには限界がある。また、平日の交代勤
務者の不在などの理由で園外研修を受講する機会に恵まれない保育士も
多数存在することから、インターネットとパソコンを使ったe-Learning
や映像教材をビデオオンデマンド方式で提供するなど、時間と場所を問
わずに空き時間や困った時、関心が生じた時に学べるように保育に必要
な情報、自己啓発のための情報の提供方法のIT化を進めることなどが
必要である。この部分については、全国組織が担う役割であろうと考え
られる。

　一方、OJTに関しては、全国組織の研修事業の変遷をみると園内研修
に関する研修が少ない。この状況を鑑みれば、地方組織の役割として人
材育成の手段として園内研修の手段に関する具体的な研修内容の充実が
必要である。これについては、持続可能な社会の実現を目指す日本企業
における職場力向上策であるKI（Knowledge Intensive Staff Innovation）
活動（知識集約型職員改革）[36] のように、保育現場で発生する課題を保育
職員間で共有し、解決の方向性について知恵を出し合う職場内研修の活
動を定期的に行うことを、保育所の管理者が率先して推進することが望
ましい。

---

36 日本能率協会コンサルティング（JMAC）（2013）『組織風土活性化プログラムKI（Knowledge
　Intensive Staff Innovation Plan）』『研究開発／技術開発』4-01.

第5節　小括　– 保育KI活動で保育者の心を育てる –

　本調査研究では、インクルーシブ保育を実践する保育者を育成するための方策を検討するために、園外研修に着目した。研究方法は、保育三団体の研修担当者へのヒアリング調査、記録資料分析を基に、保育士研修事業における研修の概要・対象・機会・内容、更には障がい児保育関係法規の改正と研修テーマの追随状況を整理した。

　研修の機会について、保育三団体では、障がい児保育をテーマとする研修が長年実施されてきたが、1年間に開講される全研修の定員数の総和を全国の現職保育士の数に照らすと、研修を受けることができる保育士の割合はごく僅かであることが確認できた。更に、全国組織の研修では、1回に100名程の受講者を募ることから、研修のスタイルが講義形式となり、内容が知識の伝授に偏っていることは否めない。このような全国組織の研修事業の限界をふまえたうえで、その不足部分を地方の組織が担うことにより、より多くの保育士に研修の機会を提供することが可能となる。

　保育三団体へのヒアリング調査によると、研修の効果測定については、全国組織では参加者へのアンケートによる満足度の測定に留まっていた。研修の効果は、実務の課題に対して解決への方向性が得られたかを測るのが望ましいことから、研修後に一定期間をおいてからフォローアップを実施すること、更にフォローアップの内容を次の研修内容へフィードバックすることが理想である。外部研修は、受講者個人の知識の獲得で完結していては非効率である。政府が「保育所保育指針」2018年版の第5章内の「組織内での研修成果の活用」で求めているように、外部研修で学んだ内容を各職場で共有し、展開することが必要である。そのためには、丁寧なフォローアップと各保育機関への啓発が重要である。その部分については、地方組織の研修事業で担うことが可能である。

　研修の内容については、保育三団体の研修事業では、多文化理解の取り扱いが相対的に少ない。さまざまな文化を理解することは、異国の文化をもつ子どもや保護者の対応はもとより、職場内の年齢、職務経験等の差異による考え方や保育観、子ども観等のギャップに対応する能力の向上にも繋がる。それらの調整力が機能することにより、新人保育士の早期離職を減少させることが期待できる。しかし、全国組織の研修事業では、若い保育士の早期離職の課題に対応するテーマは見られない。さまざまな文化を理解して対応するためには、保育士の心構え、すなわち「気持ち」の部分を育てる必要があるが、全国組織の研修事業では、その手段を伝授するものは見あたらない。

　わが国の保育所には、長い歴史を有するがゆえに、伝統を守ることを重視する事業所が少なくない。そのため、海外の人材育成プログラムや他の業界で高い効果を上げている優れた人材育成の手法を参考にしたり、導入したりする文化の醸成がまだ各事業所まで広がっていないのが現状である。一方で、変えるべき部分を改善しつづける組織もある。後者は前者と比較して、目的意識をもって外界を見る視点が研ぎ澄まされていくため、社会変化の先取りができる。そのため、社会の変化に対応して変化し続ける持続可能な組織となる。全国組織では、保育所長から研修のニーズを把握している団体があるものの、保育所長が職場のニーズを把握できていない場合もある。それは、ヒアリング調査で聞いた「所長が変わらなければ、体制は変わりません」の言葉から読み取ることができる。「なぜ、若い保育者が辞めていくのか」に焦点を当てたならば、職場のニーズが見えてくるのではないだろうか。若い保育者の離職理由が給与の額だけではないことは既に明らかになっている。それについては章をあらため、第2章で述べる。

　保育三団体のヒアリング調査で筆者は「1回の所長研修や主任研修を

受けたからといって、所長や主任としての仕事が十分に理解できるわけではないが、職位にふさわしい自覚と心構えをもってもらいたい」との言葉を聞いた。ヒアリング調査時に閲覧した研修資料には、多岐にわたる管理職の業務研修の中に、人材育成に関する内容も盛り込まれてはいたが、具体的な手法の提示はなかった。それにより、研修で人材育成に関する具体的な手法にまで入り込む時間的な余裕がないことがうかがえる。

ヒアリング調査で得た情報を総合すると、全国組織では所長研修や主任研修等を通じて、管理職やリーダーの心構えを育てていることがわかった。そして、管理職やリーダーは、自職場に戻って後輩職員の心、すなわち自発的に学び向上する意識を育てていくことになる。

インクルーシブ保育の実践は、たとえ多くの知識と高いスキルをもつ保育者であっても、ひとりでは進めづらいものであることから、仕事を進めながら育成するのが効率的である。人材育成の柱は OJT であるが、現状では先輩が若い人を育てるサイクルが円滑に回っているとは言い難い。したがって、管理職やリーダーが全国組織の研修で学んだ知識を、各職場で活用できるような職場風土づくりが必要である。そのために、地方組織の研修で保育士の心を育てる具体的な方法を伝えていく必要がある。

その一策として筆者は、地方組織で活動する者の一人として、インクルーシブ保育を実践する保育所づくりの手段を考案し、風通しの良い職場風土づくりを促す保育KI活動の導入を始めた[37]。各職場で若い保育士を育てていく役割をもつ管理職や主任保育士こそ、保育KI活動を進めていく要となる人である。

---

37 高尾淳子 (2017)「インクルーシブ保育を実践する保育園づくりに向けた風通しの良い職場づくり及び人材育成の要素 -HOIKU-KI活動導入に向けた保育園長への意識調査から-」同朋大学社会福祉学部『同朋福祉』22, 145-166.

　内閣府 (2017) は、第 30 回子ども・子育て会議資料「技能・経験に応じた保育士等の処遇改善について」[38] の中で、副主任保育士・専門リーダー・職務分野別リーダー等を設けることによってキャリアパスの仕組みを構築し、保育士等の処遇改善を進める保育所等に対して、キャリアアップ処遇改善の費用を補助する案を提示した。キャリアアップ研修を創設し、「乳児保育」「幼児教育」「障害児保育」「食育・アレルギー」「保健衛生・安全対策」「保護者支援・子育て支援」「保育実践」「マネジメント」の 8 研修分野を体系化した。その中でインクルーシブ保育を実践する園づくりに特に深く関与する研修分野として、「障害児保育」「食育・アレルギー」「保健衛生・安全対策」及び「マネジメント」が挙げられている。副主任保育士及び専門リーダーは経験年数概ね 7 年以上、職務分野別リーダーは経験年数概ね 3 年以上とされているため、3 年未満で辞職する保育士は本案の適用外である。しかし、本案は新人保育士が自らのキャリアパスを考える際に参考にはなる。

　内閣府が提示した案の中の処遇改善のための要件に「マネジメント」が含まれているのは、副主任保育士のみである。研修の実施主体が都道府県等とされていることから、今後は副主任保育士の研修にも、若い保育士の心を育てるための風通しの良い職場風土づくりを促す保育KI活動を導入する必要がある。

38　内閣府 (2017)「子ども・子育て会議 (第30回) 基準検討部会 (第33回) 合同会議」2017年2月8日.

第2章　インクルーシブ保育推進のための職場力向上 - 保育KI活動を通じて -

　本章では、KI活動および組織風土の活性化に関する先行研究を整理した上で、保育KI導入に向けた風通しの良い職場づくり及び人材育成の要素を整理する。この整理にあたっては、人材育成状況及び職場風土に関する保育者への質問紙調査の結果を分析する。

第1節　インクルーシブ保育のための組織風土調査 - 望ましい行動の定義度と実行度の調査 -

1　調査研究の背景

　これまでに述べたように、現在の日本では待機児童問題が深刻であることから、保育者の人員の確保が優先課題とされている。

　一方、現職者については、社会の変化にともなって保育者に求められる社会的要請が多様化している。こうした状況により、保育者にはそれらの要請に対応するための知識・スキルの習得及び更新が求められる。わが国では、平成26年に批准した「障害者の権利に関する条約（障害者権利条約）」によって、障がいに基づくあらゆる差別（合理的配慮の否定を含む）の禁止や障がい者の地域社会への参加の促進等が定められている。日本政府は障害者権利条約の締結以降、障害者政策委員会（2015）において、インクルーシブ教育システムについて議論を進めている[1]。また、平成28年施行の「障害を理由とする差別の解消の推進に関する法律（障害者差別解消法）」では、国、地方公共団体、および民間事業者を対

1　障害者政策委員会（2015）議論の整理〜第3次障害者基本計画の実施状況を踏まえた課題〜平成27年9月．

象に障がい者に対する差別的取扱いの禁止義務を課している。合理的配慮の提供については、国や地方公共団体等では義務化、民間事業者では努力義務とされている。

　平成22年に閣議決定の上策定した「子ども・子育てビジョン」で、国は「一人ひとりの子どもの置かれた状況の多様性を社会的に尊重し（インクルージョン）、ひとり親家庭の子どもや障がいのある子どもなど、特に支援が必要な方々が安心して暮らせるよう支援するとともに、子どもの貧困や格差の拡大を防ぐ」と公示した。このようにわが国は、保育及び教育分野におけるインクルージョンの推進を図っている。保育者には、これらの法制度を念頭に置き、園で関わる障がいのある乳幼児に向けて、対象児が必要とする合理的配慮を検討し、提供することが求められている。

　井桁（2016）[2] は『保育者論』の中で、「保育者が一人ひとりのもつその子らしさをしっかりと捉えて寄り添っていこうとする丁寧なまなざしをもつことが必要であり、それが子どもの最善の利益保障につながる」と述べた。このように、保育業務を日々のルーティンワークにすることなく、眼前の一人ひとりの子どもの特徴を把握し、その後の保育計画に生かしていこうとする保育者を育成することは、専門職としての視点を育てること、またその視点を持とうとする意欲や仕事のやりがいを育むこと、すなわち保育者の「心」を育てることであると筆者は考える。それでは、「保育者の心を育てる場」という視点からみた各職場の風土はどのような状況なのか。本調査では、その把握を試みた。

　ベネッセ教育総合研究所（2012）[3] は、「第2回幼児教育・保育についての基本調査」（n=5,221）にて、保育者の資質の向上のために必要なことを報告した。調査時期は2012年10月～12月。調査対象は日本国内全域

---

2 井桁容子（2016）「保育はひとなり」汐見稔幸 , 大豆生田啓友編『保育者論』, 81-82.
3 ベネッセ教育総合研究所（2012）「第2回幼児教育・保育についての基本調査報告書」.

の園児数30人以上の国公立幼稚園 (n=456)、私立幼稚園 (n=921)、公立認可保育所 (n=1,362)、私立認可保育所 (n=2,343)、認定こども園 (n=139) の園長等。同報告を基に、園が考える保育者の資質の向上のために必要なことを重要と考えられている項目順に表4に掲示した。重要度とは、重要であると回答した園の割合を百分率で表現したものである。これらの施策の中には、国などが中心になって施策を打つものと園単独でもある程度の行動ができるものに分かれる。また、園で行動できるものの中でも、園長などが中心に実行するものと、職場全体で行動すべきものとに分かれる。

　このベネッセ教育総合研究所の「第2回　幼児教育・保育に関する基本調査」では、現役保育士の給与などの待遇改善が保育職に関する改善

表4　保育者の資質の向上のために必要なこと
ベネッセ教育総合研究所（2013）「第2回幼児教育・保育についての基本調査」のデータ（表左側）基に筆者が分析し、作表した。

（重要度の単位は％）

保育者の資質改善の重要施策	重要度	園でできること		できる人	
		公立	私立	園長	職員
保育者の給与面での待遇改善	71.8	×	△	−	−
養成課程の教育内容の充実	66.2	×	×	−	−
保育者同士が学び合う園の風土づくり	61.9	○	○	○	○
管理職の指導力の向上	59.6	○	△	○	−
職員配置基準の改善	59.2	×	×	−	−
養成課程における実習指導の充実	54.9	×	×	−	−
園外研修に参加する機会の保障	54.3	△	△	○	−
園内研修の内容の充実	54.3	○	○	○	△
保育者のメンタル面のサポート	52.0	○	○	○	△

項目の上位にリストされている。また、厚生労働省などの調査においても他の福祉関連業種との比較で相対的に保育職の年収が高くないことが示されている。ただし、保育士よりも平均年収の高い職種で同様の調査を行っても、給与に対する改善要望は上位項目にランクインする。年収に関する改善要望は、保育職だけの特徴ではない。

　ここでは、厚生労働省による都道府県ごとに保育士の平均年収と勤続年数を調査したデータを詳細に分析した。この調査データを用いて、縦軸に都道府県別にその地域の労働者の平均年収と保育士の平均年収と保育士の平均年収の比を、横軸に同じくその地域の労働者の平均就業年数と保育士の平均年収の比を散布図に表したものである（図11）。

　図11の散布図にプロットしたデータの相関係数を求めるとR=0.63であり、平均年収と平均就業年数は、相関を示している。

　しかしながら、これをもって給与が保育士の離職の大きな要因であると結論付けるべきではないと考える。この理由として3点をあげる。

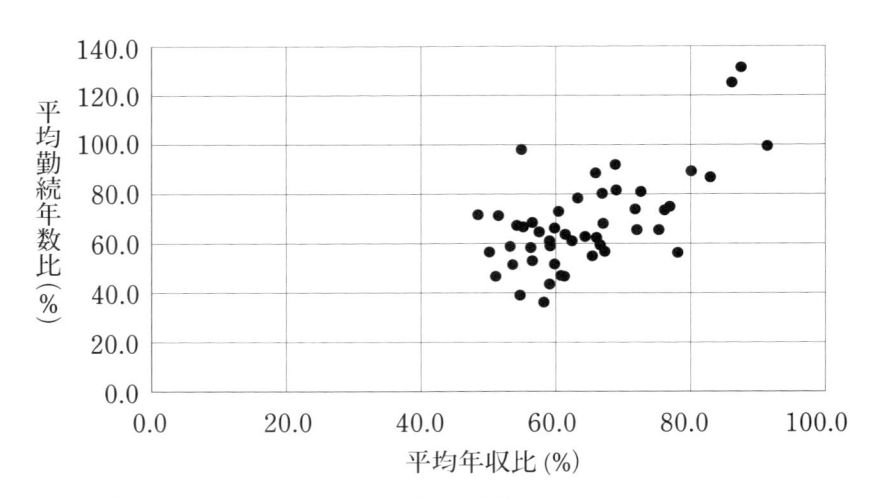

図11　都道府県別の保育士年収比と勤務年数比の相関
　厚生労働省（2015）「保育士等に関する関係資料」のデータを基に筆者が分析した。

　1点目は、平均値を算出したデータの属性である。現状において保育士の多くは女性であるが、上記のデータの都道府県の労働者の過半は男性である。その地域の女性労働者だけの平均年収と同じく平均就業年数を用いれば、さらに精度の高い傾向が読み取れたと考えられる。

　2点目は、都道府県を最小単位としてその地域の労働者の平均値を出していることである。たとえば、図の中で就業年数の2番目に長い長崎県を例に考える。長崎県の保育士の平均就業年数は15.2年であり、全国平均の7.6年に比べて2倍長い。この長崎県には、非常に離島の多い県であるという特徴がある。隣接の熊本県も人の居住する島は多いが、主要な島は橋などで九州本島と接続されることや九州本島と近く船などで頻繁に往来することが可能であるため離島ではない。長崎県の離島部は、観光開発が遅れたことや商品作物の栽培に適さないことなどから職業の選択には強い制約がある。このように同じ県内でも大きく事情の異なる年収と就業年数を同じ県内で平均値化していることに懸念がある。

　3点目は、栄養士も保育士と同様に離職率の高い職業と認識されているが、保育施設に勤務する栄養士に限っていえば、就業年数が短くないことである。保育施設に勤務する栄養士の給与も保育士とさほど変わらない。高額とは言えない給与でありながら保育施設に勤務する栄養士の離職者が少ないため、新卒の栄養士が保育施設に就職しづらい状況にある。

　散布図が示すように、保育士の年収の低さが保育職場での働きづらさの要因のひとつではあるが、これだけでは保育士の離職原因を正確に表しているとは言えず、さらに詳細に保育職場の職場風土など、働きやすさの観点から課題をとらえるべきであると考える。

　また、図12には、都道府県ごとの有効求人倍率と、保育士資格を持ちながら保育施設に勤務していない人の比率を相関図に表した。有効求人倍率が高いということは、保育士としてのニーズも高いことが予想さ

れるが、このニーズに反して就業していない保育士の多いことがあらた
めて確認できる。

　近年、頻繁に報道されるように、給与などの保育者の処遇は、就業期
間に影響を与えている一つの要因であることは確認できた。しかしなが
ら、新卒の栄養士は、保育施設での就労希望が多いなど、単純に処遇だ
けでは保育者の離職を説明できない。単純に数値での比較ができない保
育者の働きやすさなどの職場の風土や働きがい、モチベーションといっ
た個々の保育者の気持ちについて、現状の課題を分析する必要があると
考える。

　では、保育者として就職後間もない若い人々の離職理由には、どんな
特徴があるのだろうか。少なくとも保育者の給与が比較的低いことは、
就職前の養成校の時点、もしくは、早ければ、養成校に入学する以前か
ら判っていたはずである。また、勤務時間などの待遇についても保育実
習期間中に自分を指導してくれた先輩保育者を観察すれば容易に推測可
能であった。もし、これらの勤務条件が受け入れ難いものであったなら

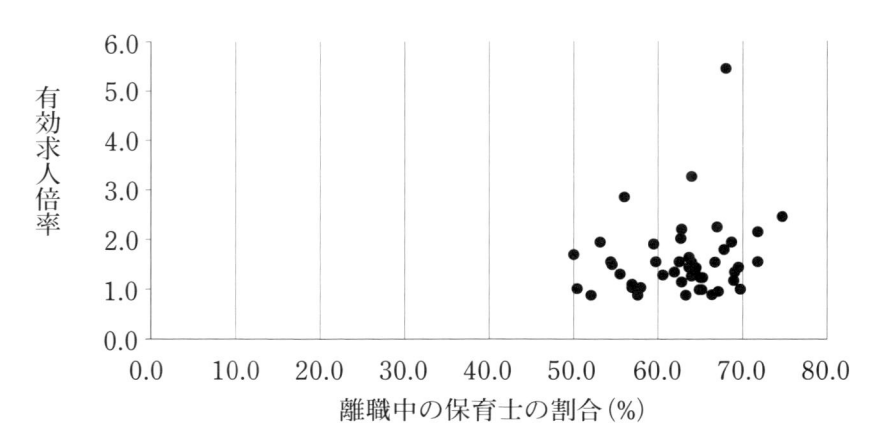

図 12　都道府県別の有効求人倍率と離職中の保育士の割合の相関
　　　厚生労働省（2015）「保育士等に関する関係資料」のデータを基に筆者が分析した。

ば、保育者養成校で保育士資格や幼稚園教員免許を取得しても一般企業に入社することにはなんら制約はないため、保育施設への就職前に就職への方針を変えることは可能であったはずである。それではなぜ、これらの若い保育者が就職後の僅かな期間で離職していくのか。

　ここに上田・松本 (2015)[4] らが養成校を卒業してから保育施設に就職した卒業生172名の就職後を追跡調査したデータがある。この報告では、63.6％の保育士が初めて勤務した保育施設を4年目までに離職していることを明らかにしている。この離職者の割合は、厚生労働省などがまとめた離職状況のデータと大きな差異はない。また、この調査で卒業後2年以内の離職理由の上位を占めたのは、「メンタルなどの心身の不調」「職場の方針に疑問を感じた」「残業が多い」「職場の人間関係」であった。また、この2年目までに離職した保育士のうち83.6％の保育者が他の保育施設に再就職していることも確認されている。

　この事実に着目すれば、少なくとも新任の保育士の離職理由は、年収ではないことが明らかである。なぜならば、再就職先の保育施設でも新卒給与からそれほど大きく年収が上がるとは考えられないからである。

　では、若い保育者たちに保育職場はどのようにとらえられているのであろうか。それを知るために、筆者は現役の保育士834名に対して職場風土について質問紙調査を実施した。

　これまでの保育職場の調査では、保育者が重要課題であると認識しているか否かは質問しているが、実際に行動できているかに関して同時に質問しているものはなかった。また、園に対する調査ではあるが、回答者を識別していないために、行動する責任と権限のある立場のものからの回答であるのかを区別できていない。

　保育職場における重要課題の一つである「教員／保育士等の質の維持、

---

4 上田厚作・松本昌治 (2015)「新任保育者の早期離職を防ぐために保育者養成校に求められる就職支援活動．－離職率・離職原因等に関する追跡調査結果を受けて－」越谷保育専門学校研究紀要(4), 29-34.

向上」にあたっては、職場風土や人材育成状況の把握が必要である。このことをふまえて本調査研究では、職場改善の責任者である保育所長に「職場の風土および人材育成」に関する意識と実行状況の調査を実施した。この調査により「インクルーシブ保育を実践する人材育成に向けた風通しの良い職場づくりの要素」を抽出することは、各園が今後の人材育成のあり方を検討する上で重要であると考えられる。

2　調査研究の目的

　本研究の目的は、インクルーシブ保育を実践する保育者を育成する保育職場の風土改善の要素を明らかにすることである。インクルーシブ保育を実践する園の環境づくりには、風通しの良い職場風土の醸成と保育者のスキルアップ（人材育成）が必要である。そこで、職場風土および保育者育成の現状について、保育所長の意識を調査する。この意識調査を基に、「職場風土および保育者の育成状況に関する管理職の意識」と「保育者の行動に対する管理職の認識」との差異を分析し、風通しの良い職場風土づくりに必要な要素を抽出する。また、先行研究では、職場風土に影響すると筆者が考える保育施設に所属する保育者の人数別に職場風土や人材育成の状況を分析したものは見当たらない。そこで本論では、保育施設の規模別に課題の分析を行った。

3　調査時期・調査対象

　　調査時期：2016 年 7 月
　　調査対象：A 県の社会福祉団体が主催する「保育士の人材育成」を
　　　　　　　テーマとする集合型研修に参加した公立・私立保育所
　　　　　　　のリーダー以上の保育士 185 名。

本研究では、組織風土に関する調査を A 県で実施した。A 県を調査対

象地として選択した理由は、比較的人口の多い県である一方で、県の面積が広いため都市部、都市近郊部、地方部など立地環境特性の異なるさまざまな園が含まれる。このため園児数が10名程の小規模な園から、300名を超えるような大規模な園まで、園の規模も多様である。また、経営に着目すると、従来の社会法人による経営だけでなく、企業立、民間委託など多様な運営形態の園が含まれている。

　さらに、厚生労働省の保育士に関する調査資料によると、A県の全業種の平均就業年数と保育者の平均就業年数の比率は、他府県の数値と比較して著しく低い。つまり、保育者の平均就業年数が短いということは、保育者の入れ替わりが頻繁で、人材育成が進みにくいことを意味する。このようなA県の特徴に着目し、A県の保育施設の組織風土に関する調査分析を通じて、保育者の人材育成に関する課題を整理することにした。

4　調査方法

　リーダー以上の保育士185名を対象に質問紙調査を実施した。研修の最終段階で参加者に回答頂き、その場で質問紙を回収した。

　この質問紙の有効回答率は91.3％であり、このうち情報公開の承認を得た166名の回答を分析した。(質問紙配布数185、回収数169、公表の不同意3、有効回答166)

　質問紙の設問は、「目標」「コミュニケーション」「職場風土」「研修」の4カテゴリで構成し、各カテゴリにつき、それぞれ5問（計20問）を設定した。設問には、各問に対して定義と実行の二つの視点からA群・B群の独立した質問を設定した。A群とB群の質問とは、次の2種類である。

A群：保育所長として、各項目について決定、明示を行い、もしくは、
　　　　保育者に対して実行の推奨、機会の提供をしているか。(定義度)
B群：保育所長の視点から、各項目について保育者が実際にそれを行っ

　　ているか。(実行度)
　設問は、下記の20問を設定した。
　　① 園の理念
　　② 保育士同士の相互協力
　　③ 保育士間の対話
　　④ 園全体に関わる課題
　　⑤ 個々の保育士の課題チャレンジ
　　⑥ 保育士の思いや本質の語り合い
　　⑦ 問題発生時の他学年の保育士の協力
　　⑧ 他の保育士からの依頼の優先
　　⑨ 担当学年を越えた保育士のコミュニティ
　　⑩ 同僚の成長を相互に喜び合う
　　⑪ 職層を越えたコミュニケーション
　　⑫ 学年 / クラス / 個人の目標の視える化
　　⑬ 職場外研修の機会
　　⑭ 会議等における意見表明
　　⑮ 保育に関わる法制度の共有
　　⑯ 職場外研修内容の共有
　　⑰ 保育士の相互学習
　　⑱ 常勤－非常勤保育士間のコミュニケーション
　　⑲ 保育士としてのスキル向上の目標
　　⑳ 保育士としてのスキル向上ための行動
　回答方法は、「あてはまる」「どちらともいえない」「あてはまらない」
の3件法とした。

5　倫理的配慮

　本調査は、日本保育学会倫理綱領に基づいて個人情報を保護する。質

問紙の回答を保育所名・個人名が特定されることのないよう十分に配慮し、統計処理をした上で論文等にて公表する旨を回答前に時間を設けて参加者に説明した。質問紙にも同様の記載を行ない、調査の趣旨や回答の公表に同意できない場合には、そのことを示すためのチェックボックスを設けた。また、質問紙を提出しない選択肢も設けた。質問紙の集計に当たっては、質問の集計、公表に同意いただいた回答者からのデータのみを対象に分析を行った。

6　結果
6－1　各園の定義度と実行度の分布

　質問紙で得られた20問の回答を分析し、「目標」「コミュニケーション」「職場風土」「研修」の4カテゴリ毎に「定義度」と「実行度」の2軸の散布図に表示した。(図13に例示) このグラフは、右上のセクションが、「定義度」と「実行度」ともに高い理想的な状態を示している。つまり、「職場内においてやるべきことの定義がなされている状態であり、かつ、保育者によって実行もされている」状態を示している。逆に左下のセクションは、「定義がされておらず、実行もされていない」状態であることを示している。

　図14から図17には、各園の現状を4つのカテゴリ毎にそれぞれ「定義度」と「実行度」の軸で散布図を作成した。図14は、「目標設定と取組み」のカテゴリについて、図15は「職場内のコミュニケーションの環境づくりと実態」について、図16は「職場風土の意識と取組み」について、図17は「研修の機会提供と参加」について、それぞれの園の状況を散布図に示したものである (n=166)。図14から図17のいずれのグラフにおいても、「定義度」と「実行度」が共に高い。職場が良好な状態であると回答した園が全体の9割以上を占めたことがわかる。

　4つのカテゴリともに良好な状態の園が多い中で、図15に示す「職場

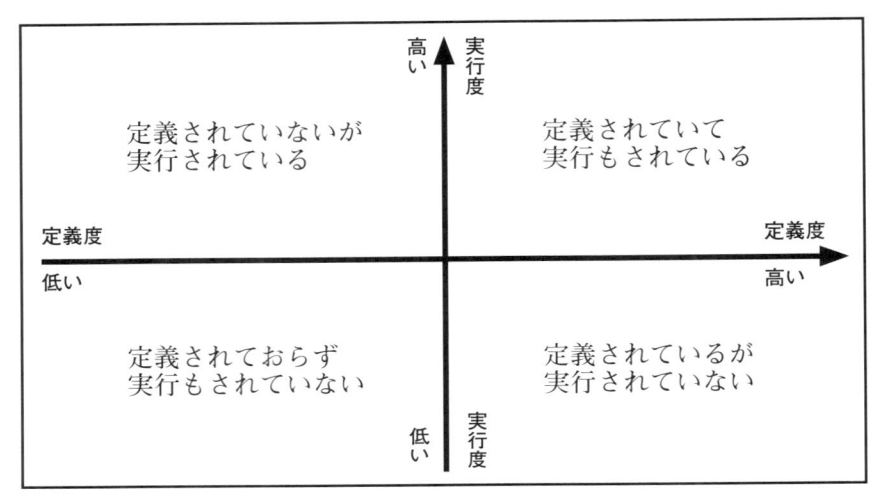

図13　定義度と実行度のマトリックス（筆者作成）

内のコミュニケーション」については、職場内のコミュニケーション
が不活発な状態になっている保育所が5園ほどあることが読み取れる
（Ⓐ）。また、図17では、「研修・研鑽」についての実態を示しているが、
研修機会の提供がほとんど実施されていない保育所が少数ながら存在す
ることを示している（Ⓑ）。

6－2　定義と実行とのギャップ（全サンプルの平均）

　先に述べた「目標」「コミュニケーション」「職場風土」「研修」のそれぞ
れのカテゴリ毎に、「行動の定義」と、「保育者による実行」のギャップを
まとめ、図18、図19、図20、図21にレーダーチャートで表した。

　図18「目標の定義と実行とのギャップ」では、保育者に対して目標を
周知することが他の項目と比較して著しく不足していること、それにと
もなって保育者も目標を念頭においた活動が実行できていない状況を示
している（Ⓒ）。一方で、「園全体の課題を保育者が認識しているか」につ

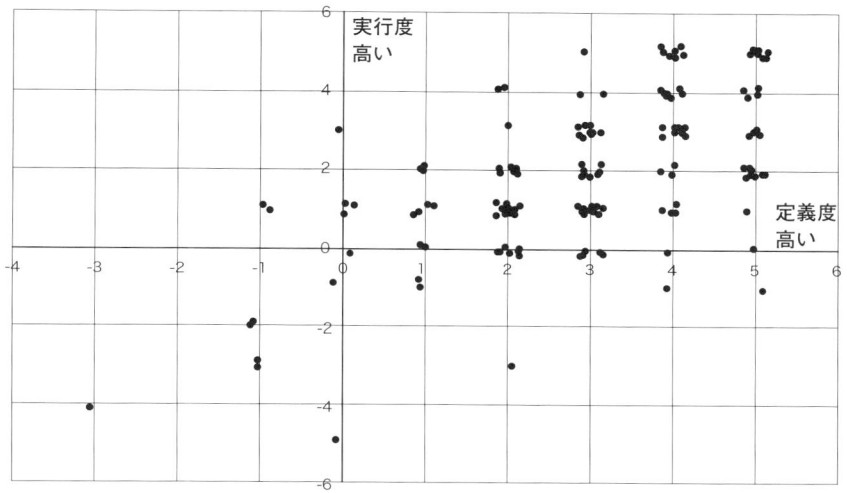

図 14　目標設定と取組み（n=166）

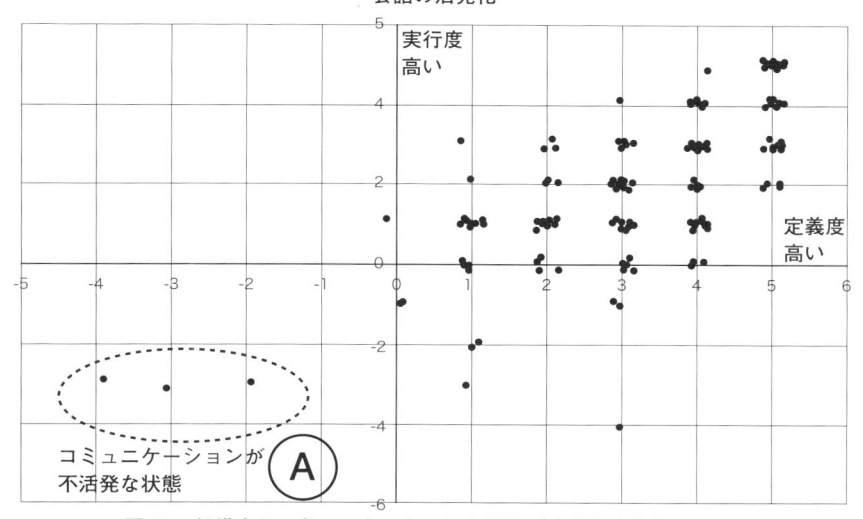

図 15　組織内のコミュニケーションの環境づくりと実施（n=166）

138

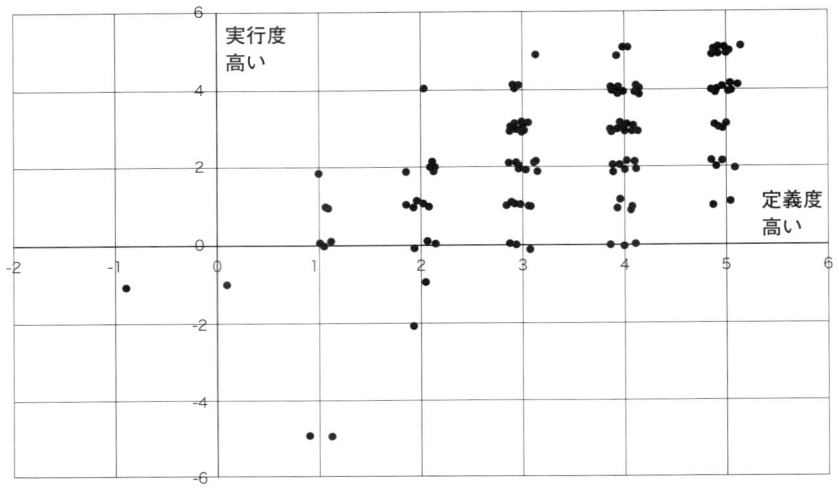

図16　職場風土の意識と取組み（n=166）

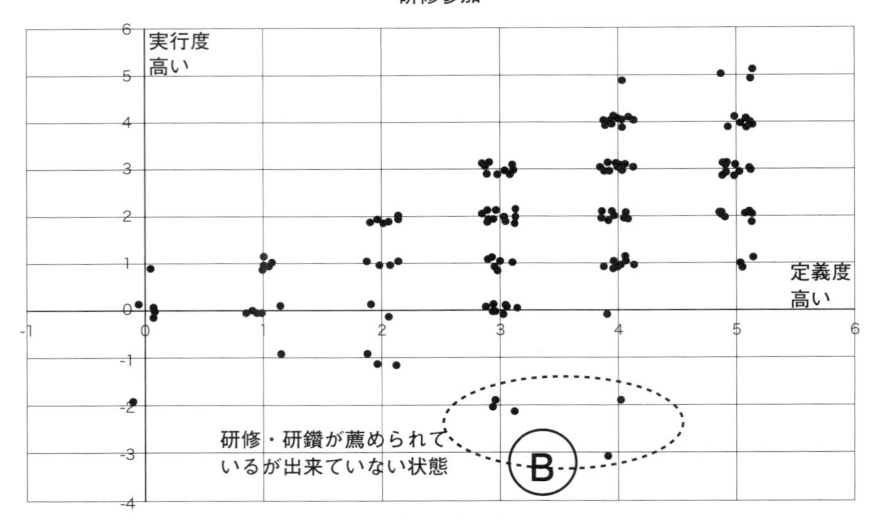

図17　研修の機会提供と参加（n=166）

いては、園長の認識も課題を認識した保育者の行動もほぼ一致している
（Ⓓ）。

　図19は、「園内の職員間のコミュニケーション」を示している。

　このカテゴリに属する5つの設問の中で、「対話環境」「本音の会話」「私
的交流」「職種を越えた会話」などについては、どれも平均的にほぼでき
ていると読み取れるが、園長と保育者、主任と保育者など職層を越えた
コミュニケーションに壁があることがわかる（Ⓔ）。

　図20は、「職場の風土」を表したものである。「問題対応」については、
定義どおりに活発に実行されていることがわかる（Ⓕ）。一方、「保育者
の相互協力」や「風通しの良い職場づくり」については、園が目指すレベ
ルまでは行動できていない（Ⓖ）（Ⓗ）。

　図21は、「研修・研鑽」を表したものである。「園外研修」や「研修内容
の職場内展開」などは、園により研修参加が推奨されるとともに、実際
に保育者も活発に参加できていることが読み取れる（Ⓘ）（Ⓚ）。一方で、
「保育にかかわる新しい知識の吸収」に関しては、園の取り組み姿勢お
よび保育者の行動ともに取り組みに課題のあることがわかった（Ⓙ）。
ここでいう新しい知識とは、本論の冒頭で述べたようなインクルーシブ
保育に関わる法整備などを指している。さらには、「自己研鑽」について
も、園が期待するほどには、保育者が行動できていない様子が伺える
（Ⓛ）。

６－３　定義度と実行度のギャップ（保育者の人数別）

　質問紙に園に所属する保育者数の記載のあった154件の回答を、園に
所属している保育者の数でグループ化し、それぞれの園の規模による定
義度と実行度の差を図22-1、図22-2に示した。グループ化は、保育者
数が10名以下の小規模な園から、51名以上の保育者が所属する大規模
な園まで10名刻みで6グループに分類した。

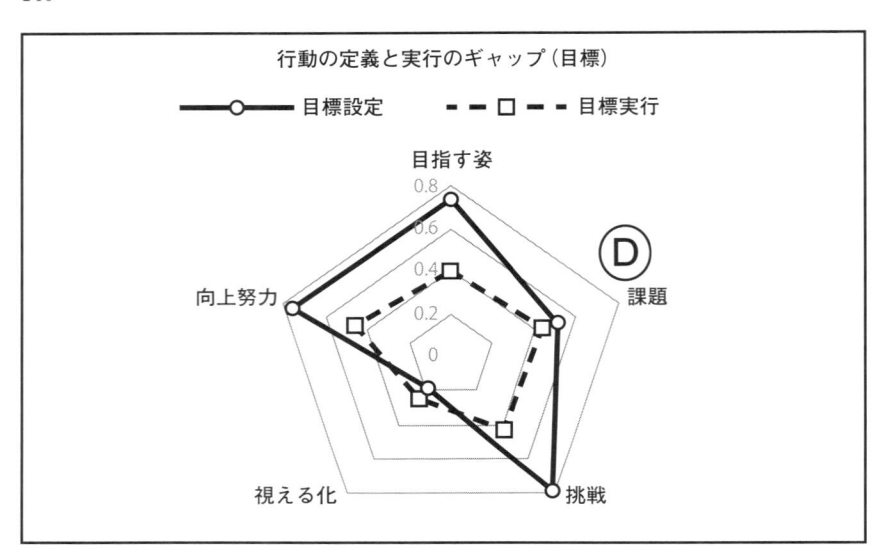

図18　目標の定義と実行のギャップ

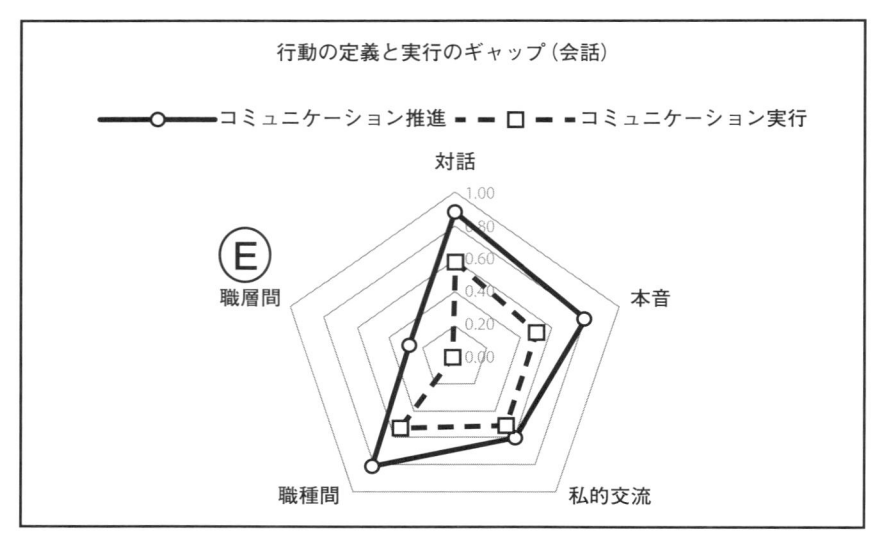

図19　コミュニケーションの施策と実態のギャップ

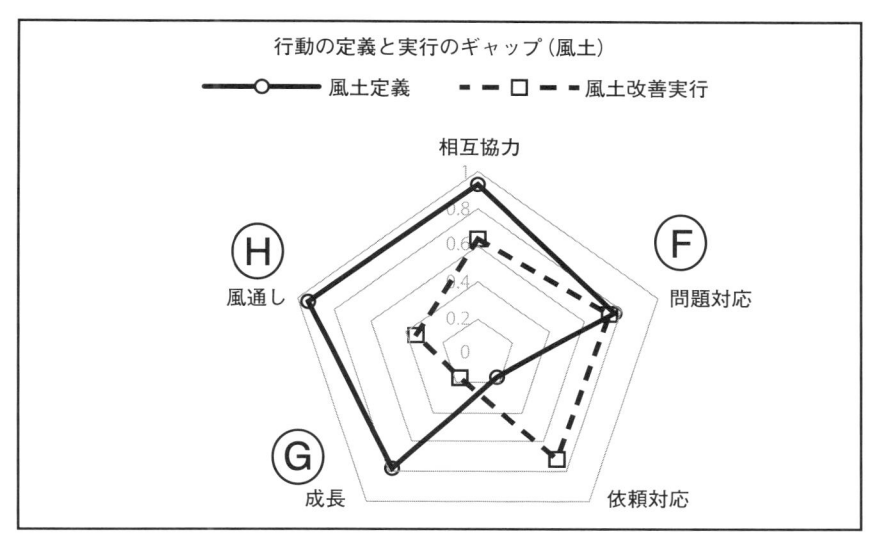

図 20　職場風土の意識と実態のギャップ

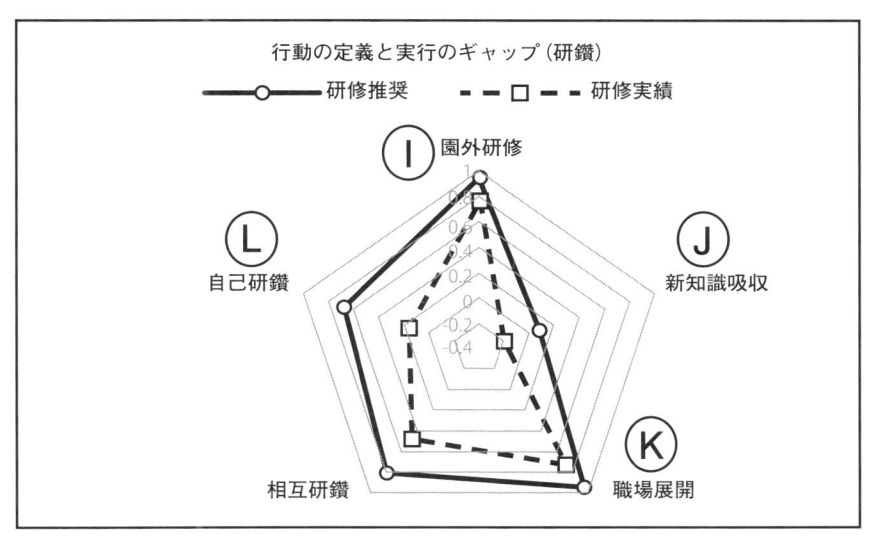

図 21　研修の推奨と実態のギャップ

　図22-1、図22-2は、定義度と実行度の差を表している。たとえば、実行することが定義されているにも関わらず、実行されていない場合には、高い数値が示される。図22-1、図22-2の表において、上位10％を太字に、下位の10％をイタリック体で表示している。次に各設問を個別に見ると、図22-1の「挑戦」は、どのカテゴリの園においても実行度が低い状態であることがわかる。保育者数の規模が大きいほうが、挑戦には消極的な傾向がみられる(Ⓜ)。また、「職層を越えたコミュニケーション」については、保育者数の規模が大きい園のほうが、コミュニケーションの実行度が低いことがわかる (Ⓝ)。

　図22-2の「他の保育者からの依頼への対応姿勢」については、保育者の数が多い園においては、比較的柔軟に対応できているのに対して、小規模な園においては、応受援に対する余裕もなく、非常に消極的である様子が読み取れる (Ⓞ)。

　園長による「知見の職場内展開の推奨」と、保育士による「知見の職場内の展開行動」については、折れ線グラフからは特徴が読み取りづらいが、表内の値からは次のことが読み取れる。大規模な園では定義され、実行も活発におこなわれているのに対して、小規模園では知見の展開が、定義、実行ともに少ない状況がみられる (Ⓟ)。

7　結論

　本研究は、インクルーシブ保育を実践する保育所づくりを目指した職場風土の醸成及び保育者育成の要素を明らかにすることを目的として、166名の保育所長の意識調査を実施した。質問紙調査では、各園の職場風土および保育者の育成状況（定義度）と、それに対する保育者の行動（実施度）について、所長の立場からの回答を得た。調査データを「目標」「コミュニケーション」「職場風土」「研修」の4項目にカテゴライズした上で分析し、インクルーシブな職場風土の醸成及び保育者育成の要素を抽出

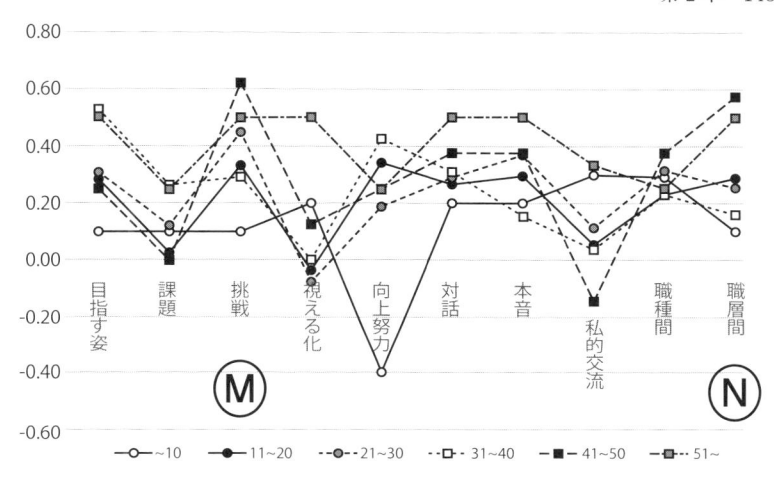

			目標設定と実行					職場内のコミュニケーション				
		有効回答数 n	目指す姿の共有	課題の明確化	挑戦の推奨	目標の明示	能力向上の推奨	対話の推奨	形式ばらない会話の推奨	交流の場	職種を越えた会話の推奨	職層を越えた会話の推奨
定義	全平均	154	0.74	0.51	0.78	0.18	0.75	0.89	0.78	0.59	0.82	0.29
	～ 10	10	0.80	0.80	0.80	0.70	*0.00*	1.00	1.00	0.70	0.89	1.00
園に所属する保育者数	11 ～ 20	56	0.71	0.48	0.77	*0.21*	0.71	0.89	0.82	0.63	0.86	0.27
	21 ～ 30	49	0.82	0.63	0.88	*0.24*	0.88	0.98	0.86	0.63	0.79	*0.14*
	31 ～ 40	26	0.68	0.50	0.69	*0.19*	0.62	0.69	0.46	0.50	0.69	0.32
	41 ～ 50	9	0.75	0.25	0.88	0.00	0.75	0.88	1.00	0.57	0.88	0.86
	51 ～	4	1.00	0.75	1.00	0.50	1.00	1.00	1.00	1.00	0.75	0.75
		n	目指す姿の行動	課題に取組	挑戦	目標に向けた行動	能力向上努力	活発な対話	本音での会話	私的交流への参加	職種を越えた会話の実行	職層を越えた相談
実行	全平均	154	0.40	0.44	0.42	0.25	0.46	0.59	0.49	0.51	0.54	0.01
	～ 10	10	0.70	0.70	0.70	0.50	0.40	0.80	0.80	0.40	0.60	0.90
園に所属する保育者数	11 ～ 20	56	0.43	0.45	0.44	0.25	0.36	0.63	0.53	0.57	0.63	*-0.02*
	21 ～ 30	49	0.51	0.51	0.43	0.33	0.69	0.69	0.49	0.52	0.48	*-0.11*
	31 ～ 40	26	*0.15*	0.24	0.40	0.19	0.19	0.38	0.31	0.46	0.46	*0.16*
	41 ～ 50	9	0.50	0.25	0.25	*-0.13*	0.50	0.50	0.63	0.71	0.50	0.29
	51 ～	4	0.50	0.50	0.50	*0.00*	0.75	0.50	0.50	0.67	0.50	0.25

図 22 - 1　保育士の人数別の定義と実行とのギャップ

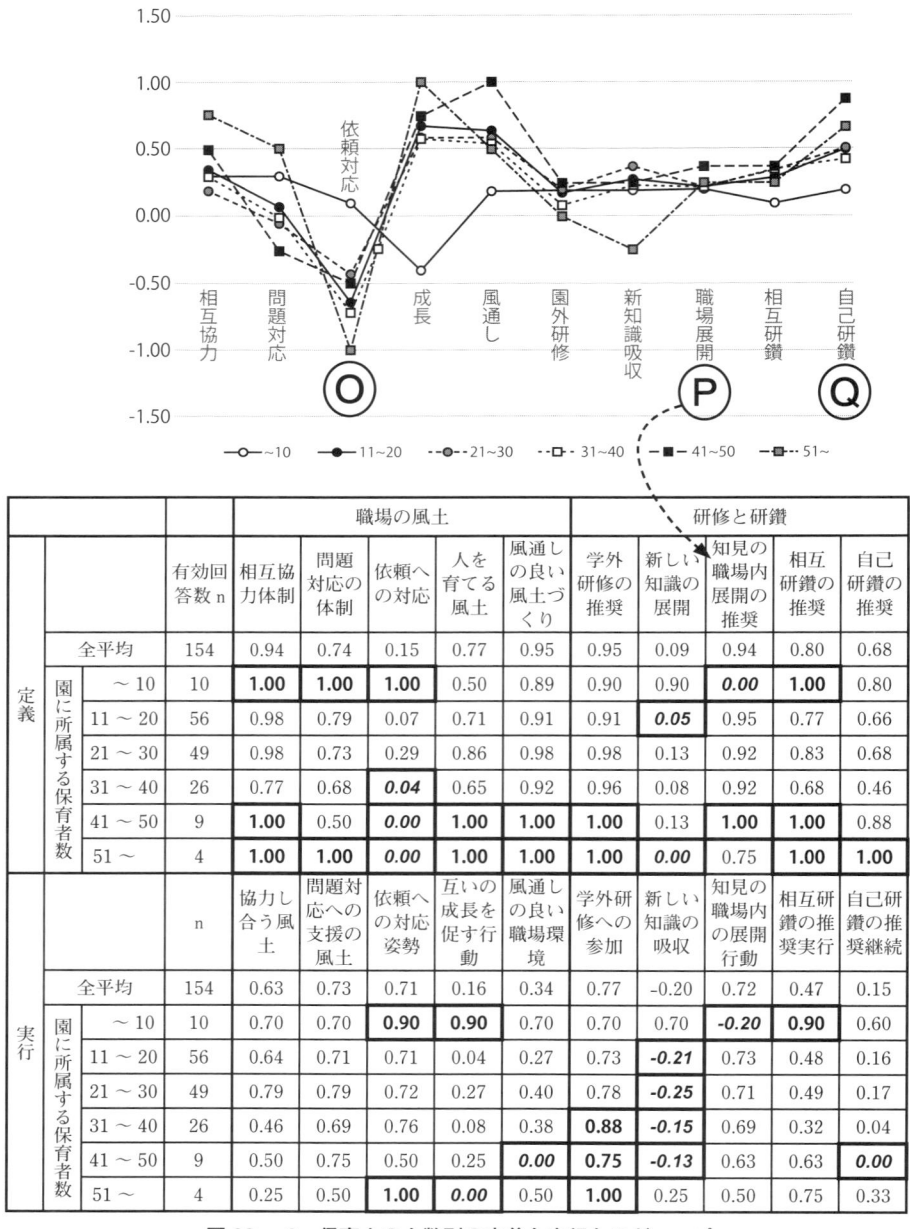

			職場の風土					研修と研鑽				
		有効回答数 n	相互協力体制	問題対応の体制	依頼への対応	人を育てる風土	風通しの良い風土づくり	学外研修の推奨	新しい知識の展開	知見の職場内展開の推奨	相互研鑽の推奨	自己研鑽の推奨
定義		全平均	154	0.94	0.74	0.15	0.77	0.95	0.95	0.09	0.94	0.80	0.68
	園に所属する保育者数	～10	10	**1.00**	**1.00**	**1.00**	0.50	0.89	0.90	0.90	*0.00*	**1.00**	0.80
		11～20	56	0.98	0.79	0.07	0.71	0.91	0.91	*0.05*	0.95	0.77	0.66
		21～30	49	0.98	0.73	0.29	0.86	0.98	0.98	0.13	0.92	0.83	0.68
		31～40	26	0.77	0.68	*0.04*	0.65	0.92	0.96	0.08	0.92	0.68	0.46
		41～50	9	**1.00**	0.50	*0.00*	**1.00**	**1.00**	**1.00**	0.13	**1.00**	**1.00**	0.88
		51～	4	**1.00**	**1.00**	*0.00*	**1.00**	**1.00**	**1.00**	*0.00*	0.75	**1.00**	**1.00**
		n	協力し合う風土	問題対応への支援の風土	依頼への対応姿勢	互いの成長を促す行動	風通しの良い職場環境	学外研修への参加	新しい知識の吸収	知見の職場内展開の行動	相互研鑽の推奨実行	自己研鑽の推奨継続
実行		全平均	154	0.63	0.73	0.71	0.16	0.34	0.77	-0.20	0.72	0.47	0.15
	園に所属する保育者数	～10	10	0.70	0.70	**0.90**	**0.90**	0.70	0.70	0.70	*-0.20*	**0.90**	0.60
		11～20	56	0.64	0.71	0.71	0.04	0.27	0.73	*-0.21*	0.73	0.48	0.16
		21～30	49	0.79	0.79	0.72	0.27	0.40	0.78	*-0.25*	0.71	0.49	0.17
		31～40	26	0.46	0.69	0.76	0.08	0.38	**0.88**	*-0.15*	0.69	0.32	0.04
		41～50	9	0.50	0.75	0.50	0.25	*0.00*	**0.75**	*-0.13*	0.63	0.63	*0.00*
		51～	4	0.25	0.50	**1.00**	*0.00*	0.50	**1.00**	0.25	0.50	0.75	0.33

図 22 - 2 　保育士の人数別の定義と実行とのギャップ

した。具体的には、「組織の目標の視える化」「職層を越えたコミュニケーションの活性化」「風通しの良い職場風土づくり」「新しい保育知識の吸収と組織内への展開」等である。これらは、筆者が進めている保育KI活動において、保育課題ばらしを全員参加で行う際の参考データとして活用する。

第2節　インクルーシブ保育のための組織風土調査
　属性データに基づく詳細調査

1　調査研究の背景

平成29年5月に文部科学省 (2017) [5] が、これからの時代の幼稚園教諭に求められる資質能力として、「新たな課題 (発達障がい等、特別な支援を必要とする児童生徒等への対応を含む) に対応できる力」「組織的・共同的に諸問題を解決する力」を挙げた。それはインクルーシブ保育が求められていることを示唆する。また、厚生労働省 (2017) は、平成29年4月の通知「保育士等キャリアアップ研修ガイドライン」[6] で、主任保育士を対象としたマネジメント分野の研修内容に「働きやすい環境づくり」を挙げた。また、厚生労働省委託事業による「保育士が働きやすい職場づくりの手引き」には、職場内でのコミュニケーションの円滑化の必要性が記載された (楽天リサーチ株式会社2015) [7]。さらに高尾 (2017) [8] は保育所長185名への調査を通じて、園長が認識する保育者人材育成の要

---

5 文部科学省 (2017) 「平成28年度幼稚園教諭の養成課程のモデルカリキュラムの開発に向けた調査研究 – 幼稚園教諭の資質能力の視点から養成課程の質保証を考える –」, 4-5.

6 厚生労働省「保育士等キャリアアップ研修の実施について」雇児保発0401第1号, 平成29年4月1日。

7 楽天リサーチ株式会社 (2015) 厚生労働省委託事業「保育士が働きやすい職場づくりの手引き」, 30-38.

8 高尾淳子 (2017) 「インクルーシブ保育を実践する保育園づくりに向けた風通しの良い職場づくり及び人材育成の要素 –HOIKU-KI活動導入に向けた保育園長への意識調査から」『同朋福祉』23, 159-180, 同朋大学社会福祉学部.

素として「組織の目標の視える化」「職層を越えたコミュニケーションの活性化」「風通しの良い職場風土づくり」「新しい保育知識の獲得と組織内への展開」等の必要性を挙げた。このように、行政及び各園の管理職が変化する社会からの要請に対応することや、保育者が働きやすい職場環境づくりを行うことの必要性が示されてはいる。しかし、それを実現するための具体的方策を提示するには至っていない。

　保育職場の改善には、現場で取り組みやすい具体的な施策検討にまでつなげることが必要である。そこで、この調査では、保育職場の改善施策の検討のため、一人ひとりの保育者が、自職場の組織風土についてどのように認識しているのか。また、その認識には、所長、主任や担当保育士のそれぞれの立場間で差異が生じているのかに着目した分析を行った。これらの調査結果から改善すべき職場風土の課題を抽出する。また、職場力を強化し、人材育成を図るメソッドの一つである保育KIを保育職場に適用するための着眼点とする（高尾 2017）[9]。

2　調査研究の目的

　本研究の目的は、職場風土や保育者の人材育成に関する課題の分析を通じて、園内での職場改善や人材育成のメソッドである保育KIを適用するために、保育職場の課題の着眼点を明らかにすることを目的とする。

3　調査対象・調査時期

　　調査対象：A県の保育団体が主催する「保育士の人材育成」をテーマとする集合型研修に参加した公立・私立保育所の所長、主任保育士、担当保育士など合計649名。

　　調査時期：2016年9月

---

9 高尾淳子（2017）「保育におけるKI活動 HOIKU-KI活動の適用可能性の検証」『教育実践学研究』18（2），1-12，日本教育実践学会．

4　調査方法

　保育所の所長、主任保育士、担当保育士649名を対象に質問紙調査を実施した。研修の最終段階で参加者に回答頂き、その場で質問紙を回収した。（質問紙配布数649、回収数561、公表の不同意11、有効回答550）

　2016年7月にD県の保育士を対象に実施した調査と同様の質問内容であったことから、7月（第1回）、9月（第2回）の質問紙を合わせて分析した。この質問紙の有効回答率は85.9％であり、このうち情報公開の承認を得た716名の回答を分析した。

　質問紙の設問は、「職場の目標・課題の共有状況」「職場のコミュニケーション」「相互の協力・連携体制」「学び・向上意欲」の4カテゴリで構成し、各カテゴリにつき、4問から6問（計21問）を設定した。各設問には、同じ項目に対して「定義できているか」と「実施できているか」の二つの視点からA群・B群の質問を設定した。A群とB群の質問の事例を以下に示す。

　　　　問1-A群：園の目指す姿がすべての保育士に示されている。（定義
　　　　　　　　　度）
　　　　問1-B群：園の目指す姿に向かってすべての保育士で行動してい
　　　　　　　　　る。（実施度）

　質問紙には、下記の21問を設定した。各設問は、予めカテゴリ毎に検討し厳選したが、質問紙には、前後の設問の回答に回答者が影響を受けることを避けるために質問の順序を入れ替えて構成した。各設問の冒頭にある数字は、質問紙上に記載された順序を示す。

　カテゴリⅠ：職場の目標・課題の共有状況
　　　① めざす姿の提示
　　　④ 園全体に関わる課題の明確化

⑤ 個々の保育士の課題へのチャレンジ推奨

⑫ 学年／クラス／個人の目標の視える化

⑮ 保育に関わる制度改正の共有

カテゴリⅡ：職場のコミュニケーション

③ 保育士間の対話推奨

⑥ 保育士の思いや本音の会話の推奨

⑪ 職層を越えた話合いの場の提供

⑭ 会議等における自由な発言

⑱ 常勤・非常勤間の会話の推奨

㉑ 職層を越えた会話の推奨

カテゴリⅢ：相互の協力・連携体制

② 保育士同士の相互協力の推奨

⑦ 問題発生時の他学年の保育士の協力

⑧ 他の保育士からの依頼の優先

⑨ 担当学年を越えた保育士のコミュニティがある

カテゴリⅣ：学び・向上意欲

⑩ 同僚の成長を相互に喜び合う

⑬ 職場外での学びの推奨

⑯ 職場外研修内容の共有を促す

⑰ 保育士の相互学習の推奨

⑲ 職務能力向上目標のすすめ

⑳ 職務能力向上行動のすすめ

回答方法は、「あてはまる」「どちらともいえない」「あてはまらない」の3件法とした。

5　倫理的配慮

本調査は、日本保育学会倫理綱領に基づいて個人情報を保護する。質

問紙の回答を保育所名・個人名が特定されることのないよう十分に配慮
し、統計処理をした上で論文等にて公表する旨を回答前に時間を設けて
参加者に説明した。質問紙にも同様の記載を行ない、調査の趣旨や回答
の公表に同意できない場合には、そのことを示すためのチェックボック
スを設けた。また、質問紙を提出しない選択肢も設けた。質問紙の集計
に当たっては、質問の集計、公表に同意いただいた回答者からのデータ
のみを対象に分析を行った。

6　結果

　質問紙の調査データをすべてデータベース化して、集計作業を容易に
するとともに、回答の分析結果を元に質問紙そのものに回答しづらさの
有無を確認した。これにより第2回の質問紙には、職務経験年数を加え
るなど質問紙を改善した。また、データ集計は、クロス集計、統計処理
を行うことにより多角的視点からの解析を試みた。

6－1　保育者の職層別にみられる職場風土認識の差異

　表5は、園長職、主任職、担当保育職など職層別に職場風土の課題を
分析し、示したものである。職層別に課題分析することで、それぞれの
立場からの職場風土の捉え方に焦点を当てた。表中の数字は、各質問に
対して「あてはまる」というように肯定的な回答者数を母数に対する百
分率で表現している。また、数字の左の記号は、平均に対して 20% 以
上高い値（◎）、10% 以上高い値（◎）、10% 以上低い値（▽）、20% 以上
低い値（▼）を示している。
　表 5-1、表 5-2、表 5-3 に示すカテゴリ I の「職場の目標・課題の共有
状況」においては、①「目指す姿の提示」が必要であると認識されている
一方、実施度が低く、どの職層においてもギャップが大きくなっている。
　⑤「課題へのチャレンジ推奨」、⑫「目標の視える化」の設問においては、

定義度と実施度ともに公立園の取組み度合いが高い一方で、私立園はそのどちらの項目も大部分の職層において低い値を示している。私立園の中でも特に担当職において低い値が顕著であることが確認できる。

カテゴリⅡの「職場のコミュニケーション」においては、③「保育士同士の対話の推奨」、⑥「本音の会話を推奨」において、私立園の実施度が低いことが確認できる。また、⑪「話し合いの場の提供」に関する設問においても私立園は定義度と実施度の双方が低く、もとより職員間のコミュニケーションのための場が設定されていないことがわかる。また、⑭「自由な発言」においては、定義度が高く、望ましいことであるとの認識が高い一方で、実施度を示す値が低く、公立園、私立園ともにどの職層においても、実施のギャップが非常に大きくなっている。

表5-4、表5-5、表5-6に示すカテゴリⅢ「相互の協力・連携体制」についての課題を示す。②「相互協力の推奨」や⑦「他の保育士への協力」などにおいて、公立園、私立園ともに定義度、実施度がともに高く、職場環境として協力し合うことが実行されていることが伺える。また、自分の業務をさしおいてでも他の保育士からの⑧「依頼を優先して取り組む」意識についての項目では、定義度は低い結果を示すものの、実施度は定義を上回る値を示しており、協力しながら業務を進めている状況が確認できる。一方で、気軽に仕事を越えて話ができるような⑨「保育士同士のコミュニティ」があるかについては、公立園の実施度が高いのに比べて、私立園では、相対的に低い値になっている。

6-2　職務経験年数による職場課題の認識の差異

表6は、保育者としての職務経験年数別にクロス集計を行った結果である。職務経験年数別に課題分析することで、それぞれの新人や熟練者の立場からの職場課題の感じ方の差異を明らかにすることを試みた。

表6-1に示すカテゴリⅠの「職場の目標・課題の共有状況」においては、

表 5 - 1　職場風土の課題調査（職層別）定義

回答者層別		有効回答数 (n)	I 職場の目標・課題の共有					II 職場のコミュニケーション					
			1 めざす姿の提示	4 課題の明確化	5 課題へのチャレンジ推奨	12 目標の視える化	15 制度改正の共有	3 保育士間の対話推奨	6 本音の会話を推奨	11 話し合いの場の提供	14 自由な発言	18 常勤・非常勤間の会話推奨	21 職層を越えた会話の推奨
全体		716	62.4	41.3	64.2	26.5	27.5	78.5	61.7	27.4	79.6	73.3	36.2
	2 園長	28	○ 71.4	▼ 35.7	64.3	◎ 32.1	▽ 14.3	71.4	60.7	25.0	○ 89.3	○ 82.1	39.3
	2 主任	215	63.7	▼ 36.7	60.9	24.2	30.2	76.7	59.5	▼ 24.2	81.4	75.3	36.7
	2 担当	266	▼ 53.0	37.2	59.0	▼ 21.4	26.3	74.1	▼ 53.8	▽ 18.4	▼ 69.5	▼ 63.9	▽ 26.3
	2 職位不明	207	○ 72.0	◎ 52.2	○ 74.4	◎ 34.8	28.0	87.0	◎ 74.4	◎ 42.5	89.4	82.1	◎ 47.8
公立	1 公立	562	64.1	43.1	66.4	26.9	27.4	80.4	62.6	27.4	80.6	74.0	32.9
	2 園長	27	○ 74.1	▼ 37.0	66.7	◎ 33.3	▽ 14.8	74.1	63.0	25.9	○ 92.6	○ 85.2	○ 40.7
	2 主任	175	66.3	▼ 37.1	63.4	24.6	○ 32.0	78.3	60.6	26.9	82.9	74.9	35.4
	2 担当	237	▼ 53.2	38.8	60.8	▽ 21.1	26.6	77.2	55.7	▽ 20.3	▼ 69.6	▼ 65.4	▽ 25.7
	2 職位不明	123	◎ 79.7	◎ 61.0	◎ 81.3	◎ 39.8	25.2	91.1	◎ 78.9	○ 42.3	95.9	87.0	41.5
私立	1 私立	106	▼ 55.7	▽ 33.0	▼ 55.7	▼ 23.6	29.2	▼ 68.9	60.4	30.2	78.3	71.7	◎ 51.9
	2 園長	1	▽ 0.0	0.0	▽ 0.0	▽ 0.0	▽ 0.0	▽ 0.0	▽ 0.0	▽ 0.0	▽ 0.0	▽ 0.0	▽ 0.0
	2 主任	35	▽ 48.6	▽ 34.3	▽ 48.6	▼ 22.9	▼ 22.9	▼ 68.6	▽ 48.6	▽ 11.4	77.1	77.1	◎ 45.7
	2 担当	18	▽ 38.9	▽ 5.6	▽ 27.8	▽ 11.1	▼ 22.2	▽ 33.3	▽ 38.9	▽ 0.0	▽ 61.1	▼ 61.1	▽ 22.2
	2 職位不明	52	67.3	42.3	○ 71.2	28.8	◎ 36.5	82.7	◎ 76.9	53.8	86.5	73.1	◎ 67.3

（左端に「定義度」「全体」の表記あり）

各設問の下に表示されている数字は、問に対して " あてはまる " などの肯定的な回答をしたものに対する百分率で表している。
◎は、全回答者の平均を 20% 以上上回るデータ、○は、10% 以上上回るデータを示す
▽は、全回答者の平均を 10% 以上下回るもの、▼は、20% 以上下回るデータを示す。

表5-2 職場風土の課題調査（職層別）実施

回答者層別	有効回答数 (n)	I 職場の目標・課題の共有 ― 1 めざす姿の提示	4 課題の明確化	5 課題へのチャレンジ推奨	12 目標の視える化	15 制度改正の共有	3 保育士間の対話推奨	II 職場のコミュニケーション ― 6 本音の会話を推奨	11 話し合いの場の提供	14 自由な発言	18 常勤・非常勤間の会話推奨	21 職層を越えた会話の推奨
全体	716	31.8	35.6	44.8	31.8	12.9	54.9	39.9	23.8	36.6	54.1	21.1
2園長	28	▼ 21.4	▼ 21.4	42.9	○ 35.7	▼ 0.0	50.0	◎ 50.0	◎ 28.6	▽ 32.1	▽ 46.4	21.4
2主任	215	▽ 26.6	▽ 30.4	41.6	29.0	13.1	▽ 48.1	36.0	▼ 17.8	35.0	51.4	22.0
2担当	266	▽ 27.3	33.3	46.2	34.1	○ 15.2	57.2	▽ 34.1	22.0	35.2	55.3	▼ 15.2
2職位不明	207	◎ 45.0	◎ 46.5	46.0	31.5	▽ 11.5	59.0	◎ 51.0	◎ 32.0	○ 40.5	56.5	◎ 28.5
1公立	562	31.9	36.2	47.6	33.5	13.2	58.6	41.4	24.8	39.0	54.2	▽ 18.9
2園長	27	▼ 22.2	▼ 22.2	44.4	○ 37.0	▼ 0.0	51.9	◎ 51.9	◎ 29.6	33.3	▽ 48.1	22.2
2主任	175	▽ 26.4	▽ 31.6	46.0	29.9	13.8	51.1	36.8	▼ 19.0	○ 40.8	50.6	20.7
2担当	237	▽ 27.7	34.0	46.8	○ 35.3	○ 14.9	59.6	36.2	23.4	34.5	55.7	▼ 14.5
2職位不明	123	◎ 50.4	◎ 50.4	○ 50.4	○ 35.0	▽ 11.1	◎ 68.4	◎ 56.4	◎ 35.0	◎ 47.0	59.0	○ 24.8
1私立	106	30.2	▼ 28.3	▼ 32.1	▽ 25.5	▽ 11.3	▼ 40.6	▽ 34.0	▽ 20.8	▼ 27.4	53.8	◎ 32.1
2園長	1	▼ 0.0	▼ 0.0	▼ 0.0	▼ 0.0	▼ 0.0	▼ 0.0	▼ 0.0	▼ 0.0	▼ 0.0	▼ 0.0	▼ 0.0
2主任	35	▽ 28.6	▼ 22.9	▼ 20.0	▽ 28.6	▼ 8.6	▼ 37.1	▼ 25.7	▼ 11.4	▼ 8.6	57.1	◎ 28.6
2担当	18	▼ 11.8	▼ 11.8	41.2	▼ 17.6	◎ 17.6	▼ 29.4	▼ 17.6	▼ 5.9	○ 41.2	52.9	○ 23.5
2職位不明	52	◎ 38.5	38.5	▽ 38.5	▽ 26.9	▽ 11.5	▽ 48.1	○ 46.2	◎ 32.7	36.5	51.9	◎ 38.5

各設問の下に表示されている数字は、問に対して“あてはまる”などの肯定的な回答をした回答者の回答をしたものに対する百分率で表している。
◎は、全回答者の平均を20%以上上回るデータ、○は、10%以上上回るデータを示す
▽は、全回答者の平均を10%以上下回るもの、▼は、20%以上下回るデータを示す。

表 5 - 3　職場風土の課題調査（職層別）定義と実施のギャップ

回答者層別			有効回答数(n)	I 職場の目標・課題の共有					II 職場のコミュニケーション					
				1 めざす姿の提示	4 課題の明確化	5 課題へのチャレンジ推奨	12 目標の視える化	15 制度改正の共有	3 保育士間の対話推奨	6 本音の会話を推奨	11 話し合いの場の提供	14 自由な発言	18 常勤・非常勤間の会話推奨	21 職層を越えた会話の推奨
定義と実施のギャップ	全体	全体	716	30.6	5.8	19.4	-5.3	14.6	23.6	21.8	3.6	43.1	19.3	15.0
		2 園長	28	50.0	14.3	21.4	-3.6	14.3	21.4	10.7	-3.6	57.1	35.7	17.9
		2 主任	215	37.1	6.4	19.3	-4.8	17.1	28.6	23.6	6.4	46.3	23.9	14.8
		2 担当	266	25.7	3.9	12.8	-12.7	11.2	16.9	19.7	-3.5	34.3	8.6	11.2
		2 職位不明	207	27.0	5.7	28.4	3.3	16.5	28.0	23.4	10.5	48.9	25.6	19.3
	公立	1 公立	562	32.1	6.9	18.8	-6.6	14.2	21.8	21.3	2.6	41.6	19.8	14.0
		2 園長	27	51.9	14.8	22.2	-3.7	14.8	22.2	11.1	-3.7	59.3	37.0	18.5
		2 主任	175	39.8	5.5	17.5	-5.3	18.2	27.1	23.8	7.9	42.1	24.3	14.7
		2 担当	237	25.5	4.8	14.0	-14.2	11.7	17.6	19.5	-3.2	35.2	9.7	11.3
		2 職位不明	123	29.2	10.5	30.9	4.8	14.1	22.7	22.5	7.2	48.9	28.0	16.7
	私立	1 私立	106	25.5	4.7	23.6	-1.9	17.9	28.3	26.4	9.4	50.9	17.9	19.8
		2 園長	1	0.0	0.0	0.0	0.0	0.0	0.0	0.0	0.0	0.0	0.0	0.0
		2 主任	35	20.0	11.4	28.6	-5.7	14.3	31.4	22.9	0.0	68.6	20.0	17.1
		2 担当	18	27.1	-6.2	-13.4	-6.5	4.6	3.9	21.2	-5.9	19.9	8.2	-1.3
		2 職位不明	52	28.8	3.8	32.7	1.9	25.0	34.6	30.8	21.2	50.0	21.2	28.8

各設問の下に表示されている数字は、問に対して "あてはまる" などの肯定的な回答をしたものに対する百分率で表している。
◎は、全回答者の平均を 20% 以上上回るデータ、○は、10% 以上上回るデータを示す
▽は、全回答者の平均を 10% 以上下回るもの、▼は、20% 以上下回るデータを示す。

表 5 - 4　職場風土の課題調査（職層別）定義

			有効回答数 (n)	III 相互の協力・連携				IV 学び・能力向上					
		回答者層別		2 相互協力を推奨	7 他の保育士の協力	8 依頼を優先	9 保育士コミュニティがある	10 成長を喜ぶ	13 外部での学びの推奨	16 外部研修の共有を促す	17 互いの学びあいの推奨	19 能力向上目標のすすめ	20 能力向上行動のすすめ
定義度	全体	全体	716	85.3	72.9	21.4	55.3	72.2	91.3	87.4	74.7	75.0	67.0
		2 園長	28	85.7	78.6	▽ 14.3	○ 64.3	75.0	100.0	89.3	○ 89.3	○ 85.7	◎ 85.7
		2 主任	215	83.3	74.0	20.5	▼ 48.8	73.0	91.2	89.8	74.9	75.8	69.3
		2 担当	266	82.3	70.3	▼ 19.2	53.4	69.5	89.5	84.2	71.8	74.4	64.3
		2 職位不明	207	91.3	74.4	◎ 26.1	○ 63.3	74.4	92.8	88.9	76.3	73.4	65.7
	公立	1 公立	562	87.2	74.9	21.5	56.8	74.9	91.6	87.0	76.3	78.1	69.2
		2 園長	27	○ 88.9	○ 81.5	▽ 14.8	◎ 66.7	77.8	100.0	88.9	○ 88.9	○ 85.2	◎ 85.2
		2 主任	175	84.6	73.7	▼ 18.9	▼ 49.7	74.9	92.0	89.7	76.0	81.7	71.4
		2 担当	237	85.7	71.7	19.8	54.9	71.3	89.0	84.0	73.8	74.7	65.4
		2 職位不明	123	93.5	○ 81.3	◎ 30.1	○ 68.3	○ 81.3	94.3	88.6	78.9	78.0	69.9
	私立	1 私立	106	79.2	67.0	21.7	50.9	▼ 64.2	93.4	91.5	68.9	▼ 62.3	▼ 58.5
		2 園長	1	▽ 0.0	▽ 0.0	▽ 0.0	▽ 0.0	▽ 0.0	100.0	○ 100.0	◎ 100.0	◎ 100.0	◎ 100.0
		2 主任	35	77.1	71.4	◎ 28.6	▼ 45.7	▼ 60.0	88.6	88.6	68.6	▼ 45.7	▼ 60.0
		2 担当	18	▽ 44.4	▽ 55.6	▽ 5.6	▽ 22.2	▽ 50.0	100.0	94.4	▽ 44.4	72.2	44.4
		2 職位不明	52	○ 94.2	69.2	23.1	○ 65.4	73.1	94.2	92.3	76.9	69.2	61.5

各設問の下に表示されている数字は、問に対して”あてはまる”などの肯定的な回答をしたものに対する百分率で表している。
◎は、全回答者の平均を 20% 以上上回るデータ、○は、10% 以上上回るデータを示す
▽は、全回答者の平均を 10% 以上下回るもの、▼は、20% 以上下回るデータを示す。

表 5 - 5　職場風土の課題調査（職層別）実施

回答者層別			有効回答数 (n)	Ⅲ相互の協力・連携				Ⅳ学び・能力向上					
				2 相互協力を推奨	7 他の保育士の協力	8 依頼を優先	9 保育士コミュニティがある	10 成長を喜ぶ	13 外部での学びの推奨	16 外部研修の共有を促す	17 互いの学びあいの推奨	19 能力向上目標のすすめ	20 能力向上行動のすすめ
実行度 全体		全体	716	72.8	71.0	26.3	49.9	66.4	76.2	67.1	47.2	50.1	25.6
		2 園長	28	75.0	○78.6	▽17.9	53.6	64.3	▽53.6	67.9	▽35.7	◎60.7	○28.6
		2 主任	215	65.9	72.0	24.3	▼43.9	67.8	71.0	65.0	42.5	▼44.9	25.2
		2 担当	266	76.1	69.3	28.8	50.0	66.7	81.4	65.2	50.8	54.2	28.0
		2 職位不明	207	75.0	71.5	26.5	○56.0	64.0	77.0	73.5	49.0	48.5	▼21.5
	公立	1 公立	562	75.4	73.8	27.5	51.9	69.9	75.9	64.7	48.8	53.8	27.3
		2 園長	27	77.8	○81.5	▽18.5	55.6	66.7	▽51.9	70.4	▽37.0	◎63.0	29.6
		2 主任	175	66.7	72.4	24.7	45.4	71.3	71.3	62.1	43.1	50.6	28.2
		2 担当	237	78.7	72.3	○31.1	52.3	68.1	80.9	63.4	○52.3	54.9	○28.9
		2 職位不明	123	○80.3	77.8	26.5	◎60.7	70.1	77.8	72.6	53.0	54.7	▼21.4
	私立	1 私立	106	▼61.3	▼61.3	▼22.6	▼40.6	▼55.7	82.1	○76.4	▼38.7	▽32.1	▽17.9
		2 園長	1	▽0.0	▽0.0	▽0.0	▽0.0	▽0.0	◎100.0	▽0.0	▽0.0	▽0.0	▽0.0
		2 主任	35	▼60.0	68.6	▼22.9	▽37.1	▽48.6	77.1	○77.1	34.3	▽22.9	▽14.3
		2 担当	18	▽52.9	▽35.3	▽11.8	▽11.8	▼58.8	◎94.1	◎82.4	▽29.4	▼41.2	▽17.6
		2 職位不明	52	▼65.4	65.4	26.9	53.8	61.5	80.8	○75.0	44.2	34.6	19.2

各設問の下に表示されている数字は、問に対して”あてはまる”などの肯定的な回答をしたものに対する百分率で表している。
◎は、全回答者の平均を 20% 以上上回るデータ、○は、10% 以上上回るデータを示す
▽は、全回答者の平均を 10% 以上下回るもの、▼は、20% 以上下回るデータを示す。

表5-6　職場風土の課題調査（職層別）定義と実施のギャップ

回答者層別			有効回答数(n)	Ⅲ相互の協力・連携				Ⅳ学び・能力向上					
				2	7	8	9	10	13	16	17	19	20
				相互協力を推奨	他の保育士の協力	依頼を優先	保育士コミュニティがある	成長を喜ぶ	外部での学びの推奨	外部研修の共有を促す	互いの学びあいの推奨	能力向上目標のすすめ	能力向上行動のすすめ
定義と実施のギャップ	全体	全体	716	12.5	1.9	-5.0	5.4	5.8	15.2	20.3	27.5	24.9	41.4
		2園長	28	10.7	0.0	-3.6	10.7	10.7	46.4	21.4	53.6	25.0	57.1
		2主任	215	17.4	2.0	-3.8	4.9	5.3	20.1	24.8	32.4	31.0	44.1
		2担当	266	6.2	1.0	-9.6	3.4	2.9	8.0	19.1	21.0	20.3	36.3
		2職位不明	207	16.3	2.9	-0.4	7.3	10.4	15.8	15.4	27.3	24.9	44.2
	公立	1公立	562	11.8	1.1	-5.9	4.9	5.0	15.7	22.3	27.5	24.3	41.9
		2園長	27	11.1	0.0	-3.7	11.1	11.1	48.1	18.5	51.9	22.2	55.6
		2主任	175	17.9	1.3	-5.9	4.3	3.6	20.7	27.6	32.9	31.1	43.3
		2担当	237	6.9	-0.6	-11.2	2.5	3.2	8.2	20.6	21.5	19.8	36.5
		2職位不明	123	13.2	3.5	3.6	7.6	11.2	16.5	16.0	25.9	23.3	48.6
	私立	1私立	106	17.9	5.7	-0.9	10.4	8.5	11.3	15.1	30.2	30.2	40.6
		2園長	1	0.0	0.0	0.0	0.0	0.0	0.0	100.0	100.0	100.0	100.0
		2主任	35	17.1	2.9	5.7	8.6	11.4	11.4	11.4	34.3	22.9	45.7
		2担当	18	-8.5	20.3	-6.2	10.5	-8.8	5.9	12.1	15.0	31.0	26.8
		2職位不明	52	28.8	3.8	-3.8	11.5	11.5	13.5	17.3	32.7	34.6	42.3

各設問の下に表示されている数字は、問に対して"あてはまる"などの肯定的な回答をしたものに対する百分率で表している。
◎は、全回答者の平均を20%以上上回るデータ、○は、10%以上上回るデータを示す
▽は、全回答者の平均を10%以上下回るもの、▼は、20%以上下回るデータを示す。

表5と同様に①「目指す姿の提示」のギャップがどの経歴の保育士にも大きくなっている。公立園の保育士は、経験年数が高くなるにつれて職場の目標を必要と感じる人の割合が増えるためにギャップが徐々に大きくなる傾向が見られる。⑫「目標の視える化」、⑮「制度改正の共有」については、公立園の実施度が高く、相対的に私立園の実施度が低い。この傾向は、特に経験の浅い保育士に顕著にみられる。カテゴリⅡの「職場のコミュニケーション」、⑪「話合いの場の提供」については、私立園の実施度が低いことが確認できる。

　カテゴリⅢ「相互の協力・連携体制」においては、どの項目も実施度が高く、職場風土として相互に助け合うことができていることがわかる。また、自分が忙しいときでも他の保育士からの応援依頼に対して⑧「依頼を優先」する職場風土があると答えた回答者は少ないものの、逆に実施度は定義を上回っており、柔軟に助けあうことができていると考えられる。

　カテゴリⅣ「学び・向上意欲」に属する項目は、どの項目も非常に定義度が高く、能力向上の意義を強く感じていることが理解できる。特に「園の外部での研修」「外部研修内容の園内での共有」は、約9割の保育者が必要と感じていることが確認できた。

　一方で、⑰「互いの学びあいの推奨」、⑲「能力向上目標のすすめ」、⑳能力向上行動のすすめ」の各項目に対して、公立園では職務経験年数の若い保育士においては定義度・実施度ともに高く、強い職務向上意欲を感じることができるが、経験年数が増えるにつれて実施度が急激に低下する傾向が読み取れる。同設問に対する私立園の保育士の回答では、相対的に定義度も高くない状況である。このため「学び・向上意欲」に関する定義度・実施度のギャップは、公立園の保育士の回答が大きい。

表6-1 職場風土の課題調査（経験年数別）定義

回答者層別	有効回答数(n)	1 めざす姿の提示	4 課題の明確化	5 課題へのチャレンジ推奨	12 目標の視える化	15 制度改正の共有	3 保育士間の対話推奨	6 本音の会話を推奨	11 話し合いの場の提供	14 自由な発言	18 常勤・非常勤間の会話推奨	21 職層を越えた会話の推奨
		I職場の目標・課題の共有					II職場のコミュニケーション					
全体	716	62.4	41.3	64.2	26.5	27.5	78.5	61.7	27.4	79.6	73.3	36.2
3 経験年数(2年未満)	28	▼46.4	▼32.1	▽57.1	▽21.4	▼21.4	71.4	▼46.4	25.0	▼46.4	▽60.7	▼25.0
3 経験年数(2年以上5年未満)	53	56.6	▼28.3	64.2	▼18.9	24.5	81.1	▼54.7	▼17.0	75.5	▽64.2	▼26.4
3 経験年数(5年以上10年未満)	54	▼46.3	▽29.6	53.7	▼18.5	○31.5	74.1	▼46.3	25.9	68.5	▽64.8	▼26.4
3 経験年数(10年以上20年未満)	143	▽52.4	▽29.4	60.1	▽22.4	28.0	▽69.9	▽52.4	▼16.8	72.0	67.1	▽31.5
3 経験年数(20年以上30年未満)	157	61.8	42.0	60.5	24.2	28.7	77.7	65.0	26.8	80.9	76.4	34.4
3 経験年数(30年以上)	115	○70.4	48.7	60.0	○30.4	▼23.5	77.4	56.5	▽19.1	82.6	74.8	36.5
3 経験年数不明	181	◎75.1	○54.7	◎75.1	◎33.7	○30.9	○87.3	◎77.9	○44.8	◎92.3	○81.2	◎47.0
1 公立	562	64.1	43.1	66.4	26.9	27.4	80.4	62.6	27.4	80.6	74.0	32.9
3 経験年数(2年未満)	25	▼48.0	▽36.0	60.0	24.0	▼20.0	72.0	▼48.0	24.0	▼44.0	▽60.0	▼28.0
3 経験年数(2年以上5年未満)	43	58.1	▽32.6	○72.1	▼18.6	27.9	86.0	55.8	▼18.6	76.7	▽65.1	▼27.9
3 経験年数(5年以上10年未満)	50	▼48.0	▽32.0	▽56.0	▼18.0	30.0	74.0	▼48.0	28.0	68.0	▽64.0	▼26.0
3 経験年数(10年以上20年未満)	111	▼48.6	▽30.6	63.1	▽23.4	28.8	71.2	▽53.2	▼18.0	73.0	66.7	▼27.9
3 経験年数(20年以上30年未満)	131	64.1	39.7	59.5	▽22.9	30.5	80.2	◎67.9	29.8	82.4	77.1	32.8
3 経験年数(30年以上)	87	◎77.0	50.6	70.1	◎34.5	▼20.7	82.8	59.8	▼20.7	86.2	75.9	○41.4
3 経験年数不明	115	◎81.7	○63.5	◎78.3	◎36.5	27.8	○90.4	◎80.0	◎42.6	◎96.5	○87.0	37.4
1 私立	106	▼43.6	▼23.6	▼40.0	▼18.2	21.8	▼56.4	▼43.6	▼7.3	▽69.1	70.9	36.4
3 経験年数(2年未満)	1	◎100.0	▼0.0	▼0.0	▼0.0	▼0.0	◎100.0	◎100.0	▼0.0	◎100.0	◎100.0	▼0.0
3 経験年数(2年以上5年未満)	3	▼33.3	▼0.0	▼0.0	▼0.0	▼0.0	▼0.0	▼33.3	▼0.0	▽66.7	66.7	▼0.0
3 経験年数(5年以上10年未満)	4	▽50.0	▼0.0	▼25.0	25.0	◎50.0	75.0	▼25.0	▼0.0	75.0	75.0	25.0
3 経験年数(10年以上20年未満)	21	▼47.6	▼9.5	▼33.3	▼9.5	▽23.8	▼47.6	▼42.9	▼9.5	66.7	▽61.9	38.1
3 経験年数(20年以上30年未満)	16	▽50.0	43.8	○75.0	31.3	▼18.8	▽68.8	56.3	▼6.3	81.3	○81.3	◎50.0
3 経験年数(30年以上)	10	▼20.0	40.0	▼20.0	▼20.0	▼20.0	▼60.0	▼30.0	▼10.0	▼50.0	70.0	▽30.0
3 経験年数不明	51	68.6	43.1	○72.5	29.4	37.3	82.4	▼78.4	○54.9	88.2	72.5	◎68.6

（左端縦項目：定義度／全体／公立／私立）

各設問の下に表示されている数字は、問に対して"あてはまる"などの肯定的な回答をしたものに対する百分率で表している。
◎は、全回答者の平均を20%以上上回るデータ、○は、10%以上上回るデータを示す
▽は、全回答者の平均を10%以上下回るもの、▼は、20%以上下回るデータを示す。

表6-2　職場風土の課題調査（経験年数別）実施

	回答者層別	有効回答数(n)	I 職場の目標・課題の共有					II 職場のコミュニケーション					
			1 めざす姿の提示	4 課題の明確化	5 課題へのチャレンジ推奨	12 目標の見える化	15 制度改正の共有	3 保育士間の対話推奨	6 本音の会話を推奨	11 話し合いの場の提供	14 自由な発言	18 常勤・非常勤間の会話推奨	21 職層を越えた会話推奨
実行度	全体	716	31.7	35.5	44.7	31.7	12.8	54.7	39.8	23.7	36.5	53.9	21.1
	3 経験年数（2年未満）	28	◎46.4	○39.3	46.4	35.7	○14.3	▽46.4	▼21.4	▼17.9	▼21.4	◎67.9	17.9
	3 経験年数（2年以上5年未満）	53	34.0	▽24.5	◎60.4	43.4	13.2	◎67.9	◎45.3	◎32.1	34.0	69.8	13.2
	3 経験年数（5年以上10年未満）	53	▼11.1	▼27.8	44.4	40.7	18.5	57.4	37.0	22.2	38.9	53.7	14.8
	3 経験年数（10年以上20年未満）	143	▽24.5	28.7	41.3	▽26.6	16.1	52.4	▼31.5	▼17.5	32.9	49.0	18.9
	3 経験年数（20年以上30年未満）	157	26.1	▽33.1	40.1	31.2	13.4	51.6	37.6	▽19.7	▽32.5	49.7	21.0
	3 経験年数（30年以上）	115	29.6	35.7	44.3	29.6	▼7.8	48.7	37.4	22.6	40.9	53.0	19.1
	3 経験年数不明	181	◎46.4	◎47.0	44.8	30.4	11.6	59.1	◎51.4	◎32.0	◎42.5	54.7	28.2
公立	1 公立	562	31.7	35.6	44.8	31.8	12.9	54.9	39.9	23.8	36.6	54.1	21.1
	3 経験年数（2年未満）	25	◎48.0	◎44.0	◎48.0	40.0	◎16.0	52.0	▼24.0	▽20.0	37.2	68.0	20.0
	3 経験年数（2年以上5年未満）	43	○37.2	▽30.2	◎69.8	46.5	16.3	72.1	53.5	◎34.9	37.2	72.1	14.0
	3 経験年数（5年以上10年未満）	50	▼12.0	▼28.0	44.0	40.0	16.0	58.0	36.0	22.0	38.0	52.0	16.0
	3 経験年数（10年以上20年未満）	111	▽22.5	▽29.7	▽43.2	27.0	16.2	55.9	▼31.5	▼18.9	36.0	47.7	15.3
	3 経験年数（20年以上30年未満）	131	▼24.4	32.1	42.0	32.1	13.0	55.7	40.5	21.4	35.9	48.1	19.8
	3 経験年数（30年以上）	87	32.2	35.6	50.6	31.0	5.7	51.7	40.2	23.0	43.7	54.0	20.7
	3 経験年数不明	115	◎51.3	◎50.4	47.8	33.9	12.2	67.0	53.9	◎33.9	◎47.8	59.1	23.5
私立	1 私立	106	21.8	35.6	44.8	31.8	12.9	54.9	39.9	23.8	36.6	54.1	21.1
	3 経験年数（2年未満）	1	◎100.0	▼0.0	▼0.0	▼0.0	▼0.0	▼0.0	▼0.0	▼0.0	▼0.0	◎100.0	▼0.0
	3 経験年数（2年以上5年未満）	3	▼0.0	▼0.0	▼0.0	▼0.0	▼0.0	▼0.0	▼0.0	▼0.0	▼0.0	▼33.3	▼0.0
	3 経験年数（5年以上10年未満）	4	▼0.0	25.0	50.0	50.0	50.0	50.0	50.0	25.0	50.0	75.0	▼0.0
	3 経験年数（10年以上20年未満）	21	▼19.0	▼4.8	23.8	19.0	9.5	38.1	23.8	4.8	19.0	47.6	33.3
	3 経験年数（20年以上30年未満）	16	○37.5	25.0	31.3	25.0	6.3	25.0	18.8	12.5	12.5	62.5	37.5
	3 経験年数（30年以上）	10	10.0	40.0	20.0	30.0	10.0	40.0	10.0	10.0	20.0	60.0	10.0
	3 経験年数不明	51	◎39.2	◎39.2	39.2	▽27.5	11.8	▽49.0	◎47.1	◎33.3	◎37.3	51.0	39.2

各設問の下に表示されている数字は、問に対して"あてはまる"などの肯定的な回答をしたものの割合に対する百分率で表している。
◎は、全回答者の平均を20%以上上回るデータ、○は、10%以上上回るデータを示す
▽は、全回答者の平均を10%以上下回るもの、▼は、20%以上下回るデータを示す。

表6-3　職場風土の課題調査（経験年数別）定義と実施のギャップ

| | | 有効回答数(n) | I 職場の目標・課題の共有 | | | | | II 職場のコミュニケーション | | | | | |
	回答者層別		1 めざす姿の提示	4 課題の明確化	5 課題へのチャレンジ推奨	12 目標の視える化	15 制度改正の共有	3 保育士間の対話推奨	6 本音の会話を推奨	11 話し合いの場の提供	14 自由な発言	18 常勤・非常勤間の会話推奨	21 職層を越えた会話の推奨
	全体	716	30.7	5.8	19.4	-5.3	14.6	23.6	21.8	3.6	43.1	19.3	15.0
	3 経験年数(2年未満)	28	0.0	-7.1	10.7	-14.3	7.1	25.0	25.0	7.1	25.0	-7.1	7.1
	3 経験年数(2年以上5年未満)	53	22.6	3.8	3.8	-24.5	11.3	13.2	9.4	-15.1	41.5	-5.7	13.2
	3 経験年数(5年以上10年未満)	53	35.2	1.9	9.3	-22.2	13.0	16.7	9.3	3.7	29.6	11.1	11.1
	3 経験年数(10年以上20年未満)	143	28.0	0.7	18.9	-4.2	11.9	17.5	21.0	-0.7	39.2	18.2	12.6
	3 経験年数(20年以上30年未満)	157	35.7	8.9	20.4	-7.0	15.3	26.1	27.4	7.0	48.4	26.8	13.4
	3 経験年数(30年以上)	115	40.9	13.0	15.7	0.9	15.7	28.7	19.1	-3.5	41.7	21.7	17.4
	3 経験年数不明	181	28.7	7.7	30.4	3.3	19.3	28.2	26.5	12.7	49.7	26.5	18.8
	1 公立	562	32.4	7.5	21.6	-4.9	14.5	21.9	21.4	2.7	41.5	20.0	13.9
	3 経験年数(2年未満)	25	0.0	-8.0	12.0	-16.0	4.0	20.0	24.0	4.0	24.0	-8.0	8.0
	3 経験年数(2年以上5年未満)	43	20.9	2.3	2.3	-27.9	11.6	14.0	2.3	-16.3	39.5	-7.0	14.0
	3 経験年数(5年以上10年未満)	50	36.0	4.0	12.0	-22.0	14.0	16.3	12.2	6.1	30.6	12.2	10.2
	3 経験年数(10年以上20年未満)	111	26.1	0.9	19.8	-3.6	12.6	16.1	21.4	-0.9	36.6	19.6	12.5
	3 経験年数(20年以上30年未満)	131	39.7	7.6	17.6	-9.2	17.6	24.4	27.5	8.4	46.6	29.0	13.0
	3 経験年数(30年以上)	87	44.8	14.9	19.5	3.4	14.9	30.6	20.4	-2.0	42.9	22.4	18.4
	3 経験年数不明	115	30.4	13.0	30.4	2.6	15.7	23.5	26.1	8.7	48.7	27.8	13.9
	1 私立	106	21.8	5.5	14.5	-5.5	10.9	23.6	21.8	-1.8	50.9	14.5	10.9
	3 経験年数(2年未満)	1	0.0	0.0	0.0	0.0	0.0	100.0	100.0	0.0	100.0	0.0	0.0
	3 経験年数(2年以上5年未満)	3	33.3	0.0	0.0	0.0	0.0	0.0	33.3	0.0	66.7	33.3	0.0
	3 経験年数(5年以上10年未満)	4	50.0	-25.0	-25.0	-25.0	0.0	25.0	-25.0	-25.0	25.0	0.0	25.0
	3 経験年数(10年以上20年未満)	21	28.6	4.8	9.5	-9.5	14.3	9.5	19.0	4.8	47.6	14.3	4.8
	3 経験年数(20年以上30年未満)	16	12.5	18.8	43.8	6.3	12.5	43.8	37.5	-6.3	68.8	18.8	12.5
	3 経験年数(30年以上)	10	10.0	0.0	0.0	-10.0	10.0	20.0	10.0	0.0	30.0	10.0	20.0
	3 経験年数不明	51	29.4	3.9	33.3	2.0	25.5	33.3	31.4	21.6	51.0	21.6	29.4

（左端縦ラベル：ギャップ　全体　公立　私立）

各設問の下に表示されている数字は、問に対して"あてはまる"などの肯定的な回答をしたものに対する百分率で表している。
◎は、全回答者の平均を20％以上上回るデータ、○は、10％以上上回るデータを示す
▽は、全回答者の平均を10％以上下回るもの、▼は、20％以上下回るデータを示す。

表 6 - 4　職場風土の課題調査（経験年数別）

定義度	回答者校別	有効回答数(n)	III 相互の協力・連携 相互協力を推奨 (2)	他の保育士の協力 (7)	依頼を優先	保育士コミュニティがある (9)	成長を喜ぶ (10)	IV 学び・能力向上 外部での学びの推奨 (13)	外部研修の共有を促す (16)	互いの学びあいの推奨 (17)	能力向上目標のすすめ (19)	能力向上行動のすすめ (20)
全体	全体	716	85.3	72.9	21.4	55.3	72.2	91.3	87.4	74.7	75.0	67.0
	3 経験年数(2 年未満)	28	78.6	▷60.7	○25.0	▼42.9	▼57.1	85.7	85.7	71.4	78.6	67.9
	3 経験年数(2 年以上 5 年未満)	53	86.8	71.7	22.6	50.9	▼50.9	90.6	86.8	67.9	75.5	67.9
	3 経験年数(5 年以上 10 年未満)	54	81.5	68.5	▼14.8	57.4	77.8	90.7	79.6	70.4	79.6	70.4
	3 経験年数(10 年以上 20 年未満)	143	83.1	69.9	▷16.8	▷48.3	73.4	90.2	88.1	68.5	73.4	62.9
	3 経験年数(20 年以上 30 年未満)	157	83.4	74.5	21.7	58.0	79.0	91.1	87.3	79.0	75.8	68.2
	3 経験年数(30 年以上)	115	82.6	73.9	▷19.1	▷48.7	67.8	90.4	83.5	76.5	72.2	67.0
	3 経験年数不明	181	93.4	76.2	◎28.2	○63.0	75.1	94.5	91.7	79.6	74.6	67.4
公立	公立	562	87.2	74.9	21.5	56.8	74.9	91.6	87.0	76.3	78.1	69.2
	3 経験年数(2 年未満)	25	80.0	▷60.0	◎28.0	▼40.0	▷60.0	88.0	88.0	72.0	80.0	72.0
	3 経験年数(2 年以上 5 年未満)	43	90.7	76.7	20.9	51.2	▼53.5	90.7	86.0	69.8	81.4	72.1
	3 経験年数(5 年以上 10 年未満)	50	82.0	68.0	▼16.0	60.0	○80.0	90.0	80.0	72.0	78.0	70.0
	3 経験年数(10 年以上 20 年未満)	111	83.8	70.3	▷17.1	▷48.6	75.7	90.1	85.6	70.3	76.6	64.0
	3 経験年数(20 年以上 30 年未満)	131	87.0	75.6	20.6	59.5	○80.9	90.8	89.3	79.4	79.4	68.7
	3 経験年数(30 年以上)	87	86.2	77.0	▼16.1	56.3	71.3	92.0	82.8	79.3	75.9	72.4
	3 経験年数不明	115	○93.9	○82.6	◎32.2	○66.1	79.1	95.7	92.2	81.7	78.3	70.4
私立	私立	106	▼65.5	▷65.5	20.0	▼36.4	▼54.5	92.7	90.9	▷60.0	▼54.5	▷54.5
	3 経験年数(2 年未満)	1	○100.0	◎100.0	▼0.0	◎100.0	◎100.0	○100.0	○100.0	◎100.0	◎100.0	▼0.0
	3 経験年数(2 年以上 5 年未満)	3	▼0.0	▼33.3	▼0.0	▼33.3	▼0.0	○100.0	○100.0	▼33.3	▼0.0	▼33.3
	3 経験年数(5 年以上 10 年未満)	4	▷75.0	75.0	▼0.0	▼25.0	▼50.0	○100.0	▷75.0	▼50.0	◎100.0	○75.0
	3 経験年数(10 年以上 20 年未満)	21	▼57.1	▷61.9	▼14.3	▼38.1	▼57.1	95.2	95.2	▼52.4	▼57.1	▼47.6
	3 経験年数(20 年以上 30 年未満)	16	81.3	75.0	◎43.8	50.0	75.0	93.8	87.5	○87.5	▼56.3	○75.0
	3 経験年数(30 年以上)	10	▷70.0	▷60.0	▼10.0	▼10.0	▼30.0	▷80.0	▼40.0	▼40.0	▼40.0	▼40.0
	3 経験年数不明	51	○94.1	68.6	○23.5	◎66.7	74.5	94.1	92.2	78.4	70.6	62.7

各設問の下に表示されている数字は、問に対して"あてはまる"などの肯定的な回答をしたものに対する百分率で表している。
◎は、全回答者の平均を 20% 以上上回るデータ、○は、10% 以上上回るデータを示す
▷は、全回答者の平均を 10% 以上下回るもの、▼は、20% 以上下回るデータを示す。

表6-5 職場風土の課題調査（経験年数別）実施

実行度		回答者層別	有効回答数(n)	III 相互の協力・連携						IV 学び・能力向上			
				2 相互協力を推奨	7 他の保育士との協力	8 依頼を優先	9 保育士コミュニティがある	10 成長を喜ぶ	13 外部での学びの推奨	16 外部研修の共有を促す	17 互いの学びをびあいの推奨	19 能力向上・目標のすすめ	20 能力向上・行動のすすめ
全体		全体	716	72.6	70.8	26.3	49.7	66.2	76.0	66.9	47.1	50.0	25.6
		3 経験年数（2年未満）	28	▷ 78.6	▷ 57.1	◎ 46.4	▷ 42.9	▷ 53.6	▷ 67.9	60.7	◎ 64.3	◎ 64.3	◎ 35.7
		3 経験年数（2年以上5年未満）	53	◎ 90.6	75.5	◎ 34.0	○ 47.2	▷ 49.1	○ 84.9	64.2	○ 54.7	○ 62.3	◎ 34.0
		3 経験年数（5年以上10年未満）	53	68.5	70.4	25.9	○ 59.3	▷ 72.2	79.6	○ 64.8	○ 63.0	◎ 72.2	◎ 31.5
		3 経験年数（10年以上20年未満）	143	74.1	65.0	26.6	○ 47.6	▷ 72.0	80.4	66.4	46.2	45.5	23.8
		3 経験年数（20年以上30年未満）	157	70.1	73.2	25.5	49.7	▷ 71.3	▷ 68.8	63.1	▷ 43.3	▷ 42.7	24.2
		3 経験年数（30年以上）	115	▷ 64.3	73.9	▼ 17.4	▼ 38.3	▷ 62.6	▷ 73.9	66.1	▼ 34.8	○ 49.6	○ 28.7
		3 経験年数不明	181	72.4	72.4	26.5	○ 55.8	▷ 64.6	▷ 77.9	74.6	49.2	48.1	▼ 19.3
公 立	公 立	1 公立	562	75.3	73.7	27.6	52.0	▷ 69.6	76.0	64.4	48.6	53.7	27.4
		3 経験年数（2年未満）	25	○ 84.0	▼ 56.0	◎ 48.0	◎ 40.0	▷ 56.0	72.0	64.0	◎ 64.0	◎ 68.0	◎ 40.0
		3 経験年数（2年以上5年未満）	43	◎ 90.7	79.1	○ 37.2	▷ 51.2	▷ 51.2	○ 86.0	▷ 58.1	○ 55.8	○ 67.4	○ 34.9
		3 経験年数（5年以上10年未満）	50	70.0	70.0	28.0	◎ 64.0	74.0	78.0	64.0	○ 64.0	◎ 74.0	○ 28.0
		3 経験年数（10年以上20年未満）	111	74.8	67.6	28.8	49.5	▷ 74.8	79.3	60.4	46.8	45.9	27.0
		3 経験年数（20年以上30年未満）	131	73.3	75.6	26.0	51.1	▷ 74.0	▷ 67.9	62.6	44.3	45.0	24.4
		3 経験年数（30年以上）	87	67.8	74.7	▼ 17.2	▷ 42.5	▷ 67.8	73.6	62.1	▼ 34.5	○ 52.9	○ 33.3
		3 経験年数不明	115	▷ 78.3	○ 80.0	○ 27.8	◎ 60.0	▷ 68.7	80.0	▷ 74.8	53.0	▶ 54.8	▷ 20.9
私 立	私 立	1 私立	106	58.2	58.2	18.2	27.3	49.1	83.6	78.2	32.7	29.1	16.4
		3 経験年数（2年未満）	1	▼ 0.0	◎ 100.0	▼ 0.0	◎ 100.0	◎ 100.0	▼ 0.0	▼ 0.0	◎ 100.0	▼ 0.0	▼ 0.0
		3 経験年数（2年以上5年未満）	3	66.7	▼ 33.3	▼ 0.0	▼ 0.0	▼ 0.0	◎ 100.0	◎ 100.0	33.3	33.3	○ 33.3
		3 経験年数（5年以上10年未満）	4	▼ 50.0	75.0	▼ 0.0	▼ 0.0	50.0	◎ 100.0	75.0	50.0	○ 50.0	◎ 75.0
		3 経験年数（10年以上20年未満）	21	▷ 61.9	▼ 47.6	▼ 23.8	▼ 28.6	▷ 61.9	85.7	○ 85.7	▼ 28.6	▼ 33.3	▼ 4.8
		3 経験年数（20年以上30年未満）	16	▷ 62.5	▷ 62.5	▼ 25.0	▷ 43.8	▷ 62.5	81.3	68.8	▼ 37.5	▼ 25.0	▼ 18.8
		3 経験年数（30年以上）	10	▼ 50.0	70.0	▼ 10.0	▼ 10.0	▼ 10.0	80.0	80.0	▼ 20.0	▼ 20.0	▼ 10.0
		3 経験年数不明	51	▷ 64.7	64.7	○ 27.5	○ 54.9	▷ 62.7	80.4	74.5	45.1	▼ 35.3	▼ 19.6

各設問の下に表示されている数字は、問に対して"あてはまる"などの肯定的な回答をしたものに対する百分率で表している。

◎は、全回答者の平均を20％以上上回るデータ、○は、10％以上上回るデータを示す

▼は、全回答者の平均を20％以上下回るもの、▼は、20％以上下回るデータを示す。

▷は、全回答者の平均を10％以上下回るデータを示す。

表6-6　職場風土の課題調査（経験年数別）定義と実施のギャップ

回答者層別			有効回答数(n)	Ⅲ相互の協力・連携				Ⅳ学び・能力向上					
				2	7	8	9	10	13	16	17	19	20
				相互協力を推奨	他の保育士の協力	依頼を優先	保育士コミュニティがある	成長を喜ぶ	外部での学びの推奨	外部研修の共有を促す	互いの学びあいの推奨	能力向上目標のすすめ	能力向上行動のすすめ
ギャップ	全体		全体	716	12.7	2.1	-4.9	5.6	6.0	15.4	20.5	27.7	25.0	41.5
			3 経験年数(2年未満)	28	0.0	3.6	-21.4	0.0	3.6	17.9	25.0	7.1	14.3	32.1
			3 経験年数(2年以上5年未満)	53	-3.8	-3.8	-11.3	3.8	1.9	5.7	22.6	13.2	13.2	34.0
			3 経験年数(5年以上10年未満)	53	13.0	-1.9	-11.1	-1.9	5.6	11.1	14.8	7.4	7.4	38.9
			3 経験年数(10年以上20年未満)	143	7.0	4.9	-9.8	0.7	1.4	9.8	21.7	22.4	28.0	39.2
			3 経験年数(20年以上30年未満)	157	13.4	1.3	-3.8	8.3	7.6	22.3	24.2	35.7	33.1	43.9
			3 経験年数(30年以上)	115	18.3	0.0	1.7	10.4	5.2	16.5	17.4	41.7	22.6	38.3
			3 経験年数不明	181	21.0	3.9	1.7	7.2	10.5	16.6	17.1	30.4	26.5	48.1
	公立		1 公立	562	11.9	1.2	-6.0	4.8	5.3	15.7	22.6	27.8	24.4	41.8
			3 経験年数(2年未満)	25	-4.0	4.0	-20.0	0.0	4.0	16.0	24.0	8.0	12.0	32.0
			3 経験年数(2年以上5年未満)	43	0.0	-2.3	-16.3	0.0	2.3	4.7	27.9	14.0	14.0	37.2
			3 経験年数(5年以上10年未満)	50	12.0	-2.0	-12.0	-4.0	6.0	12.0	16.0	8.0	4.0	42.0
			3 経験年数(10年以上20年未満)	111	9.0	2.7	-11.7	-0.9	0.9	10.8	25.2	23.4	30.6	36.9
			3 経験年数(20年以上30年未満)	131	13.7	0.0	-5.3	8.4	6.9	22.9	26.7	35.1	34.4	44.3
			3 経験年数(30年以上)	87	18.4	2.3	-1.1	13.8	3.4	18.4	20.7	44.8	23.0	39.1
			3 経験年数不明	115	15.7	2.6	4.3	6.1	10.4	15.7	17.4	28.7	23.5	49.6
	私立		1 私立	106	7.3	7.3	1.8	9.1	5.5	9.1	12.7	27.3	25.5	38.2
			3 経験年数(2年未満)	1	100.0	0.0	0.0	0.0	0.0	100.0	100.0	0.0	100.0	0.0
			3 経験年数(2年以上5年未満)	3	-66.7	0.0	0.0	33.3	0.0	0.0	0.0	0.0	-33.3	0.0
			3 経験年数(5年以上10年未満)	4	25.0	0.0	0.0	25.0	0.0	0.0	0.0	0.0	50.0	0.0
			3 経験年数(10年以上20年未満)	21	-4.8	14.3	-9.5	9.5	-4.8	9.5	9.5	23.8	23.8	42.9
			3 経験年数(20年以上30年未満)	16	18.8	12.5	18.8	6.3	12.5	12.5	18.8	50.0	31.3	56.3
			3 経験年数(30年以上)	10	20.0	-10.0	0.0	0.0	20.0	0.0	10.0	20.0	20.0	30.0
			3 経験年数不明	51	29.4	3.9	-3.9	11.8	11.8	13.7	17.6	33.3	35.3	43.1

各設問の下に表示されている数字は、問に対して"あてはまる"などの肯定的な回答をしたものに対する百分率で表している。

◎は、全回答者の平均を20％以上上回るデータ、○は、10％以上上回るデータを示す

▽は、全回答者の平均を10％以上下回るもの、▼は、20％以上下回るデータを示す。

6－3　保育者数による職場風土課題の認識の差異

　表7は、勤務園に所属する保育者数別にクロス集計を行なった結果である。私立園の保育者の回答では、カテゴリⅠ「職場の目標・課題の共有状況」①めざす姿の提示、④「課題の明確化」、⑤「課題へのチャレンジ推奨」、⑫「目標の視える化」の各項目とも実施度が低い。保育者数が多いことから比較的大規模な園になるほど実施度が低下するという特徴が見られる。⑫「目標の視える化」については、全設問の中でも定義度が低い項目の一つであるが、実施度が定義度を上回る傾向が公立園でみられる。

　カテゴリⅡの「職場のコミュニケーション」⑥「本音の会話を推奨」の実施度分析の結果では、公立園が、勤務する保育者数が増加するにつれて実施度が低下する傾向がある一方で、私立園では逆に保育者数が増加するにつれて増加する傾向が見られる。

　カテゴリⅡの「職場のコミュニケーション」⑯常勤・非常勤間の会話推奨は、比較的大規模な園になるほどその必要性を低く感じていることがわかる。一方で、㉑職層を越えた会話の推奨は、⑯の結果とは逆に園の規模が大きくなるにつれて必要性が増すことが公立園の回答から読み取れる。

　カテゴリⅢ「相互の協力・連携体制」については、勤務する保育者の数が少ないほど協力しながら仕事を行っていることがデータから読み取れる。

　カテゴリⅣ「学び・向上意欲」においては、私立園では園の規模が大きくなるにつれて⑩「互いの成長を喜ぶ」ことができているのが読み取れる。

　⑬「外部での学びの推奨」は、公立園では園の規模に関わりなく一定の重要度認識である一方で、私立園では、小規模園では外部研修の重要度認識が低い。また同設問の実施度では、私立園では規模に関わりなく

表7-1 職場風土の課題調査（保育士数別）定義

	回答者層別	有効回答数(n)	I職場の目標・課題の共有					II職場のコミュニケーション					
			1 めざす姿・課題の明確化	4 課題の明確化	5 課題へのチャレンジ推奨	12 目標の視える化	15 制度改正・保育士間の対話推奨	3 本音の会話を推奨	6 話し合いの場の提供	11 自由な発言	14 常勤・非常勤間の会話推奨	18 職場を越えた会話の推奨	21
全体	全体	716	62.4	41.3	64.2	26.5	27.5	78.5	61.7	27.4	79.6	73.3	36.2
	4 保育者数10名未満	38	71.1	44.7	60.5 ▽	23.7	34.2 ◎	89.5 ◎	65.8	34.2 ◎	86.8	92.1 ◎	15.8 ▼
	4 保育者数10名以上20名未満	153	69.9	47.1	64.1	33.3	28.1	80.4	64.1	29.4	83.0	78.4	37.3
	4 保育者数20名以上30名未満	195	67.7	43.6	67.7	31.3	27.2	83.6	68.7	33.3	84.6	75.4	33.3
	4 保育者数30名以上40名未満	160	55.0 ▽	35.6 ▽	62.5	22.5	28.1	73.1	51.9 ▽	23.8	76.3	68.1	35.0
	4 保育者数40名以上50名未満	86	55.8	38.4	69.8	23.3	26.7	74.4	54.7	22.1	72.1 ▽	64.0	44.2 ○
	4 保育者数50名以上	42	50.0 ▽	42.9	57.1 ▽	11.9 ▼	16.7 ▼	76.2	71.4	19.0 ▽	71.4 ▽	69.0	47.6 ○
	4 保育者数名不明	42	57.1	33.3 ▼	54.8 ▽	16.7	31.0	69.0 ▼	59.5	19.0 ▽	73.8	71.4	40.5
公立	1 公立	562	64.1	43.1	66.4	26.9	27.4	80.4	62.6	27.4	80.6	74.0	32.9
	4 保育者数10名未満	38	71.1	44.7	60.5 ▽	23.7 ◎	34.2	89.5 ◎	65.8	34.2 ◎	86.8 ◎	92.1 ◎	15.8 ▼
	4 保育者数10名以上20名未満	123	75.6 ◎	48.8	67.5	34.1	30.1	78.9	67.5	31.7	86.2	82.1 ○	32.5
	4 保育者数20名以上30名未満	160	68.8	43.1	68.8 ◎	31.9	25.6	86.3	69.4	31.9	85.6	85.6 ○	30.6
	4 保育者数30名以上40名未満	117	54.7 ▽	39.3	66.7	22.2	29.1	78.6	53.8	23.9	76.1	69.2	31.6
	4 保育者数40名以上50名未満	69	55.1	39.1	68.1	21.7	26.1	73.9 ▽	52.2 ▽	21.7	72.5	72.5	42.0
	4 保育者数50名以上	31	45.2 ▽	45.2	61.3	12.9 ▼	16.1 ▼	74.2	67.7	21.7	72.5	60.9 ▽	51.6 ○
	4 保育者数名不明	24	45.2 ▽	29.2 ▼	41.9 ▼	12.9 ▼	12.9 ▼	54.8 ▼	41.9 ▼	12.9 ▼	58.1 ▼	54.8 ▼	25.8 ▽
私立	1 私立	106	55.7 ▽	33.0 ▼	55.7 ▽	23.6	29.2	68.9 ▼	60.4	30.2	78.3	71.7	51.9 ○
	4 保育者数10名未満	25	52.0	40.0	52.0	28.0	20.0	92.0 ◎	56.0	24.0	76.0	68.0	64.0 ◎
	4 保育者数10名以上20名未満	24	54.2	50.0	66.7	20.8	41.7 ○	66.7	70.8	41.7	70.8	75.0	54.2 ○
	4 保育者数20名以上30名未満	33	51.5	15.2 ▼	45.5	24.2	24.2	48.5 ▼	42.4 ▼	24.2	75.8	63.6	39.4
	4 保育者数30名以上40名未満	24	54.2	29.2	45.5	27.3	24.2	48.5 ▼	24.2 ▼	27.3	81.8	72.7	54.2 ○
	4 保育者数40名以上50名未満	11	54.5	36.4	63.6	24.2	36.4	72.7	72.7	27.3	72.7	72.7	54.5 ○
	4 保育者数50名以上	9	66.7	33.3	55.6	11.1 ▼	22.2	88.9	88.9	44.4	100.0 ◎	88.9	44.4
	4 保育者数名不明	4	100.0 ◎	25.0	75.0	25.0	50.0	50.0 ▼	75.0	25.0	100.0 ◎	100.0 ◎	75.0 ◎

各設問の下に表示されている数字は、問に対して"あてはまる"などの肯定的な回答をしたものに対する百分率で表している。

◎は、全回答者の平均を20%以上上回るデータ、○は、10%以上上回るデータ

▽は、全回答者の平均を10%以上下回るもの、▼は、20%以上下回るデータを示す。

表7-2　職場風土の課題調査（保育士数別）実施

回答者層別	有効回答数(n)	I職場の目標・課題の共有					II職場のコミュニケーション					
		1 めざす姿の提示	4 課題の明確化	5 課題へのチャレンジ推奨	12 目標の視える化	15 制度改正の共有	3 保育士間の対話推奨	6 本音の会話を推奨	11 話し合いの場の提供	14 自由な発言	18 常勤・非常勤間の会話推奨	21 職層を越えた会話の推奨
全体	716	31.8	35.6	44.8	31.8	12.9	54.9	39.9	23.8	36.6	54.1	21.1
4 保育者数10名未満	38	◎39.5	◎44.7	◎63.2	34.2	◎21.1	○60.5	○44.7	23.7	○42.1	◎78.9	▼13.2
4 保育者数10名以上名20未満	153	34.0	37.9	▽39.9	33.3	13.1	55.6	○45.1	25.5	◎45.8	56.2	22.9
4 保育者数20名以上名30未満	195	33.3	38.5	42.6	33.3	▼9.7	○60.5	○45.1	26.2	37.9	52.3	19.5
4 保育者数30名以上名40未満	158	▽27.2	33.5	47.5	31.0	12.7	51.3	▼29.1	21.5	▽32.3	56.3	22.8
4 保育者数40名以上名50未満	86	30.2	▽30.2	47.7	33.7	◎16.3	50.0	▼31.4	23.3	▼25.6	▼41.9	▼16.3
4 保育者数50名以上	42	31.0	▼28.6	42.9	▼26.2	▽9.5	52.4	40.5	23.8	▽28.6	54.8	33.3
4 保育者数名不明	42	31.0	54.8	47.6	31.0	42.9	50.0	54.8	19.0	40.5	54.8	16.7
1 公立	562	31.9	36.2	47.6	33.5	13.2	58.6	41.4	24.8	39.0	54.2	▽18.9
4 保育者数10名未満	38	◎39.5	◎44.7	◎63.2	34.2	◎21.1	○60.5	○44.7	23.7	42.1	◎78.9	13.2
4 保育者数10名以上名20未満	123	○36.9	○39.3	42.6	33.6	13.9	58.2	◎50.8	◎29.5	◎50.0	58.2	18.9
4 保育者数20名以上名30未満	160	31.3	37.5	44.4	33.1	▽10.6	○64.4	○44.4	25.6	○42.5	51.3	18.8
4 保育者数30名以上名40未満	117	▽27.6	36.2	○53.4	34.5	12.1	56.9	▽32.8	23.3	33.6	55.2	18.1
4 保育者数40名以上名50未満	69	29.0	▽31.9	47.8	○36.2	◎15.9	52.2	▼30.4	21.7	▼24.6	▼40.6	15.9
4 保育者数50名以上	31	▽28.1	▼21.9	43.8	▽28.1	▼6.3	53.1	▽34.4	▼18.8	▼25.0	50.0	◎37.5
4 保育者数名不明	24	▼25.0	▼18.8	▼34.4	▼21.9	◎15.6	▼37.5	37.5	▼15.6	▼28.1	▼37.5	▼9.4
1 私立	106	30.2	▼28.3	▼32.1	▽25.5	▽11.3	▼40.6	34.0	▽20.8	▼27.4	53.8	◎32.1
4 保育者数10名未満	0	▼0.0	▼0.0	▼0.0	▼0.0	▼0.0	▼0.0	▼0.0	▼0.0	▼0.0	▼0.0	▼0.0
4 保育者数10名以上名20未満	25	▼24.0	▽32.0	▼32.0	36.0	12.0	▽44.0	▼20.0	▼12.0	▼24.0	▽44.0	◎40.0
4 保育者数20名以上名30未満	24	◎45.8	◎41.7	37.5	29.2	▼4.2	▼41.7	○45.8	▽20.8	▼16.7	58.3	◎29.2
4 保育者数30名以上名40未満	33	▼18.2	▼18.2	▼24.2	▼15.2	12.1	▼30.3	▼21.2	▽18.2	27.3	51.5	◎33.3
4 保育者数40名以上名50未満	11	▼18.2	▽18.2	▼27.3	▼18.2	▼9.1	▼36.4	○45.5	36.4	27.3	▽45.5	▽18.2
4 保育者数50名以上	9	◎55.6	33.3	44.4	▼22.2	◎22.2	55.6	◎55.6	33.3	○44.4	◎77.8	22.2
4 保育者数名不明	4	◎50.0	▼25.0	◎50.0	◎50.0	25.0	◎75.0	◎75.0	25.0	◎75.0	◎75.0	50.0

（左側縦軸：実行度／全体／公立／私立）

各設問の下に表示されている数字は、問に対して"あてはまる"などの肯定的な回答をしたものに対する百分率で表している。

◎は、全回答者の平均を 20% 以上上回るデータ、○は、10% 以上上回るデータを示す

▽は、全回答者の平均を 10% 以上下回るもの、▼は、20% 以上下回るデータを示す。

表 7 - 3　職場風土の課題調査（保育士数別）定義と実施のギャップ

回答者層別			有効回答数(n)	Ⅰ職場の目標・課題の共有					Ⅱ職場のコミュニケーション					
				1 めざす姿の提示	4 課題の明確化	5 課題へのチャレンジ推奨	12 目標の視える化	15 制度改正の共有	3 保育士間の対話推奨	6 本音の会話を推奨	11 話し合いの場の提供	14 自由な発言	18 常勤・非常勤間の会話推奨	21 職層を越えた会話の推奨
ギャップ	全体	全体	716	30.6	5.8	19.4	-5.3	14.6	3.6	21.8	23.6	43.1	19.3	15.0
		4 保育者数 10 名未満	38	31.6	0.0	-2.6	-10.5	13.2	28.9	21.1	10.5	44.7	13.2	2.6
		4 保育者数 10 名以上名 20 未満	153	35.9	9.2	24.2	0.0	15.0	24.8	19.0	3.9	37.3	22.2	14.4
		4 保育者数 20 名以上名 30 未満	195	34.4	5.1	25.1	-2.1	17.4	23.1	23.6	7.2	46.7	23.1	13.8
		4 保育者数 30 名以上名 40 未満	158	27.8	2.1	15.0	-8.5	15.5	21.9	22.8	2.2	44.0	11.8	12.2
		4 保育者数 40 名以上名 50 未満	86	25.6	8.1	22.1	-10.5	10.5	24.4	23.3	-1.2	46.5	22.1	27.9
		4 保育者数 50 名以上	42	19.0	14.3	14.3	-14.3	7.1	23.8	31.0	-4.8	42.9	14.3	14.3
		4 保育者数名不明	42	26.2	-21.4	7.1	-11.9	-11.9	19.0	4.8	0.0	33.3	16.7	23.8
	公立	1 公立	561	32.1	6.9	18.8	-6.6	14.2	21.8	21.3	2.6	41.6	19.8	14.0
		4 保育者数 10 名未満	38	31.6	0.0	-2.6	-10.5	13.2	28.9	21.1	10.5	44.7	13.2	2.6
		4 保育者数 10 名以上名 20 未満	123	38.7	9.4	24.9	0.5	16.1	20.7	16.7	2.2	36.2	23.9	13.7
		4 保育者数 20 名以上名 30 未満	160	37.5	5.6	24.4	-1.3	15.0	21.9	25.0	6.3	43.1	23.8	11.9
		4 保育者数 30 名以上名 40 未満	117	27.1	3.1	13.2	-12.3	17.0	21.7	21.1	0.7	42.4	14.1	13.5
		4 保育者数 40 名以上名 50 未満	69	26.1	7.2	20.3	-14.5	10.1	21.7	21.7	0.0	47.8	20.3	26.1
		4 保育者数 50 名以上	31	17.0	23.3	17.5	-15.2	9.9	21.1	33.4	-5.8	39.5	14.5	14.1
		4 保育者数名不明	24	20.2	10.3	7.6	-9.0	3.7	17.3	4.4	-2.7	29.9	17.3	16.4
	私立	1 私立	106	25.5	4.7	23.6	-1.9	17.9	28.3	26.4	9.4	50.9	17.9	19.8
		4 保育者数 10 名未満	0	0.0	0.0	0.0	0.0	0.0	0.0	0.0	0.0	0.0	0.0	0.0
		4 保育者数 10 名以上名 20 未満	25	28.0	8.0	20.0	-8.0	8.0	48.0	36.0	12.0	52.0	24.0	24.0
		4 保育者数 20 名以上名 30 未満	24	8.3	8.3	29.2	-8.3	37.5	25.0	25.0	20.8	54.2	16.7	25.0
		4 保育者数 30 名以上名 40 未満	33	33.3	-3.0	21.2	9.1	12.1	18.2	21.2	6.1	48.5	12.1	6.1
		4 保育者数 40 名以上名 50 未満	11	36.4	18.2	36.4	9.1	27.3	36.4	27.3	-9.1	54.5	27.3	36.4
		4 保育者数 50 名以上	9	11.1	0.0	11.1	-11.1	0.0	33.3	33.3	11.1	55.6	11.1	22.2
		4 保育者数名不明	4	50.0	0.0	25.0	-25.0	25.0	-25.0	0.0	0.0	25.0	25.0	25.0

各設問の下に表示されている数字は、問に対して " あてはまる " などの肯定的な回答をしたものに対する百分率で表している。

◎は、全回答者の平均を 20% 以上上回るデータ、○は、10% 以上上回るデータを示す

▽は、全回答者の平均を 10% 以上下回るもの、▼は、20% 以上下回るデータを示す。

表7-4　職場風土の課題調査（保育士数別）定義

	回答者層別	有効回答数(n)	III相互の協力・連携				IV学び・能力向上					
			2 相互協力を推奨	7 他の保育士の協力	8 依頼を優先	9 保育士コミュニティがある	10 成長を喜ぶ	13 外部での学びの推奨	16 外部研修の共有を促す	17 互いの学びあいの推奨	19 能力向上目標のすすめ	20 能力向上行動のすすめ
定義度 全体	全体	716	85.3	72.9	21.4	55.3	72.2	91.3	87.4	74.7	75.0	67.0
	4 保育者数10名未満	38	92.1	◎94.7	◎26.3	○63.2	71.1	92.1	84.2	73.7	▽65.8	68.4
	4 保育者数10名以上名20未満	153	86.3	74.5	20.3	59.5	68.6	89.5	90.8	74.5	71.2	63.4
	4 保育者数20名以上名30未満	195	87.7	77.4	○24.1	55.9	75.4	92.3	90.8	79.0	78.5	66.2
	4 保育者数30名以上名40未満	160	82.5	70.0	20.0	51.9	71.3	92.5	85.6	70.0	77.5	67.5
	4 保育者数40名以上名50未満	86	86.0	▼58.1	▽17.4	▽47.7	75.6	93.0	83.7	74.4	77.9	72.1
	4 保育者数50名以上	42	81.0	78.6	21.4	◎69.0	78.6	▼85.7	78.6	73.8	81.0	66.7
	4 保育者数名不明	42	78.6	61.9	21.4	45.2	61.9	90.5	85.7	76.2	59.5	71.4
公立	1 公立	562	87.2	74.9	21.5	56.8	74.9	91.6	87.0	76.3	78.1	69.2
	4 保育者数10名未満	38	92.1	◎94.7	◎26.3	○63.2	71.1	92.1	84.2	73.7	▽65.8	68.4
	4 保育者数10名以上名20未満	123	85.4	77.2	21.1	60.2	71.5	91.1	91.1	77.2	75.6	64.2
	4 保育者数20名以上名30未満	160	89.4	77.5	23.1	56.9	76.9	92.5	90.6	81.3	80.6	68.8
	4 保育者数30名以上名40未満	117	88.0	73.5	20.5	56.4	77.8	90.6	82.9	71.8	○82.9	71.8
	4 保育者数40名以上名50未満	69	84.1	▼56.5	▼15.9	▼42.0	73.9	94.2	79.7	72.5	○84.1	72.5
	4 保育者数50名以上	31	83.9	○80.6	22.6	◎71.0	74.2	83.9	83.9	71.0	74.2	71.0
	4 保育者数名不明	24	▼64.5	○51.6	19.4	▼41.9	▽58.1	▽74.2	▽71.0	▽64.5	▼45.2	▽58.1
私立	1 私立	106	79.2	67.0	21.7	50.9	▽64.2	93.4	91.5	68.9	62.3	▽58.5
	4 保育者数10名未満	0	▼0.0	▼0.0	▼0.0	▼0.0	▼0.0	▼0.0	▼0.0	▼0.0	▼0.0	▼0.0
	4 保育者数10名以上名20未満	25	92.0	68.0	▼16.0	○64.0	▼56.0	84.0	92.0	▽64.0	▼56.0	68.0
	4 保育者数20名以上名30未満	24	83.3	○83.3	◎37.5	58.3	70.8	95.8	87.5	70.8	▽66.7	▽54.2
	4 保育者数30名以上名40未満	33	▼60.6	○51.5	▼15.2	▼24.2	▼48.5	100.0	○97.0	60.6	▽57.6	▼48.5
	4 保育者数40名以上名50未満	11	90.9	▽63.6	◎27.3	◎81.8	◎90.9	90.9	○100.0	81.8	▼45.5	72.7
	4 保育者数50名以上	9	88.9	77.8	▼11.1	55.6	◎88.9	88.9	▼66.7	88.9	◎100.0	55.6
	4 保育者数名不明	4	▽75.0	75.0	○25.0	50.0	75.0	100.0	○100.0	75.0	75.0	75.0

各設問の下に表示されている数字は、問に対して"あてはまる"などの肯定的な回答をしたものに対する百分率で表している。

◎は、全回答者の平均を 20% 以上上回るデータ、○は、10% 以上上回るデータを示す

▽は、全回答者の平均を 10% 以上下回るもの、▼は、20% 以上下回るデータを示す。

表 7 - 5　職場風土の課題調査（保育士数別）実施

	回答者層別	有効回答数(n)	III 相互の協力・連携							IV 学び・能力向上			能力向上	
			2 相互協力を推奨	7 他の保育士の協力	8 依頼を優先	9 保育士コミュニティがある	10 成長を喜示	13 外部での学びの推奨	16 外部研修の共有を促す	17 互いの学びあいの推奨	19 能力向上・目標のすすめ	20 能力向上・行動のすすめ
実行度	全体	716	72.8	71.0	26.3	49.9	66.4	76.2	67.1	47.2	50.1	25.6
全体	4 保育者数10名未満	38	76.3◎	92.1◎	36.8	57.9	63.2○	86.8○	65.8	57.9◎	44.7▽	26.3
	4 保育者数10名以上名20名未満	153	74.5	70.6	21.6	51.0	62.7	75.2	69.9	44.4	38.6▼	20.9▽
	4 保育者数20名以上名30名未満	195	76.9	76.4▽	26.2	49.7	70.3	77.9	70.8	48.2	51.8	25.1
	4 保育者数30名以上名40名未満	158	72.2	69.6○	31.0	46.8	68.4	75.9	70.9	49.4	59.5○	30.4○
	4 保育者数40名以上名50名未満	86	70.9	60.5	27.9	45.3	67.4	79.1	51.2▼	36.0	52.3	23.3
	4 保育者数50名以上	42	69.0	71.4▲	21.4	69.0◎	66.7	66.7▼	61.9	57.1	59.5◎	33.3◎
	4 保育者数名不明	42	21.4▼	66.7	38.1	16.7	64.3	47.6▼	47.6	40.5	23.8	21.4
公立	1 公立	562	75.4	73.8	27.5	51.9	69.9	75.9	64.7	48.8	53.8	27.3
	4 保育者数10名未満	38	76.3◎	92.1◎	36.8	57.9	63.2▽	86.8▽	65.8▼	57.9◎	44.7▽	26.3
	4 保育者数10名以上名20名未満	123	77.0▽	73.0	21.3	51.6	66.4	76.2	68.0	46.7	41.8▽	21.3▽
	4 保育者数20名以上名30名未満	160	78.1	76.3	25.6	51.3	71.9	77.5	68.1	47.5	54.4	26.3
	4 保育者数30名以上名40名未満	117	76.7	75.9	33.6	52.6	73.3	72.4	65.5	53.4	63.8○	34.5○
	4 保育者数40名以上名50名未満	69	69.6○	62.3	29.0	43.5	71.0	78.3	44.9▼	34.8	58.0	26.1
	4 保育者数50名以上	31	68.8	68.8	25.0	71.9◎	68.8	65.6▽	71.9▷	59.4◎	65.6◎	31.3◎
	4 保育者数名不明	24	43.8▼	46.9▼	15.6▼	34.4▼	46.9▼	50.0▼	46.9▼	37.5▷	34.4▼	18.8▼
私立	1 私立	106	61.3▽	61.3▽	22.6	40.6	55.7	82.1	76.4▲	38.7	32.1▼	17.9▼
	4 保育者数10名未満	0	0.0	0.0	0.0	0.0	0.0	0.0	0.0	0.0	0.0	0.0
	4 保育者数10名以上名20名未満	25	60.0	64.0	20.0	56.0	52.0▽	68.0▽	80.0▲	36.0	24.0▼	12.0▼
	4 保育者数20名以上名30名未満	24	66.7	75.0	33.3▲	41.7	62.5◎	91.7◎	79.2▲	45.8▷	41.7▷	16.7▼
	4 保育者数30名以上名40名未満	33	51.5▼	42.4▼	21.2	15.2▼	51.5▼	84.8◎	84.8◎	30.3▼	36.4▼	18.2▼
	4 保育者数40名以上名50名未満	11	72.7	54.5	18.2	63.6	54.5	72.7	72.7	27.3▼	9.1▼	0.0▼
	4 保育者数50名以上	9	66.7	88.9◎	11.1	55.6	55.6	88.9▷	33.3▼	55.6◎	44.4▽	44.4▲
	4 保育者数名不明	4	75.0	75.0	25.0	50.0	75.0◎	100.0◎	75.0	75.0○	25.0▼	50.0

各設問の下に表示されている数字は、問に対して"あてはまる"などの肯定的な回答をした回答をしたものに対する百分率で表している。

◎は、全回答者の平均を 20% 以上上回るデータ、○は、10% 以上上回るデータを示す

▽は、全回答者の平均を 10% 以上下回るもの、▼は、20% 以上下回るデータを示す。

表7-6 職場風土の課題調査（保育士数別）定義と実施のギャップ

| 回答者層別 | 有効回答数(n) | III 相互の協力・連携 | | | | | IV 学び・能力向上 | | | | |
		2 相互協力を推進	7 他の保育士の協力	8 依頼を優先	9 保育士コミュニティがある	10 成長を喜ぶ	13 外部での学びの推奨	16 外部研修の共有を促す	17 互いの学びの推奨	19 能力向上の目標のすすめ	20 能力向上行動のすすめ
全体	716	12.5	1.9	-5.0	5.4	5.8	15.2	20.3	27.5	24.9	41.4
4 保育者数10名未満	38	15.8	2.6	-10.5	5.3	7.9	5.3	18.4	15.8	21.1	42.1
4 保育者数10名以上20名未満	153	11.8	3.9	-1.3	8.5	5.9	14.4	20.9	30.1	32.7	42.5
4 保育者数20名以上30名未満	195	10.8	1.0	-2.1	6.2	5.1	14.4	20.0	30.8	26.7	41.0
4 保育者数30名以上40名未満	158	10.3	0.4	-11.0	5.0	2.9	16.6	14.7	20.6	18.0	37.1
4 保育者数40名以上50名未満	86	15.1	-2.3	-10.5	2.3	8.1	14.0	32.6	38.4	25.6	48.8
4 保育者数50名以上	42	11.9	7.1	0.0	0.0	11.9	19.0	16.7	16.7	21.4	33.3
4 保育者数名不明	42	57.1	-4.8	-16.7	28.6	-2.4	42.9	38.1	35.7	35.7	50.0
1 公立	561	11.8	1.1	-5.9	4.9	5.0	15.7	22.3	27.5	24.3	41.9
4 保育者数10名未満	38	15.8	2.6	-10.5	5.3	7.9	5.3	18.4	15.8	21.1	42.1
4 保育者数10名以上20名未満	123	8.3	4.3	-0.2	8.5	5.2	14.8	23.0	30.5	33.8	42.9
4 保育者数20名以上30名未満	160	11.3	1.3	-2.5	5.6	5.0	15.0	22.5	33.8	26.3	42.5
4 保育者数30名以上40名未満	117	11.3	-2.4	-13.1	3.8	4.5	18.2	17.4	18.3	19.1	37.3
4 保育者数40名以上50名未満	69	14.5	-5.8	-13.0	-1.4	2.9	15.9	34.8	37.7	26.1	46.4
4 保育者数50名以上	31	15.1	11.9	-2.4	-0.9	5.4	18.2	12.0	11.6	8.6	39.7
4 保育者数名不明	24	20.8	4.7	3.7	7.6	11.2	24.2	24.1	27.0	10.8	39.3
1 私立	106	17.9	5.7	-0.9	10.4	8.5	11.3	15.1	30.2	30.2	40.6
4 保育者数10名未満	0	0.0	0.0	0.0	0.0	0.0	0.0	0.0	0.0	0.0	0.0
4 保育者数10名以上20名未満	25	32.0	4.0	-4.0	8.0	4.0	16.0	12.0	28.0	32.0	56.0
4 保育者数20名以上30名未満	24	16.7	8.3	4.2	16.7	8.3	4.2	8.3	25.0	25.0	37.5
4 保育者数30名以上40名未満	33	9.1	9.1	-6.1	9.1	-3.0	15.2	12.1	30.3	21.2	30.3
4 保育者数40名以上50名未満	11	18.2	9.1	9.1	18.2	36.4	18.2	27.3	54.5	36.4	72.7
4 保育者数50名以上	9	22.2	-11.1	0.0	0.0	33.3	0.0	33.3	33.3	55.6	11.1
4 保育者数名不明	4	25.0	0.0	0.0	0.0	0.0	0.0	25.0	25.0	50.0	25.0

（左欄：ギャップ／全体・公立全体・私立全体）

各設問の下に表示されている数字は、問に対して"あてはまる"などの肯定的な回答をしたものに対する百分率を表している。

◎は、全回答者の平均を20%以上上回るデータ、○は、10%以上上回るデータを示す
▽は、全回答者の平均を10%以上下回るもの、▼は、20%以上下回るデータを示す。

全般に低い実施度に留まっている。

　⑲「能力向上目標のすすめ」、⑳「能力向上行動のすすめ」の各設問については、公立園は規模に関係なく重要度認識が高く、実施度も高いのに対して、私立園では全般に実施度が低く、特に園の規模が大きくなるにつれて実施度が低下している様子が認められる。

６−４　在籍園児数による保育者の職場風土課題への認識の差異

　表8は、勤務園に所属する園児数別にクロス集計を行なった結果である。カテゴリⅠ「職場の目標・課題の共有状況」④「課題の明確化」については、公立園が園児数に関わらずほぼ一定の定義度、実施度であるに対して私立園では、園児数が増加する、すなわち園の規模が大きくなるにつれて課題の明確化の実施度が大きく下がっていることが読み取れる。

　⑤「課題へのチャレンジ推奨」については、公立園、私立園ともに園の規模が大きくなるにつれて課題の明確化の実施度が大きくなる傾向がある。

　カテゴリⅡの「職場のコミュニケーション」⑥「本音の会話を推奨」は、私立園の規模が大きくなるにつれて、より強く推奨されていることがわかる。

　⑯「常勤・非常勤間の会話推奨」については、園の保育士数による傾向が見られたのとは異なり、園児数による傾向は読み取ることができない。

　㉑「職層を越えた会話の推奨」については、公立園の定義度が低い一方で、私立園の定義度が高い傾向があるなかで、同じ公立園の中でも園児数が多くなるにつれて実施度の重要性認識が増すのに対して、私立園では逆に園児数が多くなるにつれて実施度の重要性認識が下がる対照的な傾向が確認できた。

表8-1 職場風土の課題調査（園児数別）定義

	回答者層別	有効回答数(n)	I 職場の目標・課題の共有					II 職場のコミュニケーション					
			1 めざす姿の提示	4 課題の明確化	5 課題へのチャレンジ推奨	12 目標の視える化	15 制度改正の共有	3 保育士間の対話推奨	6 本音の会話を推奨	11 話し合いの場の提供	14 自由な発言	18 常勤・非常勤間の会話推奨	21 職層を越えた会話の推奨
	全体	716	62.4	41.3	64.2	26.5	27.5	78.5	61.7	27.4	79.6	73.3	36.2
全体	5 園児 50 名未満	52	◎71.2	40.4	▼50.0	25.0	28.8	78.8	▽53.8	30.8	○86.5	○80.8	30.8
	5 園児 50 名以上 100 名未満	155	○69.0	○47.1	68.4	31.0	27.7	81.9	65.2	31.0	85.2	80.0	▷39.4
	5 園児 100 名以上 150 名未満	207	65.2	39.1	65.2	30.9	26.6	81.2	65.2	31.9	82.1	72.9	▷31.9
	5 園児 150 名以上 200 名未満	160	▷55.0	38.8	61.9	23.1	25.6	73.8	62.5	▼23.8	72.5	67.5	39.4
	5 園児 200 名以上 250 名未満	77	▼48.1	44.2	68.8	19.5	28.6	74.0	▼48.1	▼16.9	72.7	66.2	29.9
	5 園児 250 名以上	27	○70.4	37.0	66.7	11.1	25.9	81.5	59.3	▼18.5	74.1	70.4	◎48.1
	5 園児数不明	38	63.2	39.5	60.5	26.3	36.8	76.3	65.8	26.3	81.6	78.9	44.7
公立	全体	562	64.1	43.1	66.4	26.9	27.4	80.4	62.6	27.4	80.6	74.0	32.9
	5 園児 50 名未満	39	71.8	○46.2	▼51.3	25.6	33.3	79.5	59.0	◎33.3	◎94.9	◎84.6	▼20.5
	5 園児 50 名以上 100 名未満	132	○73.5	○46.2	70.5	◎32.6	27.3	81.1	64.4	31.1	85.6	81.1	○36.4
	5 園児 100 名以上 150 名未満	167	65.3	40.1	66.5	28.7	25.1	85.6	67.7	31.7	81.4	74.9	▷29.3
	5 園児 150 名以上 200 名未満	121	57.9	39.7	66.1	23.1	26.4	78.5	66.1	24.0	76.0	66.1	35.5
	5 園児 200 名以上 250 名未満	68	▼47.1	○47.1	67.6	20.6	27.9	72.1	▼45.6	▼14.7	▷69.1	61.8	29.4
	5 園児 250 名以上	14	○71.4	42.9	◎78.6	21.4	42.9	78.6	50.0	▽21.4	▷71.4	85.7	◎64.3
	5 園児数不明	21	○66.7	○47.6	57.1	23.8	28.6	76.2	61.9	23.8	85.7	81.0	38.1
私立	全体	106	55.7	33.0	55.7	23.6	29.2	68.9	60.4	30.2	78.3	71.7	51.9
	5 園児 50 名未満	11	○72.7	▼27.3	▷54.5	18.2	18.2	81.8	45.5	27.3	▼63.6	72.7	◎63.6
	5 園児 50 名以上 100 名未満	20	▼45.0	◎50.0	60.0	20.0	35.0	◎95.0	◎75.0	◎35.0	◎90.0	75.0	◎65.0
	5 園児 100 名以上 150 名未満	27	○63.0	▼29.6	▷51.9	44.4	33.3	▼51.9	▽55.6	33.3	85.2	63.0	44.4
	5 園児 150 名以上 200 名未満	29	▼41.4	▷34.5	▼44.8	17.2	27.6	55.2	▼48.3	27.6	▼58.6	72.4	48.3
	5 園児 200 名以上 250 名未満	6	▷50.0	▼16.7	◎83.3	16.7	33.3	83.3	83.3	◎33.3	◎100.0	◎100.0	◎50.0
	5 園児 250 名以上	9	○66.7	22.2	66.7	0.0	11.1	◎88.9	77.8	▽22.2	88.9	▼55.6	33.3
	5 園児数不明	4	◎100.0	25.0	75.0	25.0	50.0	50.0	75.0	25.0	◎100.0	◎100.0	◎75.0

各設問の下に表示されている数字は、問に対して"あてはまる"などの肯定的な回答をしたものに対する百分率で表している。
◎は、全回答者の平均を 20% 以上上回るデータ、○は、10% 以上上回るデータを示す
▷は、全回答者の平均を 10% 以上下回るデータを示す
▼は、全回答者の平均を 20% 以上下回るもの、▽は、20% 以上下回るデータを示す。

表 8-2　職場風土の課題調査（園児数別）実施

回答者層別	有効回答数(n)	I 職場の目標・課題の共有						II 職場のコミュニケーション					
		1 めざす姿の提示	4 課題の明確化	5 課題へのチャレンジ推奨	12 目標の見える化	15 制度改正の共有	3 保育士間の対話推奨	6 本音の会話を推奨	11 話し合いの場の提供	14 自由な発言	18 常勤・非常勤間の会話推奨	21 職層を超えた会話の推奨
全体	716	31.7	35.5	44.7	31.7	12.8	54.7	39.8	23.7	36.5	53.9	21.1
5 園児50名未満	52	▼25.0	38.5	▼42.3	▼25.0	13.5	48.1	42.3	▽21.2	○40.4	○61.5	○25.0
5 園児50名以上100名未満	155	○33.5	38.1	45.8	34.2	12.9	○60.6	44.5	24.5	○45.2	○63.9	22.6
5 園児100名以上150名未満	207	○36.2	33.3	44.4	33.3	▽10.6	57.5	42.0	27.5	39.1	52.7	19.8
5 園児150名以上200名未満	160	▼23.8	35.6	40.0	30.0	11.9	51.9	▽35.6	▽21.3	▼29.4	▽47.5	20.6
5 園児200名以上250名未満	77	29.9	32.5	▽49.4	35.1	○16.9	49.4	▼28.6	20.8	▼26.0	▼48.1	▼13.0
5 園児250名以上	27	◎40.7	▽29.6	◎55.6	29.6	14.8	55.6	29.6	25.9	33.3	55.6	○37.0
5 園児数不明	38	◎39.5	○42.1	47.4	▼23.7	▽18.4	▽47.4	◎52.6	▼18.4	34.2	▽47.4	23.7
1 公立	562	31.9	36.2	47.6	33.5	13.2	58.6	41.4	24.8	39.0	54.2	18.9
5 園児50名未満	39	▽26.3	◎47.4	○50.0	26.3	▽18.4	47.4	○50.0	○26.3	◎44.7	○65.8	▼13.2
5 園児50名以上100名未満	132	34.8	35.6	48.5	36.4	12.9	○61.4	47.0	25.0	○47.0	○65.2	21.2
5 園児100名以上150名未満	167	34.7	33.5	45.5	▽31.7	11.4	○62.9	40.7	○28.7	○41.3	52.7	18.6
5 園児150名以上200名未満	121	▼24.2	38.3	45.0	34.2	11.7	60.0	41.7	▽20.8	▽32.5	▽45.0	19.2
5 園児200名以上250名未満	68	30.9	33.8	50.0	○38.2	14.7	▼47.1	▼25.0	▼19.1	▼25.0	▼44.1	▼13.2
5 園児250名以上	14	▽35.7	▽28.6	◎64.3	28.6	○21.4	○64.3	35.7	○35.7	○50.0	○64.3	◎42.9
5 園児数不明	21	◎45.5	40.9	50.0	▼27.3	18.2	54.5	50.0	22.7	36.4	54.5	18.2
1 私立	106	30.2	28.3	32.1	25.5	11.3	40.6	34.0	20.8	27.4	53.8	32.1
5 園児50名未満	11	▽27.3	▼18.2	▼27.3	▽27.3	▼0.0	54.5	▼18.2	▼9.1	▼18.2	▽45.5	◎54.5
5 園児50名以上100名未満	20	○30.0	◎50.0	35.0	25.0	15.0	60.0	30.0	25.0	40.0	60.0	35.0
5 園児100名以上150名未満	27	33.3	▼25.9	33.3	33.3	▼7.4	▼29.6	44.4	22.2	▽22.2	▽48.1	25.9
5 園児150名以上200名未満	29	▼20.7	▼24.1	▼20.7	▼13.8	13.8	▼27.6	24.1	24.1	▼17.2	▽55.2	27.6
5 園児200名以上250名未満	6	▼16.7	▼16.7	50.0	16.7	16.7	50.0	◎66.7	16.7	50.0	◎66.7	16.7
5 園児250名以上	9	◎55.6	▼22.2	44.4	33.3	▼11.1	33.3	▼22.2	▼11.1	▼22.2	▽44.4	33.3
5 園児数不明	4	◎45.0	○50.0	50.0	◎50.0	◎25.0	◎75.0	◎75.0	25.0	◎75.0	◎75.0	◎50.0

各設問の下に表示されている数字は、問に対して"あてはまる"などの肯定的な回答をしたものに対する百分率で表している。

◎は、全回答者の平均を20％以上上回るデータ、○は、10％以上上回るデータを示す

▽は、全回答者の平均を10％以上下回るもの、▼は、20％以上下回るデータを示す。

表 8 - 3　職場風土の課題調査（園児数別）定義と実施のギャップ

| | 回答者層別 | 有効回答数(n) | I 職場の目標・課題の共有 | | | | | II 職場のコミュニケーション | | | | | |
			1 めざす姿の提示	4 課題の明確化	5 課題へのチャレンジ推奨	12 目標の視える化	15 制度改正の共有	3 保育士間の対話推奨	6 本音の会話を推奨	11 話し合いの場の提供	14 自由な発言	18 常勤・非常勤間の会話推奨	21 職層を越えた会話の推奨
ギャップ 全体	全体	716	30.7	5.9	19.6	-5.2	14.7	23.8	22.0	3.6	43.3	19.5	15.1
	5園児 50 名未満	52	46.2	1.9	7.7	0.0	15.4	30.8	11.5	9.6	46.2	19.2	5.8
	5園児 50 名以上 100 名未満	155	35.5	9.0	22.6	-3.2	14.8	21.3	20.6	6.5	40.0	16.1	16.8
	5園児 100 名以上 150 名未満	207	29.0	5.8	20.8	-2.4	15.9	23.7	23.2	4.3	43.0	20.3	12.1
	5園児 150 名以上 200 名未満	160	31.3	3.1	21.9	-6.9	13.8	21.9	26.9	2.5	43.1	20.0	18.8
	5園児 200 名以上 250 名未満	77	18.2	11.7	19.5	-15.6	11.7	24.7	19.5	-3.9	46.8	18.2	16.9
	5園児 250 名以上	27	29.6	7.4	11.1	-18.5	11.1	25.9	29.6	-7.4	40.7	14.8	11.1
	5園児数不明	38	23.7	-2.6	13.2	2.6	18.4	28.9	13.2	7.9	47.4	31.6	21.1
公立	1 公立	562	32.1	7.1	18.9	-6.6	14.4	21.9	21.4	2.7	41.5	20.0	13.9
	5園児 50 名未満	39	45.5	-1.2	1.3	-0.7	14.9	32.1	9.0	7.0	50.1	18.8	7.4
	5園児 50 名以上 100 名未満	132	38.6	10.6	22.0	-3.8	14.4	19.7	17.4	6.1	38.6	15.9	15.2
	5園児 100 名以上 150 名未満	167	30.5	6.6	21.0	-3.0	13.8	22.8	26.9	3.0	40.1	22.2	10.8
	5園児 150 名以上 200 名未満	121	33.7	1.3	21.1	-11.0	14.8	18.5	24.4	3.1	43.5	21.1	16.4
	5園児 200 名以上 250 名未満	68	16.2	13.2	17.6	-17.6	13.2	25.0	20.6	-4.4	44.1	17.6	16.2
	5園児 250 名以上	14	35.7	14.3	14.3	-7.1	21.4	14.3	14.3	-14.3	21.4	21.4	21.4
	5園児数不明	21	21.2	6.7	7.1	-3.5	10.4	21.6	11.9	1.1	49.4	26.4	19.9
私立	1 私立	106	25.5	4.7	23.6	-1.9	17.9	28.3	26.4	9.4	50.9	17.9	19.8
	5園児 50 名未満	11	45.5	9.1	27.3	-9.1	18.2	27.3	27.3	18.2	45.5	27.3	9.1
	5園児 50 名以上 100 名未満	20	15.0	0.0	25.0	-5.0	20.0	35.0	45.0	10.0	50.0	15.0	30.0
	5園児 100 名以上 150 名未満	27	29.6	3.7	18.5	11.1	25.9	22.2	11.1	11.1	63.0	14.8	18.5
	5園児 150 名以上 200 名未満	29	20.7	10.3	24.1	3.4	13.8	27.6	24.1	3.4	41.4	17.2	20.7
	5園児 200 名以上 250 名未満	6	33.3	0.0	33.3	0.0	16.7	33.3	16.7	16.7	50.0	33.3	33.3
	5園児 250 名以上	9	11.1	0.0	22.2	-33.3	0.0	55.6	55.6	11.1	66.7	11.1	0.0
	5園児数不明	4	50.0	0.0	25.0	-25.0	25.0	-25.0	0.0	0.0	25.0	25.0	25.0

各設問の下に表示されている数字は、問に対して "あてはまる" などの肯定的な回答をしたものに対する百分率で表している。
◎は、全回答者の平均を 20% 以上上回るデータ、○は、10% 以上上回るデータを示す
▽は、全回答者の平均を 10% 以上下回るもの、▼は、20% 以上下回るデータを示す。

表 8 - 4 　職場風土の課題調査（園児数別）定義

回答者層別	有効回答数(n)	Ⅲ相互の協力・連携 2 相互協力を推奨	7 他の保育士の協力	8 依頼を優先	9 保育士コミュニティがある	Ⅳ学び・能力向上 10 成長を喜ぶ	13 外部での学びの推奨	16 外部研修の共有を促す	17 互いの学びあいの推奨	19 能力向上目標のすすめ	20 能力向上行動のすすめ
全体	716	85.3	72.9	21.4	55.3	72.2	91.3	87.4	74.7	75.0	67.0
5園児50名未満	52	82.7	78.8	◎26.9	59.6	67.3	90.4	84.6	69.2	▼59.6	67.3
5園児50名以上100名未満	155	87.7	80.0	21.3	○61.9	74.2	91.6	91.0	76.8	75.5	66.5
5園児100名以上150名未満	207	87.0	74.9	○23.7	57.5	72.0	89.9	87.9	76.3	73.9	62.8
5園児150名以上200名未満	160	82.5	66.3	20.0	▽49.4	67.5	93.1	84.4	71.9	78.1	69.4
5園児200名以上250名未満	77	85.7	68.8	22.1	51.9	79.2	89.6	89.6	75.3	80.5	72.7
5園児250名以上	27	85.2	66.7	▼11.1	51.9	○85.2	92.6	▽77.8	▽66.7	◎92.6	63.0
5園児数不明	38	81.6	65.8	▽13.2	▼44.7	68.4	94.7	89.5	81.6	▽63.2	73.7
1公立	562	87.2	74.9	21.5	56.8	74.9	91.6	87.0	76.3	78.1	69.2
5園児50名未満	39	84.6	◎89.7	◎30.8	○61.5	69.2	94.9	84.6	76.9	▽66.7	○74.4
5園児50名以上100名未満	132	87.9	79.5	22.0	○61.4	76.5	92.4	90.2	78.0	77.3	68.2
5園児100名以上150名未満	167	88.6	75.4	○24.6	57.5	75.4	89.8	86.8	77.2	77.8	64.7
5園児150名以上200名未満	121	87.6	69.4	▽19.0	55.4	70.2	91.7	81.8	72.7	○84.3	71.9
5園児200名以上250名未満	68	83.8	67.6	▽19.1	▽48.5	77.9	88.2	91.2	72.1	77.9	70.6
5園児250名以上	14	92.9	78.6	▼7.1	50.0	78.6	100.0	85.7	78.6	◎100.0	○78.6
5園児数不明	21	81.0	66.7	▼9.5	52.4	○85.7	100.0	90.5	◎90.5	▼57.1	○76.2
1私立	106	79.2	67.0	21.7	50.9	▽64.2	93.4	91.5	68.9	▽62.3	▽58.5
5園児50名未満	11	▽72.7	▼54.5	▽18.2	○63.6	▽63.6	▼72.7	81.8	▼45.5	▼45.5	▽54.5
5園児50名以上100名未満	20	○95.0	◎90.0	20.0	◎75.0	60.0	90.0	○100.0	75.0	▽65.0	65.0
5園児100名以上150名未満	27	81.5	70.4	22.2	55.6	59.3	100.0	92.6	70.4	▼55.6	▼51.9
5園児150名以上200名未満	29	▼62.1	▼55.2	○24.1	▼24.1	58.6	100.0	○96.6	69.0	▼55.2	▽55.2
5園児200名以上250名未満	6	○100.0	66.7	◎33.3	◎66.7	83.3	100.0	▼66.7	○100.0	◎100.0	◎83.3
5園児250名以上	9	88.9	▼55.6	▼11.1	▽44.4	◎88.9	▽77.8	▽77.8	▼55.6	○88.9	▽55.6
5園児数不明	4	75.0	75.0	25.0	50.0	75.0	100.0	○100.0	75.0	75.0	75.0

（左側行見出し：定義度 ／ 全体 ／ 公立 ／ 私立）

各設問の下に表示されている数字は、問に対して"あてはまる"などの肯定的な回答をしたものに対する百分率で表している。
◎は、全回答者の平均を 20% 以上上回るデータ、○は、10% 以上上回るデータを示す
▽は、全回答者の平均を 10% 以上下回るもの、▼は、20% 以上下回るデータを示す。

表 8 - 5　職場風土の課題調査（園児数別）実施

	回答者層別	有効回答数(n)	III 相互の協力・連携 2 相互協力を推奨	7 他の保育士との協力	8 依頼を優先	9 保育士コミュニティがある	10 成長を喜ぶ	IV 学び・能力向上 13 外部での学びの推奨	16 外部研修の共有を促す	能力向上 17 互いの学びの共有の推奨	19 能力向上目標のすすめ	20 能力向上行動のすすめ
	全体	716	72.6	70.8	26.3	49.7	66.2	76.0	66.9	47.1	50.0	25.6
	5 園児 50 名未満	52	67.3	76.9 ◎	34.6 ◎	55.8 ○	57.7 ▽	76.9	65.4	44.2	38.5 ▶	15.4 ▶
	5 園児 50 名以上 100 名未満	155	80.6 ○	76.1	23.2	52.9	69.0	71.6	65.8	44.5	47.7	24.5
	5 園児 100 名以上 150 名未満	207	71.0	72.9	24.2	51.7	66.2	80.2	69.6	48.3	47.8	23.7
	5 園児 150 名以上 200 名未満	160	71.9	67.5	29.4	46.3	62.5	73.8	67.5	50.6 ○	58.1 ○	30.0 ○
	5 園児 200 名以上 250 名未満	77	72.7 ▽	63.6 ▽	31.2	50.6	68.8	76.6	72.7	44.2	55.8 ○	32.5 ○
	5 園児 250 名以上	27	74.1	70.4	29.6	48.1 ○	81.5 ◎	81.5	37.0 ▶	40.7	55.6 ▽	22.2 ▽
	5 園児数不明	38	57.9 ▶	57.9 ▽	13.2 ▶	31.6	65.8	73.7	65.8	50.0	36.8	23.7
実行度 公 立 全体	1 公立	562	75.3	73.7	27.6	52.0	69.6	76.0	64.4	48.6	53.7	27.4
	5 園児 50 名未満	39	69.2 ○	87.2 ◎	38.5 ◎	59.0 ○	59.0	79.5 ▽	56.4 ▽	48.7	46.2 ▶	15.4 ▶
	5 園児 50 名以上 100 名未満	132	83.3 ○	76.5	24.2	54.5	71.2	71.2	63.6	45.5	50.0	26.5
	5 園児 100 名以上 150 名未満	167	71.9	74.3 ▽	23.4	52.7	71.3	79.0	65.9	49.1	50.3	25.1
	5 園児 150 名以上 200 名未満	121	76.0	72.7 ◎	33.9 ◎	52.1	64.5 ▽	71.9	62.8 ○	52.9 ○	65.3 ◎	33.9 ◎
	5 園児 200 名以上 250 名未満	68	85.7 ○	61.8 ▽	27.9	48.5	69.1	76.5	76.5 ▶	42.6	57.4	30.9
	5 園児 250 名以上	14	85.7	85.7 ◎	42.9	42.9 ▽	85.7 ◎	92.9 ◎	42.9 ▶	50.0	57.1	21.4 ▽
	5 園児数不明	21	66.7	61.9 ▽	14.3 ▶	33.3 ▽	85.7 ◎	85.7	57.1	57.1 ◎	38.1 ▶	28.6 ▽
私 立	1 私立	106	61.3	61.3	22.6	40.6	55.7	82.1	76.4	38.7	32.1	17.9
	5 園児 50 名未満	11	54.5 ▶	54.5	27.3	54.5	54.5	63.6 ▽	90.9 ◎	36.4 ▶	18.2 ▶	18.2
	5 園児 50 名以上 100 名未満	20	70.0	80.0 ○	15.0	50.0	60.0	80.0	80.0	40.0	35.0	10.0
	5 園児 100 名以上 150 名未満	27	59.3 ▽	63.0	33.3	48.1	48.1 ▶	88.9 ○	85.2 ○	33.3 ▽	29.6 ▽	11.1
	5 園児 150 名以上 200 名未満	29	55.2 ▶	51.7 ▽	17.2	17.2 ▽	55.2	79.3	82.8 ▶	37.9 ▽	27.6 ▶	17.2
	5 園児 200 名以上 250 名未満	6	83.3 ○	66.7	33.3	50.0	50.0 ▽	100.0 ◎	33.3 ▶	50.0	33.3	33.3
	5 園児 250 名以上	9	55.6 ▶	44.4 ▶	11.1 ▶	44.4 ▽	66.7	77.8	33.3 ▶	33.3 ▶	66.7 ▶	33.3
	5 園児数不明	4	75.0	75.0	25.0	50.0	75.0 ○	100.0 ◎	75.0	75.0 ◎	25.0 ▶	50.0

各設問の下に表示されている数字は、問に対して "あてはまる" などの肯定的な回答をしたものに対する百分率で表している。

◎は、全回答者の平均を 20% 以上上回るデータ、○は、10% 以上上回るデータを示す

▽は、全回答者の平均を 10% 以上下回るもの、▶は、20% 以上以下下回るデータを示す。

表8-6　職場風土の課題調査（園児数別）定義と実施のギャップ

			回答者層別	有効回答数(n)	Ⅲ相互の協力・連携				Ⅳ学び・能力向上					
					2	7	8	9	10	13	16	17	19	20
					相互協力を推奨	他の保育士の協力	依頼を優先	保育士コミュニティがある	成長を喜ぶ	外部での学びの推奨	外部研修の共有を促す	互いの学びあいの推奨	能力向上目標のすすめ	能力向上行動のすすめ
ギャップ	全体		全体	716	12.7	2.1	-4.9	5.6	6.0	15.4	20.6	27.7	25.1	41.6
			5園児50名未満	52	15.4	1.9	-7.7	3.8	9.6	13.5	19.2	25.0	21.2	51.9
			5園児50名以上100名未満	155	7.1	3.9	-1.9	9.0	5.2	20.0	25.2	32.3	27.7	41.9
			5園児100名以上150名未満	207	15.9	1.9	-0.5	5.8	5.8	9.7	18.4	28.0	26.1	39.1
			5園児150名以上200名未満	160	10.6	-1.3	-9.4	3.1	5.0	19.4	16.9	21.3	20.0	39.4
			5園児200名以上250名未満	77	13.0	5.2	-9.1	1.3	10.4	13.0	16.9	31.2	24.7	40.3
			5園児250名以上	27	11.1	-3.7	-18.5	3.7	3.7	11.1	40.7	25.9	37.0	40.7
			5園児数不明	38	23.7	7.9	0.0	13.2	2.6	21.1	23.7	31.6	26.3	50.0
		公立	1公立	562	11.9	1.2	-6.1	4.8	5.2	15.9	22.6	27.8	24.4	42.1
			5園児50名未満	39	15.4	2.6	-7.7	2.6	10.3	15.4	28.2	28.2	20.5	59.0
			5園児50名以上100名未満	132	4.5	3.0	-2.3	6.8	5.3	21.2	26.5	32.6	27.3	41.7
			5園児100名以上150名未満	167	16.8	1.2	1.2	4.8	4.2	10.8	21.0	28.1	27.5	39.5
			5園児150名以上200名未満	121	11.6	-3.3	-14.9	3.3	5.8	19.8	19.0	19.8	19.0	38.0
			5園児200名以上250名未満	68	13.2	5.9	-8.8	0.0	8.8	11.8	14.7	29.4	20.6	39.7
			5園児250名以上	14	7.1	-7.1	-35.7	7.1	-7.1	7.1	42.9	28.6	42.9	57.1
			5園児数不明	21	14.3	4.8	-4.8	19.0	0.0	14.3	33.3	33.3	19.0	47.6
		私立	1私立	106	17.9	5.7	-0.9	10.4	8.5	11.3	15.1	30.2	30.2	40.6
			5園児50名未満	11	18.2	0.0	-9.1	9.1	9.1	9.1	-9.1	9.1	27.3	36.4
			5園児50名以上100名未満	20	25.0	10.0	5.0	25.0	0.0	10.0	20.0	35.0	30.0	55.0
			5園児100名以上150名未満	27	22.2	7.4	-11.1	7.4	11.1	11.1	7.4	37.0	25.9	40.7
			5園児150名以上200名未満	29	6.9	3.4	6.9	6.9	3.4	20.7	13.8	31.0	27.6	37.9
			5園児200名以上250名未満	6	16.7	0.0	0.0	16.7	33.3	0.0	33.3	50.0	66.7	50.0
			5園児250名以上	9	33.3	11.1	0.0	0.0	22.2	0.0	44.4	22.2	22.2	22.2
			5園児数不明	4	0.0	0.0	0.0	0.0		0.0	25.0	0.0	50.0	25.0

各設問の下に表示されている数字は、問に対して " あてはまる " などの肯定的な回答をしたものに対する百分率で表している。
◎は、全回答者の平均を 20% 以上上回るデータ、○は、10% 以上上回るデータを示す
▽は、全回答者の平均を 10% 以上下回るもの、▼は、20% 以上下回るデータを示す。

　カテゴリⅢ「相互の協力・連携体制」②「相互協力の推奨」、⑦「他の保育士の協力」については、私立園では園児数が少ない園の方の実施度が高いことが確認できる。

　カテゴリⅣ「学び・向上意欲」⑯「外部研修の共有を促す」については、私立園では園児数が増えるにつれ、共有の実施度が急激に下がっていることが確認できる。⑰「互いの学びあいの推奨」、⑲「能力向上目標のすすめ」については、園の規模にほぼ関係なく、公立園の実施度が高く、相対的に私立園の実施度が低い。⑳「職務能力向上行動のすすめ」の実施度に関しては、公立園、私立園ともに定義度に比べて実施度が低くギャップが大きいことが読み取れる。この中でも私立園では、園児数が多くなるにつれて⑳「職務能力向上への行動」が強く要望されていることが確認できた

7　アンケート集計結果の検定
7−1　現職保育士のアンケート調査
　調査に用いた質問紙には、自職場の状況や自身の行動の理想像と現状についての設問を合計21個設けている。この設問に対して回答者は、「そう思う」「どちらでもない」「そう思わない」の選択肢の中から1個の回答を選ぶ方法でデータを収集した。質問紙によるアンケート調査によって得られた現職保育士の職場風土に関するデータを「公立・私立別」、「職種別」、「経験年数別」、「保育士数別」、「園児数別」のカテゴリに集計し、クロス集計表にまとめた。

7−2　アンケート調査の検定方法
　このクロス集計表で集計した各グループの回答（実測度数）がある回答全体の観測度数の分布に適合（一致）するかどうかを「適合度の検定」を用いて検定した。この適合度の検定では、回答がカイ二乗分布に従う

ものとしてカイ二乗検定を行った。このカイ二乗検定には、目的別にいくつかの方法が存在する。ここでは、ピアソンのカイ二乗検定（Pearson's chi-square test）を用いた。

　このピアソンのカイ二乗検定は、カイ二乗検定のうち最も基本的かつ広く用いられる方法であって、適合度検定及び独立性検定には、もっぱらこの方法が用いられる。ピアソンのカイ二乗検定を用いた適合度検定とは、この「観察された事象の相対的頻度が、基準とした事象から得られた期待値の頻度分布に従う」という帰無仮説を検定するものである。

7－3　アンケート調査の検定の手順
　カイ二乗検定を行う事象は、互いに排他的でなければならない。このため2個の選択肢にまたがるように回答している調査紙は、データ集計前に無効回答として除外した。

　また、カイ二乗分布で近似できるのは、期待度数$npi \geq 10$がすべての属性に対して満たすときとされている。このため、アンケートの全ての有効回答からそれぞれの設問の期待度数を算出した。

　この期待度数の比率が、クロス集計表のカテゴリー（分類項目）ごとの比率と一致しているかどうかを、適合度の判定を用いて検定した。以下に検定の手順を示す。

(1) アンケートは、「そう思う」「どちらでもない」「そう思わない」の3者択一の設問構成である。この場合の自由度は2である。右片側検定を考える。

(2) 有効回答をクロス集計表にまとめて、各設問の期待度数を算出する。

(3) 期待度数と観測度数からカイ2乗値を算出する。

(4) 得られたカイ2乗値を$\chi 2$分布表により、有意水準5%と有意水準1%の2種類の$\chi 2$値と比較し、帰無仮説を棄却する、しない、つまり有意差あり、有意差なしを判定した。

(5) 上記の計算には、自作のEXCELプログラムと公表されているChai
　　Square Chart[10] を用いた。

第3節　各視座からみた職場風土に対する認識のギャップ

　第1回、第2回の組織風土調査アンケートの結果をクロス集計し、ク
ロス集計表とコレスポンデンス分析を用いて分析した。クロス集計表で
は、詳細な差異の読取は可能であるが、より容易に認識するためにクロ
ス集計結果をコレスポンデンス分析手法により散布図上に示したのが図
23である。コレスポンデンス分析とは、クロス集計表の横軸（各設問）
と縦軸（集計カテゴリ）間の距離がもっとも短くなるように項目間を並
び変える分析手法であり、項目間の関連の強さを図上の距離で視覚的に
認識できるものである。

1　カテゴリⅠ：職場の目標・課題の共有状況
クロス集計表による解析結果

　このカテゴリは、保育者が成長していくために、職場の目標をどのよ
うに認識し、自身の目標として噛みくだいて把握しているかを確認する
のが目的である。本調査の結果は、経験の浅い保育者が課題を把握して
いるのに対して、主任層は課題把握ができていないことを示している。
このことから、眼前の比較的小さな日々の課題は認識できているが、組
織として中長期の目標が保育者に明確になっていないことがわかる。

コレスポンデンス分析による解析結果
　（職層別）
　担当保育士は、課題に関するどの項目からの距離も遠い。

---

10 Cramér, H. (1999). [1946]. Mathematical methods of statistics. *Princeton Landmarks in Mathematics*. Princeton University Press. ISBN 0-691-00547-8. MR 1816288. Zbl 0985.62001.

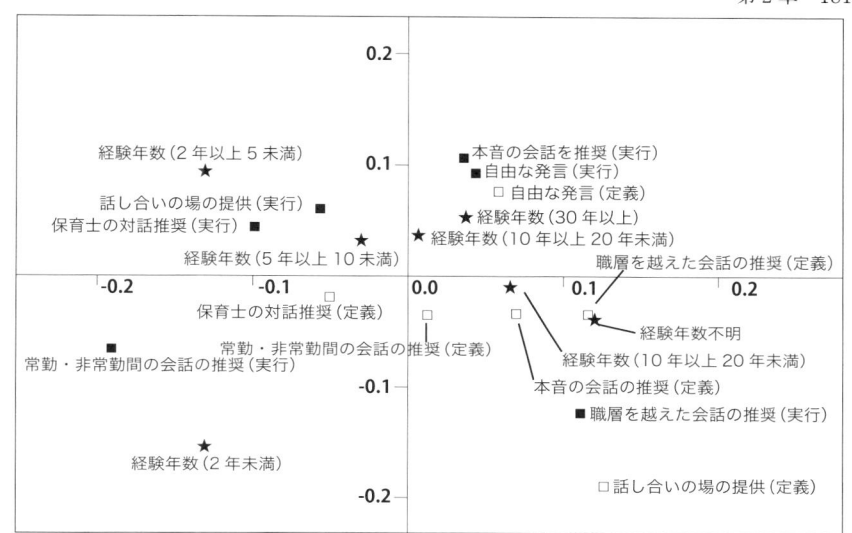

図 23　職場風土内のコミュニケーション（勤務年数別）

　園長は、「能力向上のすすめ（実行）」との距離が近く、保育士に対して能力向上を促している様が読み取れるが、能力向上の具体的な施策項目との距離がいずれも遠く、能力向上のために具体的に動けていないように見受けられる。

　主任は、上記以外の殆どの項目との距離が近く、課題の視える化のために具体的に動けている様子が読み取れる。

（経験年数別）

　経験年数が 2 年未満の属性グループは、「目指す姿の提示（実行）」との距離が近い。

　経験年数が 2 年以上 5 年未満の属性グループは、「課題へのチャレンジ（実行）」「目標の視える化（実行）」との距離が近い。

（保育士数別）

　特徴なし

（園児数別）

　特徴なし

2 カテゴリⅡ：職場のコミュニケーション

クロス集計表による解析結果

このカテゴリは、保育士が成長するために周囲の先輩や同僚との活発なコミュニケーションを通じて、自己の成長に必要な様々な気づきを得ることができる職場環境であるのかを確認するための設問である。調査からは、公立園、私立園ともに話し合いの場の提供が十分に行なわれておらず、職員同士の会話も、職層を越えて自由に会話できるレベルにはないことがわかる。

このカテゴリでは、自身の成長や仕事の参考になるようなロールモデルを身近に得ることができる職場環境であるのかを調査した。調査結果からは、どの園も仕事を互いに協力しながらやっていることが確認できる。特に規模の小さい園では、協力しながら仕事を進めるのが非常に活発であることが読み取れる。ただし、忙しい他の職員の仕事を手伝うだけでなく、先輩の働き方を参考に自己の成長につなげる職員同士のつながりが必要である。公立園に対して私立園では、職員同士が深くつながっていることを示す値が相対的に低く、仕事を手伝っているだけで自己の成長に必ずしも結びついていないとの懸念が残る。

コレスポンデンス分析による解析結果

保育職場内の「コミュニケーション」について、コレスポンデンス分析結果を確認すると、就職2年目までの保育士が「自由に発言する」「本音で発言する」のどの項目からも非常に遠い位置にマークされていることが分かる。一方で、勤務経験が「20年以上30年未満」「30年以上」の長い保育士について散布図を確認してみると、「自由に発言する」「本音で発言する」の実施度との距離が極めて近いことが確認できる。つまり、勤務経験が長くなればなるほど、職場内で自由に発言している。一方で、若い保育者には自由に発言できていないことがコレスポンデンス分析結

果に示されている。さらに、勤務経験の長い保育士は、「自由に発言する」「本音で発言する」の定義度との距離も近い。これは、勤務経験の長い保育士たちが自由に本音で発言しているように、若い保育士も同様に自由に発言できていると認識していることを間接的に示している。ここに若い保育士たちの「コミュニケーション」に関して大きなギャップが確認できる。職場内のコミュニケーションに大きな課題があると、経験の浅い保育者たちの心身の健康にも影響が考えられる。

3　カテゴリⅢ：相互の協力・連携体制
コレスポンデンス分析による解析結果

（職層別）

担当は、「相互協力」との距離が近く、互いに協力しながら業務を進めていることが判る。

主任は、「他の保育士からの協力」との距離が近く、役割柄、他の保育士からの要請に基づいて行動しているさまが推定できる。

所長は、全ての項目との距離が遠い。

（経験年数別）

2年未満の保育士グループは、「他の保育士からの依頼を優先」との距離が近い一方で、30年以上の保育士グループは、全ての項目との距離が遠い。若い保育士は、他の保育士からの依頼を断れずに行動している様が読み取れる。

（保育士数別）

保育士数 50 名を超える保育士グループでは、「保育士のコミュニティがある」との距離が近い。

また、保育士数40名以上50名未満の保育士グループ「相互協力の実行」との距離が近い。

一方で、保育士数の少ない園の保育士グループでは、「他からの依頼」

を優先している様子が読み取れる。

（園児数別）

特徴なし。

4　カテゴリⅣ：学び・向上意欲
クロス集計表による解析結果

このカテゴリでは、保育士が職場の中で自己が成長し続ける意欲・学ぶ意欲を持ち続けるため、上位者からの動機付けの有無や研鑽を促す職場環境であるかを確認する。調査結果は、公立園と私立園では、外部での学びの推奨の実施度に差があることを示している。筆者の保育者向け研修会でも、公立園と私立園に対して同じように募集をすると、公立園からの参加者が大半を占める。特に祝日に開催した場合には、代休の取得しやすさなどから、同じ公立園から複数の参加者がある。筆者が公立保育所の勤務者に個別に聴き取り調査を行ったところ、平日開催の場合には他の職員との勤務の調整が必要で、参加できても1から2名程度であるのに対して、休日開催の場合には後日勤務日を調整できるので、参加しやすいとの意見があった。

コレスポンデンス分析による解析結果

（職層別）

担当保育士は、いずれの項目からも距離が遠い。このことは、若い保育士が研修を身近に感じることができていないことを示唆している。

主任は、「外部研修の共有を促す」との距離が近い。

園長は、「能力向上」をすすめている。しかし、能力向上のための具体的な項目とは、いずれも遠い位置にある。

（経験年数別）

2年未満の保育士は、能力向上目標を持つこととの距離が近い。

「外部研修の共有」については、経験年数が 10 年未満の全てのグループからの距離が遠い。すなわち、外部研修の共有に関しては、積極的になれない理由が存在すると思われる。

（保育士数別）

園に所属する保育士が多くても、少なくても「外部での学び（定義）（実行）」「外部研修の共有（定義）（実行）」がいずれも距離が遠い。これは、園に所属する保育士が少ない園では、外部研修にでかける保育士の交代要員の確保が難しいこと、逆に保育士が多い園では、園内の保育士間で研修を調整するため希望する研修に割り当ててもらいにくいという園の事情が推察できる。

（園児数別）

特徴なし

第 4 節　保育職場活性化のためのメソッド

1　技術 KI 活動と保育 KI の相違

技術 KI 活動とは、黒澤が提唱した KI 活動を企業の中の技術開発職場に導入したものである。KI 活動は、知的な労働の価値を高めるための考え方であったことから、企業の中でも特に技術開発を担当する部署との適合性が高かった。したがって、現に KI 活動を継続して実施している職場の多くは、技術開発を担当する職場である。

この技術開発を行う職場も、大きく 2 種類に分類することができる。ひとつは、パソコンに代表されるような「組み合わせ型の技術開発」を行う職場であり、もう一方が、航空機や自動車製造のような「すり合わせ型の技術開発」を行なう職場である。組み合わせ型の技術開発においては、製品を構成する主要技術が成熟期に入ると急速にコモディティ化が進み、開発組織内での技術的な討論が沈滞化する傾向が見られる。一

方のすり合わせ型の技術開発においては、製品を企画・開発・製造する工程の中で非常に多くの項目について検討し最適解を求める作業が繰り返し要求される。これらの作業は、螺旋階段を登るようなアジャイル型と呼ばれる開発である。このようなすり合わせ型の技術開発を行なう職場では、関係者が活発なコミュニケーションにより課題を共有し全員参加で解決するという職場の開発力の向上が製品の魅力の向上に直結する。このために、職場力の向上に向けてさまざまな取り組みがなされてきた。

　技術KI活動は、この開発を担当する組織の職場力の向上を狙いとしている。個人の知恵を出し合って開発組織としての総合力をより強くすることにより、企業活動を活発にし、より良い製品を顧客に届けることを狙いに活動している。

　このKI活動を企業現場に導入する過程において、それぞれの職場の持つ特徴に合わせてカスタマイズされている。たとえば、同じ製造業でも製品の企画から販売までを行う企業（親会社）と他の企業からの発注により製品の一部の開発を受託する企業や、製品を構成する一部の部品を供給する企業（協力会社）では、開発組織の活動が大きく異なる。

　たとえば、親会社においては、市場での顧客のさまざまなニーズから製品に対する要求レベルを推し量り、コストやリードタイムなどのさまざまな制約条件を考慮しながら開発目標を設定することが重要な課題となる。特に全く新しい製品の開発やグローバル企業においては、設計者が市場ニーズを詳細に把握できないために、推測や仮定をもとに開発を進めることになる。このような開発においては、開発に携わる技術者たちが、さまざまな観点から仮定した開発課題の妥当性の検証を行うことが必要である。一方の協力会社における開発では、委託元である親会社の開発動向を推測し、将来の委託案件の変化を先読みすることが重要になる。変化に対応できる提案力やその裏付けとなる技術開発力をつける

ことが、協力会社における開発組織の課題となる。

1－1　開発の視える化の重要性開発の視える化の重要性

　一般に、航空機や人工衛星、自動車などのように製品が複雑、かつ大規模であるために開発に多くの技術者が関わる。これらの開発組織においては、ひとりの技術者が担当する仕事が細分化された極めて微小な範囲となる。このために自分の働きがどのように製品に活かされているのかを具体的に認識することが難しくなる傾向にある。このような職場環境における開発者は、局所的な課題認識に留まり全体最適を意識した開発を行うことができない。したがって、上記のような大規模、かつ、すり合わせ型の開発職場においては、開発に携わる全員がプロジェクト全体を把握できるような開発の視える化の取組が重要である。

1－2　ユーザ要求の視える化

　企業における技術開発においても絶えず問題は発生し、その問題への対処を行なっている。ただし、この問題に関わるべき職員全員が問題を等しく認識できているとは限らない。そこで、まず技術 KI 活動においては、担当するプロジェクトで発生している問題の把握を全てのプロジェクトメンバーが行なう。この問題抽出の方法は、あるべき姿と現状との差異から抽出する方法が一般的である。

　また、製品を開発する組織においては、製品を購入する消費者がどのようにその製品を使用するのかを詳細に把握できているわけではない。特にまだ市場にでていない新製品の開発においては、購入者が使用する状況を想定しながら開発することとなる。また、開発においては、複数の対立する要件を同時に満足するような設計が求められることが殆どである。たとえば、製品を軽くし携帯性を向上させる目的のために構造部材の肉厚を削ると、機械強度の低下を招いて壊れやすくなるなど信頼性

が低下するリスクが増大する。

　このような二律背反の開発課題を漏れなく把握し、見えていないユーザ要求を予測しながら設計判断していくことが設計者に要求される。このために技術KI活動においては、「課題の視える化」にとどまらず、「課題ばらし」、「技術ばらし」、「日程計画」、「進捗管理」などの一連の活動を通して行う。本論で単に技術KI活動と言う場合には、これらの活動全体を指して言う。

1－3　課題の視える化「課題ばらし」

　ここでは、技術KI活動における課題の視える化と共有の作業プロセスについて説明する。課題の視える化のプロセスは、以下のようなステップで進める。
1. 自分たちの組織に与えられているミッションを再確認した上であるべき姿を描き、全員で共有する。
2. 「あるべき姿」と「現状」との乖離を認識して、問題点を挙げる。
3. 問題点を解決するためにどんな課題があるかを挙げる。
4. 課題の本質を検討する。
5. 課題ひとつひとつに優先順位と解決すべき期限をつける。
　以下に、それぞれの作業について詳細に説明する。

「課題ばらし」

　課題に対して解決すべき内容と到達レベルを具体化し、目標に落とし込んでいく。この作業を課題ばらしという。課題ばらしには、取り扱う製品の特徴により最適な手法が用いられる。赤尾洋二、水野滋らが開発・提唱した品質機能展開（QFD：Quality Function Deployment）もその一つである。

　品質機能展開では、横軸に要求品質（ユーザに提供する製品の価値、

例えば、機能や品質）を、縦軸には、それを実現するための品質配慮を記載する。まず、横軸の記載について説明する。品質機能展開表の左縁側部に、ユーザからの、または開発者が推定した「要求品質」を記載する。要求品質とは、製品が具備する機能や信頼性などの非機能を指す。この線対称の位置にあたる品質機能展開表の右縁側部には、市場の競合状況を分析して得られた狙いの品質である「企画品質」を記載する。この企画品質において具体的な品質目標値を定義する。

　これに対して縦軸では、縦軸の上部縁側には、要件を実現するための「品質特性」（製品構成や設計緒元）を、下部縁側には「品質機能」を記載する。上部縁側は、屋根のような三角形をしている。ここでは、後ほど詳しく説明するTRIZなどを用いて設計要素と設計要素のすり合わせを行なう。品質機能展開表の中心部に存在する品質表（セル）には、技術的な検討の要否や優先度などが検討されて書き込まれる。また、品質機能展開表で整理された「品質機能」は、潜在的な不具合を体系的に予測する手法であるFMEA（Failure Mode and Effect Analysis）や田口メソッドとして有名な実験計画法などの品質工学の手法を用いて、技術検討が必要である項目が抽出される（図24）。

1-4　技術の視える化「技術ばらし」

　品質機能展開表で、技術検討が必要であると把握された項目は、さらに技術ばらしによって具体的な開発要素にまで分解される。この開発すべき要素技術をもとに、実行するべき業務に分解される。この分解されたひとつひとつの業務をタスクと呼んでいる。

　製品を主要なアッセンブリユニットごとに分割し、それらの主要ユニットがもつべき機能を粗い粒度から細かい粒度へと次々と分解していく。この方法により、各設計者が決定する設計パラメータや適合値に落とし込み、さらにそれらに影響するノイズ因子や変化点を定量的に明確

にしていく作業が技術ばらしである。

　技術ばらしは、経験の異なるさまざまな専門技術を持った技術者が集まって実施する。その技術ばらしの手順は、

1. 開発目標を満足させるために検討すべき設計要素を抽出する。

2. 設計要素の中で、過去の開発から変化したものを確認する。

3. 抽出された設計要素に、抜けや漏れがないかをチェックする。

4. それぞれの開発要素の重要度と開発の難易度を見極める。

5. それぞれの開発要素に対して、実行するべき業務（タスク）を明確にする。

　技術ばらしが進むと、開発すべき技術要素が明確になる。この状態では、実現したい開発目的どうしが対立した状態にあることが多い。技術ならしは知見の構造化手法の一つであり、発想法ではない。参加者の暗

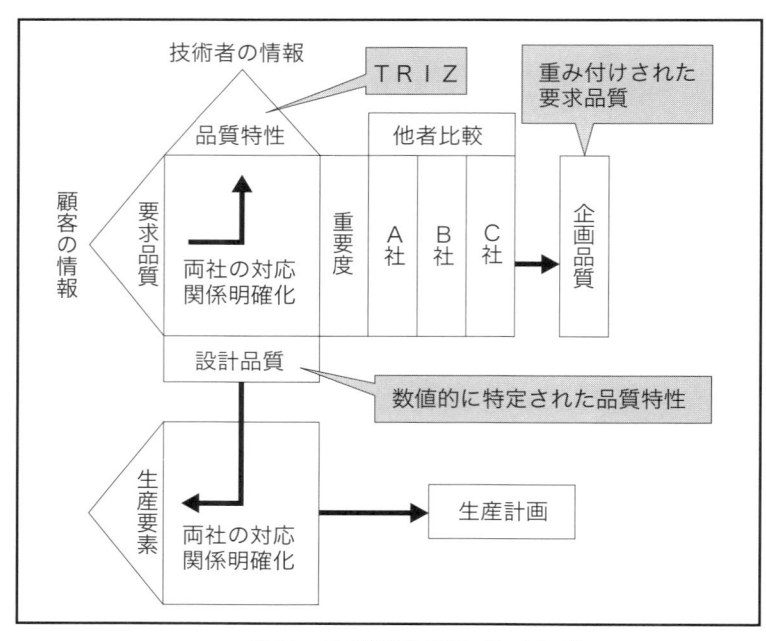

図 24　品質機能展開図（筆者作成）

黙知を形式知化するためのものである。技術KIにおいて新しいアイデアを発想する方法としていくつかの方法が提案されている。ここでは、技術ばらしと相性の良いTRIZについて紹介する。TRIZは、旧ソビエト連邦の特許審査官であったアルトシュラーが、特許庁に出願された数十万件の特許要件を41項目×41項目のマトリックスに整理したものである。このマトリックスの交点となるセルには、課題を解決する技術的アイデアが掲載されている。例えば、指し棒の事例で説明する。

　指し棒には、指すものと持つ人との間に一定の距離を置いて用いられることから、ある程度の長さが要求される。10cm程度の短い指し棒は、指し示すことがやりづらい。一方で、指し棒の長さを1mに設定したときには携帯性が悪くなり、出先で使うには持ち運びに不便である。

　この指し棒の事例では、使い勝手と携帯性の二つの機能要件が対立している。TRIZでは、この機能要件どうしの対立を解決する方法として、「入れ子方式」にする、「折りたたみ方式」にするなどという複数のアイデアがマトリックスから取り出せるようになっている。つまりは、ホイップアンテナのように簡単に任意の長さに伸縮できる構造を採択することで、使い勝手と携帯性という機能要件の対立を回避できることを示している。今日のTRIZは、日々最新の技術動向をAI技術により取り入れることが可能になっており、上記の指し棒の例では、レーザー式にするなどの新しいアイデアも取り出すことができる。

1－5　日程計画の立案

　技術ばらしにより、開発目標を満足するためにやるべきタスクが全て抽出されたら、Eriksson-Penker business modeling profile法やDSM（Design Structure Matrix）法などの方法を用いてタスクの着手順序を検討する。タスクの着手順序を整理するのは、手戻りを最小化し開発の無駄を抑止するためである。タスクには、そのタスクに着手するために

必要な条件があることが多く、無秩序にタスクを処理しても後から着手したタスクの処理結果によって、済ませたはずのタスクをやり直さなければならないケースが発生する。タスクの順序を決定できたら、それぞれのタスクを手戻りのないウォーターフォール型に整列させる。着手順序が整理できた各タスクには、担当する人員や設備などのリソースを考慮した標準のリードタイムを反映して開発日程案を作成する。

1－6　ガントチャートの作成

　十分に長い開発期間が与えられているプロジェクトにおいては、タスクの着手順序を整理しただけの開発日程表でも開発を進めることは可能である。しかしながら、今日のように非常に変化の激しく国際的な開発競争が行われている市場環境においては、市場にタイムリーに新製品を届けることがどの開発組織においても至上命題となっている。この市場からの要求のために、一見では成立しえないと思われるような短い開発期間が目標として設定されることがある。プロジェクトの開発日程を再検討するときに、開発タスクと組織のリソースをガントチャート（Gantt Chart）に表現することで日程上のボトルネック[11]となるタスクを視える化することができる。このボトルネック工程のことをクリティカルパスとよび、全体の開発日程の中で重点管理すべき対象となる。具体的には、開発日程を短縮しなければならないときに、まず、このクリティカルパスに対しての検討を最初に行う。クリティカルパス以外のタスクにどれだけ工夫し、短縮することができても、クリティカルパスとなっているタスクの改善を行なわずに開発日程を短縮することは不可能である。このクリティカルパスとなっているタスクを工夫して改善すると、これまではクリティカルパスとなっていなかった別のパスがクリティカルパスとなることがある。その場合には、新しくクリティカルパスとなったタ

---

11 ボトルネック：全体の結果や性能を左右する最大の要因．

スクに期間短縮の検討を行なう。このように、順次タスクを検討することで、開発機関全体の改善検討を進める。

1－7　開発日程の進捗管理

　開発日程が、見えやすい位置に掲示されプロジェクトメンバーで共有される。プロジェクトのリーダーは、定期的にプロジェクトメンバーとコミュニケーションをとって、進捗を確認する。進捗が遅れているタスクがあれば、その原因をプロジェクトメンバーとともに解析し、必要な手を打つ。また、開発リスクが大きいと判断されたタスクに対しては、バックアップを準備するなど、当初に設定した計画を見直す。

1－8　技術 KI 活動の推進者

　技術KI活動を推進するのは、ひとり一人のプロジェクトメンバーである。それぞれのプロジェクトメンバーが対等に、かつ自由に意見を交わすことができる環境をKI活動リーダーが率先して作る。活動リーダーは、メンバーの率直な意見を尊重し、さらに良い議論につながるよう働きかける。また、組織のマネージャーは、技術KI活動をよく理解し、必要な承認行為やバックアップを行なう。技術KI活動で確認された組織を越える課題については、組織間の調整をマネージャーも参加して行なう。

1－9　職場適用

　技術KI活動においては、一人ひとりのプロジェクトメンバーが活発に技術討論できることを主眼にしている。このため、技術KI活動を職場に適用するときには、活発な議論を担保できる程度のチーム規模とすることが重要である。大人数で議論すると一人当たりの発言回数が少なくなる、また、活動のテーマが大きすぎることが原因で議論が発散する

傾向がある。大勢が参加する開発プロジェクトにおいては、議論しやすい身近で共通の課題をテーマとする少人数のチームに分かれて活動する。

　活動の1回ごとに参加者が議論の成果を確認できるように進行することが進め方のポイントとなる。また、複数のチームに分かれて活動してもチーム間の議論の整合がとれるように、課題ばらしシートなどの成果物を共有することや、定期的に、チームが参加する活動共有会を開催する。この活動共有会で重要なことは、あくまでもチーム活動の共有が目的であり、発表のための活動にしないことである。

1－10　適用ルール

　技術KI活動においては、「全員参加」「全員発言」「他者の意見の尊重」など、技術者としての経験の差や職位などに対する配慮をせず、それぞれのプロジェクトメンバーが対等に意見を交わすことが基本原則である。この基本原則を活動リーダーが常にメンバーに周知する。また、活動リーダーは、必要に応じてチーム活動前にこの基本原則を参加者全員に確認させる。さらに活動リーダーは、活動に注意を払い基本原則から逸れたメンバーの行動を修正し、良い議論が継続できるように働きかける。具体的には、上位者や年長者などが、参加者の発言を否定せずに聞くように促したり、発言の少ない参加者に発言の機会を振り向けたりするなどの進行管理を行う。

　技術KI活動における活動の基本原則として以下の項目を例示する。

① 全員参加・全員平等

② 本質を守れば制約ゼロ

③ 自ら考え、自らの価値観で活動

④ 活動のプロセス全てが創造性発揮

⑤ 笑う、見る、聞く、しゃべる

　活動リーダーは司会者とは異なり、自分で判断したり自らの意見を述べたりしないように心掛けている。このような活発な討論はワイガヤコミュニケーションと呼ばれており、組織長からも推奨されている。

2　保育KIのためにアレンジした部分　- 技術KI活動との差異 -

　技術KI活動は、すでに述べたように「課題ばらし」、「技術ばらし」、「日程計画」、「進捗管理」などのステップがある。技術ばらしにおいては、品質機能展開法などにより製品の要件と技術要素の整理を行うばらしのプロセスがある。この技術ばらしには、参加者の高い技術レベルが要求されるとともに大変な手間のかかる緻密な活動である。なぜならば、品質機能展開表は、縦項目と横項目の交差表で表現される方形のマトリックスである。たとえば、比較的小規模な品質機能展開として、製品要件が100項目と技術要素が100項目の整理を行ったとする。この場合の品質機能展開表には、製品要件、技術要素の交点となる1万件のセルが出現する。技術ばらしでは、このすべてのセルに対して設計検討を行なわなければならない。

　技術職場においては、これらの交点となったセルに対して設計検討を行うことで、知見の蓄積、技術の後輩や関係者への伝承を可能にする。このために担当の時間を品質機能展開に割いて技術検討を実施することも意味があるものと考えられている。また、開発過程においては、顧客ニーズや使われ方が詳細に把握できているわけではない。このために市場でのさまざまな使われ方を想定した検討を行うことが不可避である。

　しかしながら、保育職場においては、検討のために保育者がまとまった時間を確保することが非常に困難であることが保育職場の事前調査により確認できていた。また、誰一人として同じ個性の子どもがいない中で、品質機能展開のように膨大な検討が必要な手法を適用しても、保育

者の知見としてそのまま再利用できる部分も少なく、ばらし活動に割く時間に対して期待できる効果が小さい。このことは、保育KIが保育職場に適用する大きな障壁になりうることが予想された。このため保育KIでは、課題ばらし、技術ばらしの手法を保育職場向けに大幅に改造することとした。

　具体的には、保育課題ばらしでは、保育者が現に把握できている気づきを対象とすることとした。たとえば、「気になる子どもの保育」をテーマとする課題ばらしを行なう場合には、この気づきから子どもの困り感を把握し、3ステップで打ち手につなげるというシンプルなロジックとした。

　技術開発においては、二律背反はもちろん多数の要件が複雑に絡み合う多律背反状態になることが多い。この複数の要件の対立を高いレベルで最適化するような設計解を求めるためには、設計要素に対してもさらに一段を掘り下げた詳細なばらしが必要になる。このために品質機能展開においても、縦軸の製品要件数と横軸の設計要素数は、同じ程度となり、n項目×n項目に相当する技術検討が必要になる。

　先に述べたように保育KIでは、気づきから3ステップで打ち手につなぐ方法にしたために、n項目×3の検討で良い。この改善は、検討対象の項目数が多くなるほど差が大きくなる。保育KIでは、多忙な保育者が短い時間でも有効な打ち手を検討できるようになった。

　また、保育KIにおいては、技術ばらしのような詳細なばらし作業は複数の要件が対立する場合にのみ適用することとした。技術開発とは異なり、保育職場では実際に子どもが確認できる。このために技術開発のように未知の事象を想定しなければならないケースは相対的に少ない。また、複数の要件どうしが対立する場合においても、子どもを特定することで、それぞれの打ち手の優先度を決めることが可能である。このため複雑な技術ばらしを保育職場に導入するケースは稀であると判断し、

技術ばらしを用いなければ解決できない場合、つまり要件同士の対立が複雑で簡単には解決できない場合のみ技術ばらしを適用することとした。

　このように、技術KI活動の手法を大幅に変更して保育KIの枠組みを構成したが、技術KI活動は、「業務の成功」と「人と組織（チーム）の成長」の二つを同時実現するための考え方であることを踏襲し、チームでの活発な議論により個人の知恵を結集しチームとしての力を強化するという技術KI活動の基本コンセプトは変更していない。また、等至性やレジューム性を失わないように「保育課題ばらしシート」には、工夫を加えている。その一つが、保育者が自らの気づきを活発に発言できるように縦軸の項目には、抽出数に制限を設けていないことである。また、類似の意見などは、付箋を用いて整理したうえで課題ばらしシートに転記する方法とした。これにより、それぞれの意見を尊重し、参加者全員が納得できる状態を保ちながら、有効な打ち手に短い時間で簡単につなげられるようになった。

3　保育へのKI活動導入に期待できる効果

　社会的要請として、インクルーシブ保育の実践が求められている。これに応えるには、一人ひとりの保育者に、特別なニーズを有する子どもとその家族に差別なく合理的配慮を提供する力量が必要である。一方、保育職場の特徴として、担任がクラスの責任をもつ個人商店的業務形態であることや、仕事で気になる子どもの保育をする中で困った時に教えてくれる先輩が少ないこと、新人保育者は仕事の進め方に関する提案がしづらい職場の雰囲気等がある。このような職場環境で、日々発生する様々な問題に保育者が単独で個々の事例に対応している現状がある。保育者は、担当以外の業務に関する当時者意識が希薄になり、知恵を出し合うこと、互いに助けあうこと等が少なくなることが高じて職場全体で

保育を推進する力が低下する。このような職場環境では、インクルーシブ保育実践者が育ちづらい。

　特別な意図をもって入園許可やクラス編成を行なわない場合には、各園の各クラスに「気になる子ども」は在籍している可能性がある。気になる子ども中でも特に衝動性の強い子どもは、事故やけがの確率が高いとの報告がある[12]。予知不可能な突発的な保育中の事故や子どもの急病に対しては、リスクに接する際にその背景まで広く考え、リスクの波及範囲を見極めて対処する力「リスクリテラシー」が必要である。また、平時の保育中の事故防止には、危険を予知し、安全策を検討し実践するための段取りミーティングが必要である。これらの業務は一人の保育者が担うべきものではなく、チームの協働なくしては成立し難い。

　そこで、本研究では保育KI活動を保育職場に導入し、風通しの良い職場風土づくりを通じて職場力の強化を図る。ここでいう風通しの良い職場風土とは、互いの気づきを遠慮なく出し合える職場の環境をつくり、課題の視える化などの方法によりメンバー全員で課題を共有すること、それぞれのメンバーが活発な議論を通じて課題解決のために知恵を出し合い、互いに協力しながら共通のゴールに向かって進んでいける職場の風土と規定する。

　風通しの良い職場風土づくりのための全員参加の活動により、職場の力を結集し、保育専門職チームとしてインクルーシブ保育を実践することが可能となる。また、保育者の人材育成面では、一人ひとりの保育者が自信とやりがいをもってインクルーシブ保育に従事できるようになると、人間関係の摩擦や、知識不足等による早期離職を回避できることが見込まれる。一方、子どもの最善の利益保障の面では、特別な支援ニーズをもつ子どもが、保育所等にてインクルーシブ保育を受け、発達段階

---

12 水野智美・徳田克己・西館有沙・西村美穂・安心院朗子 (2014)「ADHD 衝動型幼児の交通事故を防止するための教育方法の開発」研究結果報告書集「高齢者福祉」Vol. 20, 21.

に即したさまざまな経験を積むことが可能となる。

第5節　本研究のオリジナリティ

　医療分野で用いられるカンファレンスが、介護、さらに保育職場にも
紹介され、一部では適用されている。このカンファレンスでは、同一事
例を参加者全員で検討することから、ある一定の経験を積んだ人同士が、
自らの経験を相互に学ぶことで業務知識強化を図る取組みであると考え
る。

　筆者は、これまでにも度々述べたように、保育者の人材育成には保育
に携わる人の職務に関する気持ちを育てることがもっとも重要であると
考える。インクルーシブ保育という社会からの要求に対して保育職場が
応えるためには、個人で対応することは困難であり、保育者全員が仕事
を深く認識し、自分たちに合わせて仕事を定義しなおす作業が必要であ
る。

　この保育者の気持ちを育て、保育を個人商店的な仕事ではなく、チー
ムとして仕事を遂行するための現場レベルの取組みとして保育KI活動
を保育職場に取り入れる活動を行なった。これまでの研究においては、
個々の取組は幾つか存在するが、保育KI活動のように、個人の成長と、
チーム力の強化、仕事の遂行の3本の柱を同時に推進する試みはない。

　KI活動は、技術職場において適用・普及している手法であるが、仕
事を視える化し、仕事を構成する要素（課題）を把握すること、把握さ
れた課題を自分たちに最適なかたちに再構成（ばらす）することで、仕
事の進め方をチームとしてコントロールするという考え方は同じであ
る。

　しかしながら、技術職場と保育職場では、問題の捉え方、課題のばら
し方、仕事のコントロールの仕方については大きく異なる。

　保育職場では、技術職場ほどの緻密な制度は要求されていない。これらの職場の特徴を把握し、保育職場に適用するためにKI活動の手法を大きく変更した。また変更した手法は、繰り返し保育現場への適用を通じて更に課題を洗い出して手法そのものの改善を継続してきた。

第6節　小括

　本調査研究では、職場風土や保育者の人材育成に関する課題の分析を通じて保育者の知識及び技能の向上に関わる施策検討につながる着眼点を明らかにすることを目的として、834名の保育者を対象に意識調査を実施し、有効回答及び公表の承諾が得られた716名分の回答を分析した。

　この意識調査では、人材育成につながる職場マネジメントを「職場の目標・課題の共有状況」「職場のコミュニケーション」「相互の協力・連携体制」「学び・向上意欲」の4項目の観点から実施した。さらに、その職場マネジメントの（定義度）と（実施度）について回答を「職層」「業務経験年数」「保育者数」「園児数」などの観点でクロス集計することで、一段深い課題の把握を試みた。

　分析の結果から、職場全体で共有すべき大きな課題の認識が低いこと、自由に会話できる場が少なく本音での会話も活発でないこと、忙しい中で互いに協力しながら業務を進めているものの、仕事の経験を通じて学んでいくOJT環境が私立園などで十分とは言えないこと、学びの意欲を維持し相互に研鑽する必要性は認識しながらも、実際にはさまざまな制約から実施できていないことなどの課題が把握できた。

　本調査で把握した課題についてさらに追跡調査を行った上で対策を検討し、保育職場の活性化と人材育成の手法である保育KI活動において活用する。

第3章　インクルーシブ保育推進に向けた保育KI活動の適用可能性

第1節　保育KI活動の適用準備

1　従来の保育現場における取り組みと保育KIとの相違の整理

　保育KI活動を進めるにあたり、従来の保育現場での取り組みと保育KIとの相違について整理する。保育者が知見を整理する手法の導入事例について、国立国会図書館の文献検索において該当数の多い手法を対象に、手法のねらいとその特徴を保育KI活動と比較する形式で表9に掲示した。

　保育記録等を使用して行われる事例検討会「保育カンファレンス」は幼児理解と保育の省察が目的とされ、実践報告が出されている（中島、2016）[1]（君岡、2016）[2]。保育カンファレンスの課題としては堀越（2015）[3]や利根川ら（2015）[4]が対等性の実現の困難性を挙げている。松井（2009）[5]は、保育カンファレンスで周囲の人に影響を与えるキーパーソンの発問に着目した。香曽我部（2014）[6]は過去から現在に至るまでの自らの援助や環境構成のあり方を振り返る目的でTEM保育カンファレンスを発案

1 中島陽子・福田久美子（2016）「水・砂・土との触れ合いの中で見えてくる子どもの思い、私たちの思い：エピソード記録と保育カンファレンスを手掛かりにして」『保育所保育実践研究報告集』10, 138-140.
2 君岡智央（2016）「試行錯誤し工夫しながら遊ぶための環境・援助とは -5歳児における作って遊ぶ活動に焦点をあてて」『広島大学附属三原学校園研究紀要』6, 45-50.
3 堀越紀香（2015）「保育カンファレンスを通して保育者の資質向上をめざす」,『発達』36（142）, 57-63.
4 利根川智子・和田明人・音山若穂他（2015）「継続的カンファレンスへの参加における保育者の課題意識」,『東北福祉大学研究紀要』39, 37-47.
5 松井剛太（2009）「保育カンファレンスにおける保育実践の再構成：チェンジエージェントの役割と保育カンファレンスの構造」『保育学研究』47（1）, 12-21。
6 香曽我部琢（2014）「保育者の時間的展望の共有化と保育カンファレンス - 複線経路・等至性アプローチを用いた保育カンファレンスの提案 -」,『宮城教育大学紀要』49, 153-160.

した。また亀山(2012)は、KJ法を用いて保育記録を分析した。中坪(2015)はKJ法とTEM(複線経路・等至性モデル)を活用した園内研修を試みた。矢野(2016)は、Tony Buzanが開発したマインドマップを保育学生のノートテーキングに試用した。

保育KI活動では、これらの先行研究や保育職場の特徴を精査した上で、保育分野に適用するための工夫を加えている(表9最右列)。例えば保育カンファレンスでは、発言が特定の発言者に偏る傾向があるとの報告がある。筆者は、それは全員が同じ視点で観察を行なうことに一因があると考えた。そこで保育KIでは、参加者がそれぞれ自分の視点での気づきを発言することとした。それは、年長者が経験の浅い保育者の意見を否定することは可能でも、気づいた事実を否定することは困難であると考えられるからである。このように議論への全員参加と全ての発言が尊重されること(これを発言の対等性と定義する：表9①)が確保されるように、KI手法の改善を行った。

同様に、職務経験の異なる参加者同士であっても一定の成果に辿り着けること(これを等至性と定義する：表9②)、関係者全員がまとまった時間を確保して議論をすることが困難な保育職場の現状から、短い細切れの時間でも効率よく作業をすることが可能なレジューム性についての改善を加えた(表9④)。

本研究では、保育KIの適用可能性の検証を現職の保育者研修において実施した。さらに、①発言の対等性、②等至性の2視点の確認を行なった。

岩間(2005)[7]は、社会福祉施設職員や介護支援専門員(ケアマネージャー)、看護師等の援助職にある人が行なう対人援助の事例研究を、「ケースカンファレンスによって、当事者本人の理解を深め、そこを起

---

7 岩間伸之（2005）『援助を深める事例研究の方法　対人援助のためのケースカンファレンス』第2版, 20-66, ミネルヴァ書房。

表 9　保育者が知見を整理する手法の整理（筆者作成）

手法	ねらい	手法の概要	留意点	手法の課題	H-KI（課題ばらし）の工夫点
KJ 法 *1	経験的理解の実証／未発見の理の発見	日常のやその記録の中から共通概念を抽出する	発言者の偏りに配慮が必要	共通の概念を抽出するために沢山の意見が必要	検討が必要な対象を必要な粗さで整理を行うことで、検討効率を向上させる（③作業性）
KJ 法＋TEM *2	仮説の生成を促す／感情理解を促す	時間の流れに即して事象をとらえる	視点の共有と討議時間とのバランス調整	全員が同じ視点を持つに観察に時間をとられる	討議が中断しても、後日支障なくスタートできるように、シート設計をする（④レジューム性）
保育カンファレンス *3	幼児理解／保育の省察	参加者全員が共通の視点から事象をとらえる	発言者の偏りに配慮が必要	年長者への遠慮から、自分の意見が出しにくい	自分自身の視点ごとに気づきを整理する（①発言の対等性）
保育カンファレンス＋TEM *4	等至性の確保	TEM 図に事象を時系列に整理する	園固有の文化により、議論が硬直化する	複雑なケースは、TEM 記載内容が爆発的に増加する	保育ばらしシートで整理する粗さを制御することで、網羅性と②等至性とのバランスを確保する
マインドマップ *5　の効果　一貫性／容易性	試行を系統図（マインドマップ）に表す	第三者にも分かりやすい系統立てが必要	マップの作成には習熟が必要	課題抽出に差異が出にくいように保育ばらしシートを工夫した（②等至性）	

*1（亀山 2012）,*2（中坪 2015）,*3（堀越・利根川ら 2015）,*4（香曽部 2014）, *5（矢野 2016）

点として対人援助の視座から今後の援助方針を導き出す力動的過程」と定義した。ケースカンファレンスでは、司会者、事例提供者、参加者に加えて、助言者（スーパーバイザー）が入り、10名から15名での開催が推奨されている。スーパーバイザーについて岩間は、「事例に対する客観的かつ適切な助言と支持的な機能を重視し、機関の外部から有識者や専門家を助言者として招く」ことを基本とした。この助言者に期待される最も大きな役割については、「客観的かつ専門的な視点からのコメントの提供や最後のまとめをすること」である。ケースカンファレンスは、「開会、事例の提示、事例の共有化、論点の明確化、論点の検討、まとめ、閉会」という流れで進められる。

　以上のことから、ケースカンファレンスでは、事例を知り、その事例を参加者が追体験することによって自らの実践と照らし合わせて省察することができるものと言えよう。しかしながら、新人職員や経験の浅い職員にとっては、参加者の意見やスーパーバイザーのコメントを聞いて知識を得ることはできるが、自ら活発な意見を述べることは難しい。そのことは、筆者が過去に参加したケースカンファレンス（参加者20名程度）にて、筆者自身も体験した。そこで紹介された事例は難病の子どものケースであったことから、事例の提示の後で意見が出せたのは、その難病について知識を持っていたスーパーバイザーの医師のみであった。その他の参加者の中で、実践経験豊富な数名が事例提供者やスーパーバイザーに質問をし、事例提供者もしくはスーパーバイザーがそれらの質問に回答する形で進んだ。その内容は、ケースカンファレンスではなく、実践事例報告会であった。このような機会は、知識を得るための学びにはなるが、発言の対等性は低いと言わざるを得ない。

　一方、保育KI活動では、助言者による専門的な視点からのコメントは必要としない。活動のリーダーであるファシリテーターが、5名程度のチームメンバーから活発な意見を引き出していく形態で進行する。各

職場で生じている、保育業務に関するさまざまな問題をテーマとして話し合い、各メンバーがお互いの意見から気づきを得ることにより、今後の仕事の進め方をメンバー全員で組み立てていくものである。保育KI活動は、業務目標の達成、人材育成、チーム力強化を同時に達成しようとするものである。以上に述べたように、ケースカンファレンスと保育KI活動では、目的、メンバーの構成、取り扱うテーマの多様性、活動内容、活動の進め方等の点で相違がある。

2　技術KI活動方法の保育職場への適用に向けた改造

保育KIでは、保育職場における課題ばらしの方法や、課題解決方法である「気づきから保育者による合理的配慮に導くプロセス」等、活動方法の一部を保育職場向けの工夫を取り入れて改造した。また、本活動に用いるツールとして「保育課題ばらしシート」や「3層図：困っている子どもに寄り添う」を保育職場向けに考案した。各図表については、詳細を後述する。

改造したKI活動は、従来のKI活動との区別のために、保育KI（略称:H-KI）活動と命名した。前述したようにKIとは、Knowledge intensive staff Innovationの略であるが、ここでのInnovationは単なる保育技術の向上を意味するのではなく、人・組織・社会とのかかわりの改善全般を指している。

3　保育KI活動のステップ1-6

技術KI活動には、厳格に守らなければならない規定はない。保育KI活動においても、各職場の環境・状況に適応し独自スタイルに深化させて職場に適用することを想定している（図25）。

保育KI活動を保育職場に導入するにあたり、技術KI活動のステップを保育職場に受け入れ易い形にアレンジするだけでなく、各職場の状況

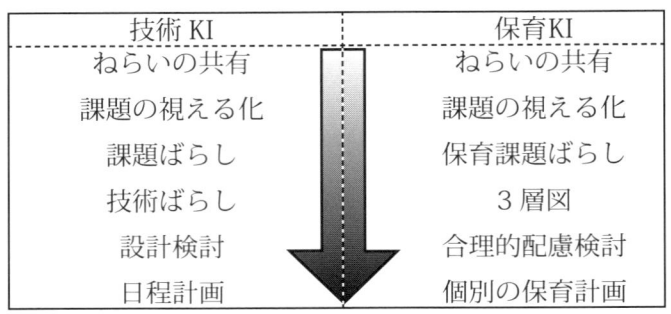

図25　技術KIと保育KIのプロセスの違い（筆者作成）
（気になる子どもの発達支援をテーマとした場合）

に合わせて進め方を調整する方法を採用する。この考え方に沿って保育
KI活動のステップとしてStep1-6の手順を設定した。KI活動には活動
が定着したと判断する幾つかの指標があるが、本論文では特定の園内に
限定した検証ではなく、多数の幼稚園・保育所の職員が集まる保育者研
修の一環として行なうためStep1-4までを行ない、保育者が相談しなが
ら整理した合理的配慮や研修終了後の変化を解析することで保育への適
用可能性を判断した.

Step1　KI活動の基本原則の共有
Step2　職場の状況の視える化
Step3　職場の課題の共有（保育課題ばらし）
Step4　課題解決方法とプロセスの検討
Step5　課題解決の役割付与と目標共有
Step6　活動のフォローアップ（活動知見の概念化）

以下に、それぞれのステップについての概要を説明する。

　　Step1　KI活動の基本原則の共有
保育KI活動の基本原則である「全員参加」「全員平等」「全員発言」の
各ルールを全員が遵守し、職位や経験年数等による発言力の差がない状

態で、各自が自由かつ積極的に発言し、また他の参加者の発言を十分に尊重して聴くことについて全員の理解を得る。保育KI活動において参加者が必ず守らなければならない数少ないルールに、「他人の意見を批判しないこと」がある。他の人の意見をよく聴き建設的な議論ができるように、参加者の心構えについて十分に理解を得ておく。

Step2　職場の状況の視える化

現在の職場の状況を共有するために、全員参加で現場の状況をまとめる。まとめ方にはさまざまな方法があるが、参加者の視点が異なることで感じている職場の状況が異なることから、必ず全員の目線で状況を整理する。整理方法は、全員が意見を出しやすいことから始める。当初は付箋に書き出したものを集めてもよいが、まとめる段階では必ず全員が銘々の紙に書き出し、職場の全体の課題を偏りなく記述する。

Step3　職場の課題の共有（保育課題ばらし）

保育KI活動では保育内容はもとより、保育業務に関するあらゆる問題をテーマとして課題ばらしをする。例えば、気になる子どもの保育をテーマとした場合には、日常の保育中での園児との関わりを通じた気づきの中から、課題である「子どもの困り感」を見つけ出す。見つけた課題を「保育課題ばらし」の手法を用いて整理する。保育課題ばらしとは、職場の「現状」と「望ましい状況」との間にあるギャップを課題として散り散りに分解（ばらす）し、関係者間で共有化するために視える化していく工程である。この時にばらす粗さ（粒度）は、後に課題解決のために対策を検討するときに障がいとならない程度にすることが重要である。

その理由は、課題が過度に粗い粒度のままであると実効性の高い対策の検討が困難となり、逆に著しく粒度が細かすぎると些細な対策を非常

に数多く検討することになり、効果が低くなるからである。

　保育KI活動では、課題の粒度、検討の深さや範囲のレベルを一定にするために筆者が考案した「保育課題ばらしシート」を用いている。同シートの概要については後述する。

Step4　課題解決方法とプロセスの検討

　Step3で選択した「解決を優先すべき課題」について、困っている子どもの現状と望ましい状況とのギャップを抽出し、望ましい状況に導くまでのステップを検討する。ばらした課題の中から合理的な配慮が必要な課題を選択する。この課題解決の必要性の整理と選択は、課題の「重要性」「出現頻度」「回復困難性」を考慮した優先順位をもとに行なう。

Step5　課題解決の役割付与と目標共有

　抽出された「解決を優先すべき課題」について、担任や支援を行なうその他の保育者間でどのような役割を分担するのか、予め相談を行い決めておく。特に担任の目が届きにくい場面での支援役の保育者の観察の気づきは、子どもに寄り添う支援の計画立案に非常に重要な情報源となることから、関係者間で把握できている子どもの困り感や観察の視点等について十分な情報共有を行っておくことが必要である。また、それぞれの気づきは気づきの無かった保育者も含めてすべての保育者間で共有することにより、新しい気づきや合理的配慮につながることが期待されるため、定期的な共有の場を設けることは必須である。

　複数の関係者がいれば、当然ながら気づきの内容やレベルにも異なりがでる。この異なる気づきを共有することで新たな気づきが生まれ、またそのプロセスを通じて保育者も育つ。

Step6　活動の振り返り（活動知見の概念化）

　保育KI活動において重要な事項の一つに、活動の評価をマイルストーンにおいて行ない、活動を総括した上で次の行動計画に反映させることがある。保育KI活動ではこれを「活動の振り返り」と呼ぶ。活動の振り返りでは、「目標通りに行動ができたか」「ギャップが生じたのであれば、原因は何か」「その原因を引き起こした真因は何か」「どのように行動できれば、それは回避できたのか」等について、関係者がそれぞれの立場で活動の経緯を振り返り、次回の活動の参考にする。

　この概念化のプロセスを経ることで、暗黙的に認識されていた活動中の気づきを関係者が共有できる知見とすることができる。

　このプロセスこそが最も重要なOJTであり、保育KI活動における保育者の人材育成の要の部分である。また、この知見を適切なメディアに保存し、参照可能な状態にしておくことで、形式知としての再利用が可能となる。

第２節　保育KI活動の試行１（適用可能性の検証）

　2015年度にA県の幼稚園団体（加盟園400園以上）・保育団体（加盟園300園以上）の現職保育者を対象に、保育KIのStep1からStep4に相当する活動を事前準備編と実践編との２回に分けてワークショップスタイルで行った。その実施内容と結果について、ワークショップ資料と参加者アンケートの分析を基に保育KIの適用可能性を検討した。本節ではこの試行1について報告する。

1　試行１の概要
1－1　保育KI活動の試行１ワークショップ日程
　保育士、幼稚園教諭とも、間に２週間の自職場での課題検討期間をは

さんだ半日のワークショップ型研修を、2回に分けて実施した。

1－2　ワークショップの参加者

　幼稚園団体・保育団体の各団体の研修部を通じて、それぞれの加盟園から「気になる子どもの発達支援」をテーマとする研修参加者を、保育経験年数不問で募集した。

① 保育士のためのワークショップ

　　受講者：保育士24名。運営支援者：4名。

　　運営者：3名 (筆者含む)。

② 幼稚園教諭のためのワークショップ

　　受講者：幼稚園教諭21名。運営支援者：4名。

　　運営者：3名 (筆者含む)。

　倫理的配慮

　ワークショップで得た情報については、日本保育学会倫理綱領に基づいて個人情報を保護する。団体名・保育所名・個人名が特定されることのないよう十分に配慮した上で論文等にて公表することについて、幼稚園団体・保育団体の各団体の研修部から承諾を得た。

2　ワークショップの内容

2－1　課題ばらしの事前準備

2－1－1　研修のねらいと活動に必要な基礎知識の講義

　練習課題に取り掛かるにあたり、参加者の知識差を緩和するために、課題テーマに関する基礎知識の講義を行った。同時に、研修テーマである「気になる子どもの発達支援」に沿い、インクルーシブ保育を実践する保育者を育成する観点から研修資料の一部に障がい児保育に関わる法律「障害者差別解消法」と、発達障がいのある子どもが当事者となった

裁判の判決文を導入した。

　講義の内容は、以下の3項目である。

・2016年4月施行「障害者差別解消法」の目的・内容・キーワード（差別、社会的障壁、合理的配慮）を「自閉症スペクトラム（ASD）のある子どもの食事指導」の場面に即して概説。

・ASDのある子どもの「偏食の特徴」「偏食が生じる理由」の概説。

・社会的障壁（事物・制度・慣行・観念）の概説。

2−1−2　グループ議論による保育課題ばらし

　保育KI活動の適用にあたり、受講者に保育課題ばらしの手法を理解してもらうために、予め準備したケースを使って保育課題ばらしの練習を行った。保育課題ばらしは、10人までの少人数のグループで行なうことが理想である。人数が多過ぎると発言機会が少なく、人数が少な過ぎると検討内容が偏ってしまう傾向がある。今回は検討時間が短いため、各自が十分に発言する機会を確保するねらいから、1グループを4名で結成した。次に、講師が保育課題ばらしの「場面」「社会的障壁」「困り感」「合理的配慮」の各ステップの作業内容についてレジュメを用いて受講者に説明した。

　今回の保育課題ばらしの練習には、題材として保育士の不適切な食事指導が原因で精神疾患を発症したASDのある子どもの裁判事例を用いた。

　講師は、予めこの裁判の判決文の中から保育者と子どもとのかかわりに関する主要な部分を抽出して受講者に提示した。これは、全ての詳細な状況を提供して厳密に裁判事例を解析することよりも、不足している情報は自らの職場の状況や体験に置き換えて課題ばらしにあたることの方が、受講者にとって学習効果が高いと想定したためである。このようにポイントを絞って課題を示した結果、どのグループも講師から与えら

れた課題テーマに埋め込まれた課題よりも、さらに多くの課題を抽出することができた。

2－1－3　保育課題ばらしシート作成練習

課題テーマである判決文の情報を用いて、「場面」を当該児の給食時間帯として設定し、「困り感」「社会的障壁」「合理的配慮」をグループ内で相談しながら整理する作業を行なった。グループ毎に、A0サイズ模造紙に保育課題ばらしシートのフォーマットに倣って記入用フレームを作成し、付箋に記入したメンバーの意見を貼り付けていく作業を行なった（図26）。ワークショップの運営者は、机間巡視を行い作業の停滞や疑問点等に対する助言を行った。この時に行った助言で特筆することは、当初は参加した保育者が当事者である子どもの目線で「困り感」を抽出することができずに、保育者の立場での「困り感」の抽出例が多数見受けられたことである。これらについては講師により適宜指摘を行い、早めの方向修正を行った。この結果として、全参加者が課題抽出のための

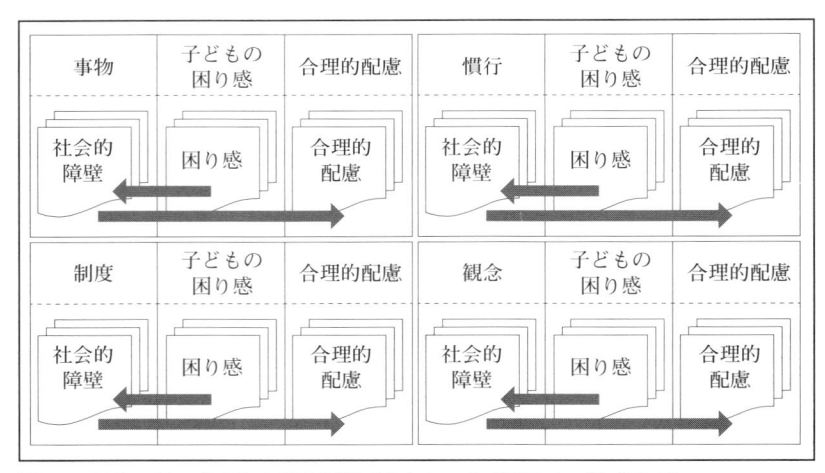

図26　保育KI用に考案した保育課題ばらしシート（試行１）（筆者作成）

　視点を補正し、子どもの目線での「困り感」の抽出ができるようになった。
　また、実際の職場では1つの「困り感」に対して非常に数多くの「合理的配慮」が検討される必要があるが、このワークショップにおいては「困り感」よりも少数の「合理的配慮」しか掲出できなかったグループもある。これは、課題ばらしが初めてであったことから作業時間の配分に失敗し、困り感の抽出作業と発表資料作成で時間切れとなったためであった。

3　保育職場における保育課題ばらし実践

3－1　次回の課題の設定と共有

　実践研修と位置づける第2回のワークショップにて、各グループで議論するモデルケースを設定した。このモデルは、グループ内の保育者が担任する1人の「気になる子ども」の事例を第2回のワークショップの検討モデルとして提供し、園での様子等事前検討に必要な情報をグループメンバー間で共有した。ここでグループ毎に1人の「気になる子ども」の検討モデルを設定した理由は以下の2つである。1つ目は、各メンバーがそれぞれ担任する「気になる子ども」の検討モデルを元に課題ばらしを行った場合には、メンバー間で「合理的配慮」を議論することが困難になるためである。2つ目は、グループの中の1人が担任、それ以外の保育者が相談を受けた保育者の役割を仮想的に果たすことで、経験の違い等による様々な視点からの「合理的配慮」の抽出を期待したためである。

3－2　保育課題ばらしシート作成の単独実践（事前検討課題）

　第1回ワークショップでモデル児童として設定し、園生活における情報を共有した当該児の「困り感」「社会的障壁」「合理的配慮」について、全グループメンバーが第2回の実践編ワークショップまでの期間（2週間）に自職場での保育実践を通して検討し、この検討内容を保育課題ばらし

シートに整理して持参することを課題として出した。この時に担任保育者から提供されなかったモデル児童の情報については、自園での経験を加味して想定して良いこととした。

4　グループディスカッションによる合理的配慮の深化
（第2回ワークショップ）
4－1　各自の保育課題ばらしの共有と合理的配慮の検討

　各メンバーが持ち寄ったモデル児童に関する「保育課題ばらしシート」（図26）の情報を共有し、グループ内で対象児への合理的配慮を検討した（課題解決のための合理的配慮の検討）。

　次にグループ議論でまとまった内容をもとに「3層図：困っている子どもに寄り添う」を作成した。3層図の詳細なレイアウトは自由としたが、必須の記載項目として「困り感」「社会的障壁」「合理的配慮」の3層を設定し、必ず検討結果が合理的配慮に結びつくようにすること等、作業の留意点を受講者に解説した。ここでのポイントは、各自が持ち寄った検討内容を照査し、その議論の中から新しい気づきを得てさらに高いレベルの「合理的配慮」の考案に至ることである。今回の実践では、研修時間の制約から75分のグループ議論時間を設定したが、3時間程度を確保するのが理想である。図27に、試行1の第2回ワークショップで、あるグループが作成した3層図を例示した。

4－2　「合理的配慮」のグループ検討内容の発表
（参加者全員での共有と新しい気づき）

　各グループで議論した合理的配慮の内容についてグループ単位で発表し、参加者全員で共有した。発表内容は「気になる行動と当該児の困り感（現状）」「望ましい状況・行動とのギャップを生む要因である社会的障壁（解決すべき課題）」に対して「合理的配慮の検討（課題解決の検討）」

の3項目を3層図に表現し、同図を用いてグループとして明日からの保育での実践を想定した合理的配慮の説明を行なう（図27）。発表後には、発表者とフロアの保育士もしくは幼稚園教諭、園長、特別支援学校教諭、講師（筆者）との間で質疑応答を行い、その合理的配慮に辿り着いた経緯等を共有した。この質疑応答の中で、さらにさまざまな視点からの意見や経験を交換することで、活動参加者の新しい気づきにつながることを期待した。

４−３保育 KI 試行１の効果確認
４−３−１課題ばらしシートの分析結果

　各自がホームワークとして事前に作成した「保育課題ばらしシート」と、実践編ワークショップで作成した3層図との差異を照査し、ワークショップでのグループ議論の内容を分析した。グループでの議論時間は

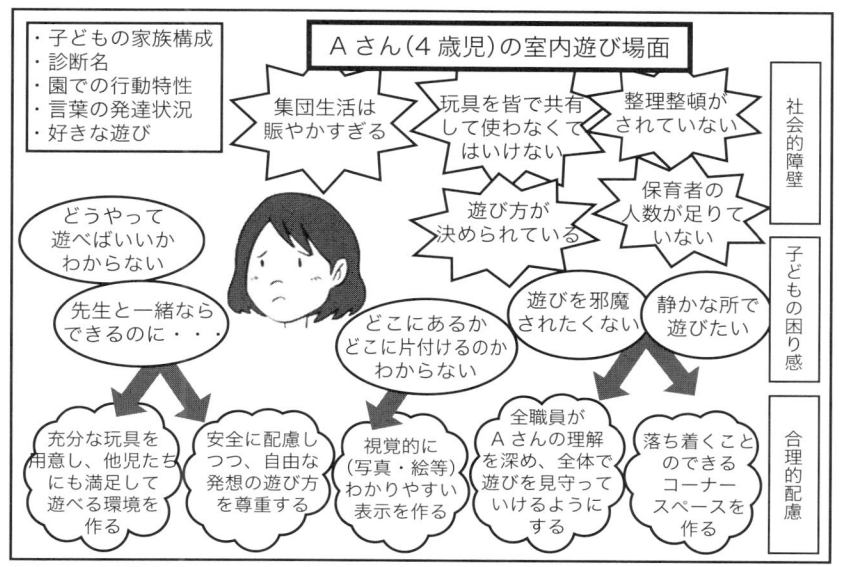

図27　3層図：困っている子どもに寄り添う視点から（試行1）（参加者作成）

75分程度と短時間ながら、保育者同士の議論によって合理的配慮内容の高度化が確認できた。例えば、あるグループの保育課題ばらしシートの「合理的配慮」には「給食の時間をなるべく多くとり、量の配分を考える」「好き嫌いを把握して配膳を考慮する」との記述がみられた。この2件の合理的配慮はグループ議論を経て、より子どもの立場を理解した「給食の量を一緒に決めて、まず完食する喜びを味わってもらう」に変化していることが確認できた。このように短い議論時間であっても、お互いの配慮の内容を共有することで、さらに高いレベルの合理的配慮に到達している。

4−3−2 フォローアップアンケートの分析

　保育士、幼稚園教諭に向けて、本ワークショップの終了後に1か月程度の期間をあけて、それぞれ2回のフォローアップアンケートを行った（郵送による自記式質問紙調査）。一般に研修参加者へのアンケートでは、研修内容に肯定的な意見が集まりやすい。

　今回の研修においても定量的に集計できる回答は同様に肯定意見が多数であった。そこで、研修参加の満足度を質問した項目の集計結果ではなく、参加者が職場に戻ってから回答した延べ175件の自由記述を解析し、この検証にあたり筆者が予め想定していた範囲の反応であったか、それとも予想外の反応であったのかを整理した。その結果、ポジティブな意見もネガティブな意見も、予め想定していた範囲内のものが多かった。ネガティブな意見も今後の手法の改善作業により改善が見込めることから、保育KIは保育職場への適用が可能であると判断し、保育職場への適用準備と効果の確認活動へ進むこととした。

第3節　保育KI活動の試行2（適用可能性検証）

2015年度の試行1により保育職場への適用可能性が確認できた保育KIの導入効果を、2016年度の保育士研修において計測することとした。本節ではこれについて報告する。

1　試行2の概要
1－1　施行1で使用したシート類の改善

試行2では、保育のリスクマネジメントを検討テーマにした。効果計測の事前準備として、試行1で明らかになった課題に対して手法の改善を行った。例えば、保育課題ばらしシートに用いた用語が理解しづらかったとの意見が多かったため、シート類の表記を保育士が日常用いる平易な言葉に変更した。さらに3層図の各層を検討テーマに合わせて「課題ばらし」「リスク評価」「リスク対策」の三つに層別した（図28）。

また、試行1のワークショップに用いた教材は、短時間に作業が完了できるように参加者が検討する範囲を絞ったシンプルな構成にしていた。このため、保護者とのコミュニケーションを課題として抽出するように筆者は設定しなかった。しかし、フォローアップ調査の中で保育者

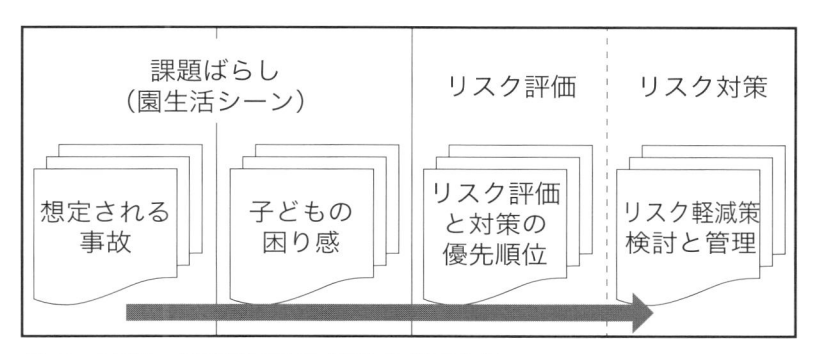

図28　3層図：保育事故の回避（試行2）（筆者作成）

が現に困っていることとして、7名の保育者から保護者とのコミュニケーションが課題として提起された。これを受けて、別刷りの資料にリスク管理に関係する「子ども」「保育士A」「A以外の保育士」「環境」「設備」「制度」の各要素を示し、それぞれの要素間の関係を意識しながらリスク管理の検討を参加者が行なうように改良した。

1−2 保育KI活動の試行2 ワークショップ日程

保育団体（加盟園300園以上）が保育KIを2016年度の保育士研修に正式採用し、半日研修を5回開催した。本研修は連続研修であり、同じ参加者が5回参加するものであった。（2016年6、8、10、12月、2017年2月に開催）

1−3 ワークショップの参加者

A県保育団体の研修部を通じて、加盟園から「保育士の人材育成」をテーマとする研修参加者を、保育経験年数不問で募集した。

受講者：保育士16名。運営者：2名（筆者含む）。

運営支援者：2名。

倫理的配慮

ワークショップで得た情報については、日本保育学会倫理綱領に基づいて個人情報を保護する。団体名・保育所名・個人名が特定されることのないよう十分に配慮した上で論文等にて公表することについて、保育団体の各団体の研修部から承諾を得た。

2 ワークショップの内容

研修テーマである「保育KI活動における園長・リーダーの役割」に沿って、研修のねらいと活動に必要な基礎知識の講義を行なった。講義の内

容は、以下の3項目である。
- ・保育KI活動の意義、期待される効果、内容、進め方の手順。
- ・保育KI活動を進めるための園長・リーダーの役割。
- ・保育課題ばらしのテーマである「保育のリスクマネジメント」の説明。

　講義では、インクルーシブ保育の定義と必要性を説明したうえで、気になる子どもは事故に遭ったり、けがをしたりする可能性が高いこと、インクルーシブ保育を各園で実践するために、風通しの良い職場風土を作って学び合う必要があることを説明した。

3　保育KI活動試行2の効果確認

　図29に、ワークショップにおける気づき数の変化をグループ毎に示す。本グラフは、記録者が各机を巡回しながらグループ議論中の課題シートを写真撮影した画像を解析し、時間経過とともに増加する気づきの数をグラフにしたものである。

　議論に割りあてた50分のうち、最初の10分を個別に、次の10分を議論しながらリスクを抽出した。リスク抽出後には、子どもの困り感を議論するという手順で進行した。今回は検討時間が50分と短かったために意見が出尽くす状態には至らなかった。本ワークショップ教材の作成にあたり筆者は、課題抽出の難易度を単純に気づきについて発案する件数（単純気づき発案数）で1分あたり1件と設定したが、各グループとも時間の経過とともに想定したペースで気づきを増やしている。

　表10にグループ毎の気づき数を集計した。気づき数には個人差があるものの、リスク課題と困り感課題の抽出においてグループへのそれぞれの貢献が確認できた。

　保育KIは、現在把握できている事実から未来を想定して議論を進め

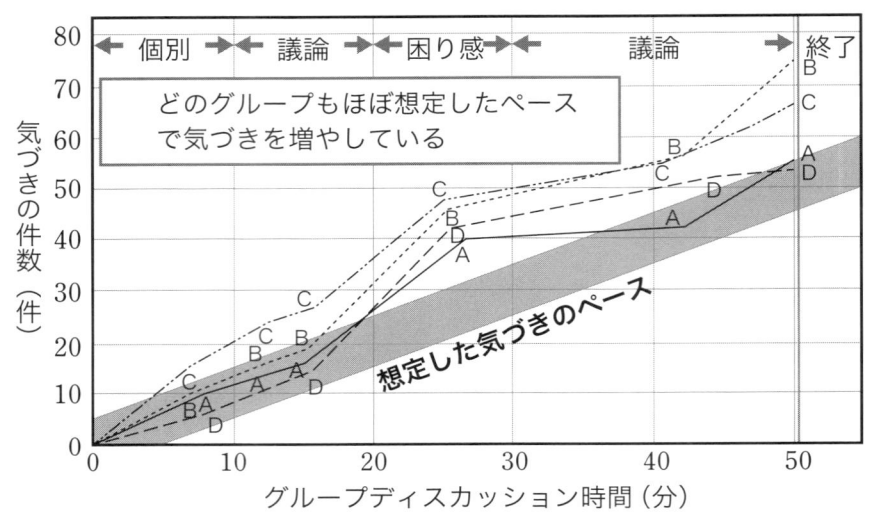

図29　各グループの保育KI活動による気づき数の推移（試行2）（筆者作成）

表10　グループ毎の気づきと課題抽出数の比較（試行2）（筆者作成）

	A グループ				B グループ				C グループ				D グループ			
単純気づき発案件数	59				74				66				56			
（個人別）	28	12	8	11	23	18	19	14	37	8	9	12	19	19	11	7
設定課題クリア件数	24				28				26				24			
（個人別）	22	10	8	10	16	17	18	14	23	6	8	11	11	16	9	3
リスク課題抽出件数	16				18				15				14			
（個人別）	16	2	3	2	6	6	10	5	14	3	3	6	4	11	3	0
困り感課題抽出件数	8				11				11				10			
（個人別）	6	8	5	8	10	11	8	9	9	3	5	5	7	5	6	3
設定課題クリア率（%）	72.7				84.8				78.8				72.7			

るために気づきを100%出し切ることは考えていない。このため保育KIでは、事例にもよるが70%程度の課題抽出ができればよいと筆者は考えている。さらには、経験のない難しいテーマであればもっと低くても良い。どのグループも想定時間内に気づきが想定レベルに到達していることから、等至性が確認できた。

　各テーブルには職務経験の異なる保育者を組み合わせて配席したが、各グループが抽出した気づきの数に有意差は確認できなかった（P>0.05）。また、すべての参加者がそれぞれにグループの課題抽出に寄与する発言をしていることから、発言の対等性が確認できた。

第4節　保育KI活動試行2の効果確認

1　保育KI活動の効果の確認

　2016年度には、試行2により保育職場への保育KI活動の導入効果を確認した。保育KIがねらいとするのは、保育士が自分の仕事を自分でコントロールする意識を取り戻すことにより、仕事にやりがいを感じ、自分の成長に向けた活動ができることである。

　少なくない数の保育士が、僅か数か月で離職していく。この職場環境のなかで、ケースカンファレンスや事例報告会が、新任保育士が自分で仕事をコントロールする意識を取り戻すための手法にはなり難い。保育職場における気になる子どもへの配慮に関する気づきについて、①発言の対等性、②等至性、③作業性、④レジューム性、⑤網羅性の各観点から従来手法の課題と比較しながら効果を確認した。

1　発言の対等性

　保育における「気づく力」を育成する手法としてすでに取り入れられている方法の一つに、保育カンファレンスがある。これは、特定の事象

を参加者全員が共有した後で、その事象に関する自身の気づきを述べることにより、他の参加者の知見を学ぶことがねらいである。この保育カンファレンスでは、同じ事象を参加者が確認することから、経験の豊かな参加者と経験の浅い参加者との発言に差異が発生しがちである。経験の浅い参加者にとって、熟練保育者の発言と異なる視点から発言することは躊躇される。

　第2章でも述べたように、もとより学校文化及び保育職場の文化には、たとえ同期であっても、他の職員の担当領域（学年、クラス、校務分掌等）に対してコメントすることを控える傾向がある。その領域のギャップに加えて、職務経験年数に差がある場合には、経験年数の浅い保育者が遠慮をして、本音で発言することができていないことがわかっている（第2章図23）。職務経験年数の長い保育者は、職場において本音で会話する必要性が高いことを認識しており、尚且つそれが実行できている。さらに熟練保育者は、自分たちと同じように、若い保育者たちも職場において本音で発言できていると認識していることがわかっている。

　職務経験年数の長い保育者と短い保育者との間には、発言の対等性について、いずれも必要性は認識しているが、実施度に大きな認識のずれが生じている。以上の理由から、保育カンファレンスでは全員が活発に意見を述べてより多くの気づきを共有することは難しいといえる。

　一方の保育KI活動では、それぞれの参加者自身が気づいた事実について対等に会話することが求められる。たとえ熟練保育者や管理者であっても、参加者から出された意見を否定することは認められない。また、熟練保育者であっても他の参加者から出された事実を否定することは容易ではない。

　この発言の対等性とは、発言機会の対等性のみをさすのではなく、発言の扱われ方に対する対等性、すなわち発言尊重の対等性を含むものである。

　カンファレンスのように、同一のテーマを検討する場合に、取り上げられたテーマに関する参加者の知識や経験に大きな差異がある場合には、経験の浅い参加者の発言が、経験の豊富な参加者の発言と対等に扱われることは期待できない。

　保育KIでは、各保育士が自分で見聞きした事実に基づいて気づきを述べる。そのため、他者が発言した事実を否定することは難しい。また、KI活動の基本コンセプトとして、すべての発言を等しく扱うことがファシリテーターに要求されている。

　今回のワークショップ（試行2）においても、経験や職位の異なる参加者同士で討議グループを構成したが、それぞれの参加者が躊躇することなく自由に気づきを抽出できたことが確認できた．

　発言の対等性は、保育KI活動の基本原則である。これが保障されなければ、若い保育者から熟練保育者までが年齢や保育経験等のさまざまなギャップを越えて学び合うことは困難である。この発言の対等性が保障されることによって、新人保育者や、遠慮して発言を控えていた保育者が生き生きと発言できるようになった。

　それについては、試行3のフォローアップ訪問時における保育士の言葉によって検証することができた（cf. 第 3 章第 6 節）。

2　等至性

　等至性は、保育KI活動の大きな特長である。保育職場では、子どもの在園時間が長いこともあり、ミーティングのための時間の捻出に苦労しているところが少なくない。それは、試行3のフォローアップ訪問時における保育者の言葉からも明らかになった。保育KIには、このような保育職場の特徴に対応する等至性がある。保育KIでは、課題ばらしシートの活用により、短い細切れの時間を複数回繰り返すことによって話し合いを進めることが可能である。仮に時間切れでミーティングを中断し

た場合にも、次回には中断した時点からすぐに話し合いの続きが開始できる。

　この等至性の観点から保育KIとKJ法とを比較する。保育KIで用いるばらし手法は、発想法ではなく、構造化手法の一つである。これは、参加者が持っている暗黙知を形式知に変えていくことをねらいとしている。したがって、これまでに無かった新しい知見を探すものではない。KI活動でのアイデアの発想は、ばらし作業とは全く切り離してTRIZなどの発想法を用いて実施する。

　発想法の一つであるKJ法では、付箋などに書きだされたアイデアをある視点から観察し、10件程度のアイデアを小さなグループとしてまとめる工程がある。このグループを作成するときに、どのような観点で整理するかは、非常に多くのバリエーションが考えられる。このため、同じアイデアをもとにグループ化作業を行なっても、整理したアイデアから導かれた結果が参加者の手法の習熟度や業務経験の差により大きく異なることがある。

　また、KJ法では、小さなグループにまとめられたアイデア群のそれぞれに対して、そのグループを説明する文章を作成する。この作業において、まとめの言葉を漠然とした表現にしすぎるとそのグループに含まれるアイデアを著しく軽く扱うことになり、多くの貴重な意見が最終的に利用できない。保育KI活動では、このように参加者が手法を使いこなしているかどうかで作業結果に差がでないようにワークシートに工夫を行っている。

　また、KJ法などに代表されるブレーンストーミング的に気づきを抽出する方法では、参加者の経験や活発に発言する人がグループ内にいるかどうかなどで、発言数に大きな差がでることや、発言内容に偏りが見られることがある。

　今回のワークショップで使用した教材をあらかじめ、保育職を志望し

ている高校生、保育者養成校に入学して間のない学生、実習直前の保育者養成校の学生、実習を終了した保育者養成校の学生、現役の保育者（若手、熟練保育者、所長など各層）、特別支援校の熟練教員、児童デイサービス職員など総計300名程に取り組んでもらい、気づきの抽出数についてデータを取得した。

　上記のデータを分析し、今回のワークショップに参加する職員の勤務経験などから気づき数の推定到達レベルを設定した。ワークショップ中に、専任の記録員が数分ごとに各グループの回答状況を参加者ごとの発言数が判断できるように記録した。この記録を分析した結果、どのチームも設定されたレベルに到達できたと確認できた。

3　作業性

　ブレーンストーミング法は、それぞれの参加者が思いついた気づきをすべて書き出す作業と書き出された気づきをカテゴリ化して10件程度の中規模のグループに再編する作業、グループ化された気づきを説明する文章を作成する作業などのステップが必要である。最終的に取り扱う中でグループの気づきを抽出するためには、多くの気づきを書き出す必要がある。

　最終的に採択される気づきと作業中に抽出される気づきの割合を有効抽出率と定義すると、ブレーンストーミング法は保育KIに比べて有効抽出率が低くなる傾向がある。これらのことから、保育KIは、非常に忙しい保育職場において時間を有効に使える手法であると考える。

4　レジューム性

　保育職場では、仕事を進める上で相談が必要な関係者が、集まって打ち合わせを行うための時間を確保することが非常に難しいことが、これまでの職場風土に関する調査で明らかになっている。

　このために職場で気づきのワークショップを開催するにも、全員が集まって議論する機会に限ってしまうと頻繁に開催することが非常に困難である。また、同様の理由でまとまった時間を確保することも難しい。

　したがって、全員が集まれなくても、その中の一部の参加者が細切れの時間で作業を行っても、支障なく先回の中断時点からの作業が再開できるレジューム性が有効である。保育KIでは、保育職場のこのような特徴に配慮して、プロセスとツールを工夫しているために、いつ中断しても、また全員が毎回参加できなくても、結果に大きな差が生じない。

　今回の保育KI研修においても、参加者によっては、勤務の事情で参加できる回と休まざるを得ない回が発生した。このため、同じグループでも毎回全員が揃って作業できたわけではない。また、園での勤務の合間に設定した研修であるために、研修の間隔も1か月程度と広く、1回の研修で保育KIを実行できた時間は短かった。このように、複数回の短い研修において保育KIを実行したが、どのグループも予め想定したレベルまで気づきを整理できた。これらの検証の結果から、保育KIは、レジューム性をもつ手法であると判断した。

5　網羅性

　KJ法などに代表されるブレーンストーミング的に気づきを抽出する方法では、参加者の経験や、その時々の時流の話題などに意見が偏る傾向がある。ばらしは、発想法ではなく、知見の構造化手法である。今回、幾つかの保育所での活動テーマとして取り上げられたリスクマネジメントや気になる子どもへのケアなどは、思いついた事象だけを列挙するのでは、目的を果たさない。検討が必要な範囲については、全体を網羅するように整理することが必要である。ただし、全体を網羅する必要はあるが、整理する項目の細かさについては、適切な粒度に調整することが望ましい。

　網羅性の検証では、参加者の経験や、その時々の時流の話題などに意見が偏ることは無いか、また、全く検討されずに空白となった部分が存在しないかを確認した。今回の検討に使った教材には、あらかじめ満遍なく課題を埋め込んでおり、参加者の気づきが均等に抽出できたのかが分かるようにあらかじめ設計した。それぞれのグループ毎に気づきの分布状況を分析した結果、各グループとも気づき数の分布に偏りは確認できなかった。

　今回は、グループ数が少ないために統計的に有意なデータとは言えないが、保育KIは、ワークショップの進め方の工夫などにより、回答の偏りは発生ししにくい方法であると判断している。

　以上の結果から、従来の保育職場で利用されてきた手法と比べて①発言の対等性　②等至性　③作業性　④レジューム性　⑤網羅性の各観点で有効であると判断した。

第5節　小括　– 各園での保育KIの展開に向けて -

　本章では、保育者にKIを適用する可能性を検証することを目的とした。KIは職場での人材育成方法であり、日本の職場において効果が実証されている。施行の結果は、保育KI活動の保育者への有益な影響を示唆する。施行では、45名の保育者のためのワークショップを実施した後、参加者のフィードバックに基づいて教育方法を改善した。データ分析では、想定内の反応や想定外の反応、肯定的および否定的なメッセージに関して175のコメントを分類した。参加者の意見を反映し、ディスカッションワークシート「保育課題ばらしシート」の形式を改善した。さらに、専門用語は日常用語に変換した。さらに、保育KIのプロセスとディスカッションの方法について詳細に説明した。その後、改善された保育課題ばらしシートを採用し、20名の保育者のためのワークショップを開催し

た。結果は、保育KIの肯定的な教育効果を裏付けた。大多数の参加者は、改善された保育KIの有用性を積極的に表明した。この結果は、保育KIが保育者に適用可能であることを示唆している。次の段階に進むために、各園で保育KI活動の展開に向けた改善項目を整理する。

今後保育KI活動を保育職場に適用するにあたり、今回の検証で把握した改善が必要な課題として、重要度の高い順に以下の項目を挙げる。

5−1　検討時間

保育者同士が相談のためにまとまった時間を確保することが難しい職場も存在する。この現状をふまえて、細切れの時間でも効果が損なわれないように工夫する。

たとえば、保育KI活動を同じ年齢の子どもを担当する職員間の小さなグループで行い、活動テーマをそのグループが持つ課題に合わせて小さめに調整するなどである。

小さなグループ活動にすることで、日ごろの業務打ち合わせの時間の一部を保育KI活動に充てることなども可能になる。このように小さなグループでKI活動を行った場合には共有会などを開催し、KI活動の情報共有を園全体で行うことが必要である。このように保育KI活動を小さく始める方法についても、研修会で紹介するとともに、園内共有会の進め方とそのポイントについても研修において伝えることとした。

5−2　ファシリテーターの有効性

自らが園で保育KI活動のリーダーとして活動をけん引するには、研修だけでは十分なスキルが習得できておらず、同僚への説明に困惑した参加者もいた。

園での保育KI活動では、活動の承認者としての園長の役割と、活動リーダーとしてのファシリテーターの役割が重要である。この活動リーダー

は、参加者の気持ちを高め、チームとして課題に取り組む意欲を維持し続けるためのさまざまな配慮が必要になる。

　保育KIの活動リーダーには、特別難しいスキルは求めていない。活動リーダーは、熟練した職員が担当する必要はなく、参加者を元気に引っ張れるのであれば、若い人の方が望ましい。インクルーシブ保育を実践する園づくりには、高度専門職集団による保育チームづくりが必要である。それに向けては、若い職員が自分たちで決めた目標に向かって生き生きと仕事を進めることができる職場風土をつくることが望ましい。そのため、初めて活動リーダーになる人のために、保育KI活動のファシリテーターの役割と進め方のポイントを解説書に追記する。

第6節　保育KI活動の試行3　- 適用促進と課題の抽出 -

　2016年度の試行2により保育職場への導入効果が確認できた保育KIについて、2017年度には本活動を各保育所で継続するうえでの課題の抽出を行った。本節ではこれについて報告する。

1　保育KI活動の試行3の概要

　試行3では、全4回のワークショップを計画した。第1回から第3回までは講義と演習を行なった。第3回から第4回までの期間には、筆者が参加者の職場を巡回し、フォローアップを実施した。各園の巡回時には、保育KI活動のリーダーをバックアップすると同時に、グループメンバーから「本活動に参加した感想」「本活動の利点／難点」「本活動を継続するうえでの障壁」について意見を聴取した。

1-1　保育KI活動の試行3ワークショップ日程

　A県保育団体（加盟園300園以上）が保育KIを2017年度の保育士研修

に正式採用し、半日研修を4回開催することとした。本研修は連続研修であり、同じ参加者が4回参加するものであった。（開催時期：2017年6、7、8月、2018年1月）

1－2　ワークショップの参加者

A県保育団体の研修部を通じて、加盟園から「保育士の人材育成」をテーマとするワークショップの参加者を、保育経験年数不問で募集した。

受講者：保育士23名。運営者：1名（筆者）。運営支援者：2名。

倫理的配慮

ワークショップで得た情報については、日本保育学会倫理綱領に基づいて個人情報を保護する。団体名・保育所名・個人名が特定されることのないよう十分に配慮した上で論文等にて公表することについて、保育団体の各団体の研修部から承諾を得た。

2　ワークショップの内容

全4回のうち、第1回から第3回までには、研修テーマである「風通しの良い職場風土をつくるファシリテーション – 保育KIの手法を用いて –」に沿って、研修のねらいと活動に必要な基礎知識の講義を行なった。講義の内容は、以下の3項目である。

・保育KI活動の意義、期待される効果、内容、進め方の手順。
・保育KI活動を進めるための園長・リーダーの役割。
・保育課題ばらしのテーマである「全員参加のミーティングにするために」の説明。

講義では、インクルーシブ保育の定義と必要性を説明したうえで、インクルーシブ保育を各園で実践するために、風通しの良い職場風土を

作って学び合う必要があることを説明した。

　第4回には、ワークショップ参加者が、各々の職場で実施した保育KI活動の報告会を行ない、活動の成果および活動を継続するための課題を共有することとした。

3　保育KI活動試行３の効果確認

　フォローアップ巡回を通じて、「本活動に参加した感想」「本活動の利点／難点」「本活動を継続するうえでの障壁」について、保育士の生の声を聴取した。本項では、保育士の生の声から彼もしくは彼女たちの成長を確認し、保育KI活動の効果を探る。

倫理的配慮

　フォローアップ巡回及びインタビュー調査で得た情報については、日本保育学会倫理綱領に基づいて個人情報を保護する。保育士等の言葉を、保育所名・個人名が特定されることのないよう十分に配慮した上で論文等にて公表することについて、保育所長もしくは主任から承諾を得た。

3－1　A保育所へのフォローアップ訪問
3－1－1　活動中のアドバイス

　A保育所は、「個別の子どもの捉え方・指導法について」を活動テーマに設定した。活動の冒頭に、筆者がメンバー全員に保育KI活動の目的、段取りミーティングの意義、ミーティングの進め方や課題解決のための検討ステップ等を説明した。

　活動中のアドバイスとして、筆者は「保育課題ばらしシート」の3層図について次の助言を行なった。まず、メンバーが「Gちゃんについて困っていること」と設定していた第1層を「Gちゃんの姿」へとリフレーミングした。「Gちゃんについて困っていること」とは、保育者の視点か

らみた困りごとである。保育者の困り感は、保育内容や指導法を改善するための原点となる感情ではあるが、子どもの視点から問題を捉えること無しに一足飛びで解決に向かおうとするのは難しいことである。そこで、保育課題ばらしシートでは、子どもの視点から問題をひも解いていくことを解説した。第1層で「子どもの実態（気になる言動・気になる行動）についての気づき」を出し合い、共有した後に、第2層を「育ってもらいたいGちゃんの姿」として話し合った。育ってもらいたい姿にG児を導くための手がかりを得る目的で、第3層は「Gちゃんの困り感」とした。そこでは、G児の気になる言動及び行動の背景要因を話し合った。家庭での養育環境や、園のルール・慣習等を整理し、G児がどのような理由でその振る舞いを見せるのかを検討した。そして、G児を取り巻く環境をふまえた上で、レディネスの問題なのか、G児の発達の偏りの特徴が背景にあるのか等、アセスメントの視点をもって意見が出し合えるよう促した。

3−1−2　A保育所訪問で明らかになった事象

　ここでは、A保育所へのフォローアップ訪問を通じて明らかになった事象を、「職場風土の活性化」と「インクルーシブ保育の実践力強化」の二軸で整理する。

所長・主任が主導する職場風土改善活動の効果

　A保育所では、所長が保育団体の研修部員としてワークショップに同席し、主任が受講者としてワークショップに参加した上で、自職場で保育KI活動を導入している。筆者のフォローアップ訪問時にも、所長はオブザーバーとして活動の場に同席し、和やかな雰囲気づくりに配慮していた。主任は、ファシリテーターとして、メンバーの意見を要約したり、整理したりすると同時に、次の活動への意欲を「この続きを、シフ

トを調整してやりましょう」の言葉で、明確にメンバーに示した。

　このように、職場の長とファシリテーターの両名が目的を共有して職場風土の改善を進めている同園では、新しい仕事の進め方に対するメンバーの抵抗感は総じて低かった。

職場風土改善活動による保育士の変化

　A園では以前から各学年でミーティングが行なわれていたとのことであるが、今回筆者が出会ったのは、全員が保育経験5年以下の若いチームであった。最年長の5年目の保育士は、他の後輩メンバーに対して非指示的な態度で接しており、和やかな雰囲気を醸していた。それは、同保育士の「なんか最近、こういう風だよね。なんでだろうね。他の子もそうだよね」といった発言からも垣間見ることができた。一方で、同保育士は「今日話し合ったところから、次回に続きをスタートすることができますか」との筆者の質問に、「できます」と即答した。今回は、主任がファシリテーター役を担当したが、その保育士がファシリテーター役を担う日は遠くないとみられた。

　訪問時のメンバーには、新人が2名含まれていた。活動の当初は緊張した様子であったが、ファシリテーターが実施したアイスブレイクによって肩の力を抜くことができた。絶対に批判されないというルールのもとで、付箋に書き込む形態での意見表明を体験し、「出しやすかった」「紙に書くから、すごい分かりやすくて」と感想を述べた。訪問前のA保育所への質問紙には、新人が「役割がこなせているのか」「やっていることが正しいのか」といった不安をもっている旨の回答があった。A保育所には、このような新人の不安な思いを受けとめたうえで、その不安の軽減を図ろうとする所長や主任の姿があった。保育KI活動では、新人も先輩と同等に意見を出すことができる。そして、仕事の役割分担や、「ここまで出来たらよい」という目標をメンバー全員で共有したうえで

業務にあたる。失敗をしても、個人が咎められることはない。このような職場風土づくりが進めば、A保育所の新人保育士は前述のような不安を過度に感じることなく、自信をもって業務にあたることができるようになる。「出しやすかった」「紙に書くから、すごい分かりやすくて」という新人保育士の言葉からは、自信とやりがいをもって仕事をするに至るまでの、第一歩を踏み出したことを示唆する。

　職務経験3年目の保育士は、「自分の思ったことを言葉に書くのが、ちょっと難しかったです。何て言えばみんなが分かるのかなっていうのが、ちょっと難しかった」と発言した。この言葉から、同保育士が本活動を通じて、伝えることの重要性と、他者に分かりやすく伝えることの難しさに改めて気づいたことが読み取れる。

　口頭でのやり取りは記録に残らず、消失する。したがって、口頭でのやり取りのみでコミュニケーションを行なっていると、「なぜ相手に真意が伝わらないのか」との問題に直面した時に、相手の理解力不足といった他責に偏ることが少なくない。そうなると、自分自身の伝え方に問題があるという自責に気づくことが困難になる。保育士の仕事の中には「伝える」ことが含まれており、保育士は乳児、幼児、保護者、先輩、同僚、後輩、他職種の人など、相手によって言葉やその他の手段を選んで、伝え方を工夫する必要がある。たとえば、視覚優位の認知特性を持つ人に対して口頭言語で複数回説明しても、相手の理解が得られない場合がある。このような場合に、伝える側の問題に気づかないままでいると、「何回言ったら分かるの？」といった非建設的な言葉で相手を攻撃することになりかねない。同保育士は、今回の保育KI活動を通じて、先輩にも後輩にも理解してもらえるような的確な言葉で伝えることの重要性と、その難しさに気づくことができた。その気づきは、自らのコミュニケーションスキルを向上させるための取り組みの動機づけになることが期待できる。

保育KI活動を通じたインクルーシブ保育実践力の強化

　A保育所の活動テーマは、「個別の子どもの捉え方・指導法について」であった。このテーマは、保育KI活動で取り上げるにふさわしいものである。保育課題ばらしの中では、子どもの気になる行動や言動を、複数の視点から捉えなおすことができた。人の随意運動には必ず理由がある。なぜG児はその言葉を発したのか、なぜG児はその振る舞いをみせたのか、なぜG児はその人（もしくは物）を好いているのか等、子どもの行動や言動の理由が分かるにしたがって保育者の困り感は薄れていく。そして、保育の楽しさや、やりがいへとつながる。しかし、これまでは残念なことに、気になる子どもの成長の喜びや、保育の楽しさ、やりがいを実感することができたのは、アセスメントの視点をもって当該児の行動や言動の理由に気づくことができ、なお且つ個別の指導法を検討し、改善を繰り返すことができた保育者に限られていた。

　今後、A保育所では、保育KI活動の継続により、前述のような気づきが得られなかった保育者を含むチーム全員が情報を共有し、延いてはすべての職員の知見とすることが可能となる。そうなれば、園全体でインクルーシブ保育を、やりがいをもって実践することが期待できる。そのために重要なことは、全職員が一丸となって進めるインクルーシブ保育の実践が、心地よいと感じられる職場風土づくりである。

　フォローアップ訪問のメンバーの言葉から、新人、3年目、5年目の各保育士が保育KI活動を通じて「気になる子どもの困り感」についてそれぞれの気づきを得て、学び合えたことが読み取れる。

訪問後の電話によるフォローアップ

　フォローアップ訪問の2カ月後に、電話によるフォローアップを実施した。所長によると、「保育KI活動を続けています。乳児クラスの担任や、他のメンバーでも、やってます。先生、また来てください」とのこ

とであった。A保育所は、新人を含む保育士が自信とやりがいをもって業務にあたることができる職場風土づくりへの取り組みを、所長や主任がリードする形態で進めることの重要性を実証している。

3－2　B保育所へのフォローアップ訪問

3－1－1　活動中のアドバイス

B保育所は、「運動会の競技内容が子どもの発達に沿っているか」を活動テーマに設定した。活動の冒頭に、筆者がメンバー全員に保育KI活動の目的、段取りミーティングの意義、ミーティングの進め方や課題解決のための検討ステップ等を説明した。

B保育所のメンバーに新人はおらず、全員が保育経験8年以上の保育士であった。ミーティングの参加者は各学年の代表者であり、ファシリテーターが進行する中で、各メンバーが担当する学年で計画している競技を出し合った。それ以降の進め方について、ファシリテーターが筆者にアドバイスを求めたため、次のような考え方を提案した。「保育課題ばらしシート」の3層図について、第1層メンバーが持ち寄った協議の計画「競技種目」を据えた。第3層には、それらの競技種目を実施するなかで「想定される事故やけが、トラブル」の項目を設定し、危険予知の手順も併せて助言した。

3－1－2　B保育所訪問で明らかになった事象

ここでは、B保育所へのフォローアップ訪問を通じて明らかになった事象を、「職場風土の活性化」と「インクルーシブ保育の実践力強化」の二軸で整理する。

職場風土改善活動による保育士の変化

メンバーの中で最も発言数の多いH保育士は、活動中に時計に幾度

も目を向けて、「ハイ、次！」と言って、ファシリテーターに進行を急が
せた。H保育士は、普段の会議でも意見が出せることから、付箋に意見
を書くことを面倒だと感じた様子であった。それは、活動終了後の発言
「書くっていうのは、やっぱりなんか、話した方がコミュニケーション
はとりやすいかなって思います」から推測できた。

　活動の冒頭部分で筆者は、保育KIの基本原則である「他者の意見を批
判しない」「全員参加」「全員平等」「全員発言」を強調し、そのことを記し
た紙を、活動中に全員が見えるところに掲示した。

　しかし、H保育士は普段の習慣から、活動中にネガティブな発言をし
た。その後の2-3秒間、保育KIの基本原則を守って和やかに発言して
いた他のメンバー全員の言葉が止まった。同保育士は、瞬時にその雰囲
気の変化に気づき、ハッとした表情をして「あっ！」と言った。今回の
活動中に、同様の現象を2回確認した。他者の意見を否定するそれらの
2回の発言について、ファシリテーターも筆者も、何らコメントはしし
なかったが、H保育士は自ら気づいて否定的な発言を止めた。

　特に職務経験の長い保育士にとっては、他者から言われるのではなく、
このように自分で気づくことが重要である。保育KIは、他者から指導
されるのではなく、他の人の意見を聞いて自ら「気づき」を得て学ぶこ
とを目指している。

　活動終了後にメンバー全員に向けて筆者が保育KIの感想を尋ねたと
ころ、一番に発言したのはH保育士であった。「話ができない、誰か話
さない人がいるとかは、正直私の中ではぜんぜん思いもつかない」「こ
のメンバー以外でも、他の先生とでも、どんどん意見を言ってくれるか
ら」「こんなとこじゃなくても、たぶん道ですれ違った状態でも話して
るところだから」。一方、H保育士の発言の後に出された他のメンバー
の感想は、それとは違っていた。他のメンバーの意見の中には、ミーティ
ングで自分の言葉を飲み込み、発言を遠慮する人に対する配慮の言葉が

あった。Ｈ保育士は、今回の活動を通じて発言を遠慮する人の存在を知ることができ、アサーティブネスに配慮した意見表明への第一歩を踏み出すことができた。

　発言の対等性の確保は、保育KI活動の要である。発言の対等性に関して、Ｂ保育所の保育士が次のように述べた。「新しい人が、もう誰か他の人が言った意見を、『私もそう思ってたけど、うんうん…』で終わらずに、もしかしたら同じことも、出るっていう可能性はすごくある」「ちょっと引っ込んじゃったりする先生がもし会議にいた時にこれをもっていくと、あ、一緒でもいいんだ、誰か一緒の先生もいたなっていう安心感じゃないけど、そういうことが一つあるのかなって思った」。

　Ｂ保育所には、新人はいない。メンバー全員が一定の保育経験を有していても、他の人に遠慮をして、ミーティング中に言葉を飲み込んでしまう人がいる。これまでは、ミーティングで発言をしないことは、その人の能力不足と捉えられ、看過されてきたこともあろう。しかし、ミーティングで遠慮をして発言しない人も、自分の意見やアイデアを持っており、適切な意見表明の場を求めていることが、このたびの巡回訪問で明らかになった。それらの人々は、他者の心情を推察する能力や、他者の心情に配慮する能力が高く、且つ「遠慮ができる人」である。このような能力をもつ人は、心情を言葉で表すことが未熟である乳幼児にかかわる保育職場に必要な人材である。インクルーシブ保育は、発言数の多い人も、遠慮深い人も含めて、園全体で取り組んでいく必要がある。全員で目標を共有して、全員が自分のことと捉えて仕事を進めていくためには、せかされたり、否定されたりすることのない場で意見を出し合い、学び合える時間を、少しでも多く確保することが望ましい。

　Ｂ保育所の訪問前の質問紙には、ミーティングで「否定的な発言が、やや出やすい」との回答があった。Ｂ保育所の所長と主任は、その現状を把握したうえで、職場風土の改善に取り組んでいる。保育所ごとに職

員構成が異なり、それに伴って職場で生じる問題もさまざまであるが、B 保育所は自職場の課題をオープンにしたうえで、改善に向かって取り組むモデルを示した。

職場風土を活性化するためのツール「保育課題ばらしシート」の有用性【分かりやすさ・レジューム性】

保育課題ばらしシートについては、H 保育士とは別の保育士から「これ（保育課題ばらしシート）がこれ（課題）に対して、これ（キーワード）で分けてあるから、目で見ることができるから、何をするのかということがはっきり分かる」との意見が出た。

また、「クラスから違う者が出た時に、これ（保育課題ばらしシート）を見れば、あっそういうふうだったんだなって」「個人個人が何を言ったかっていう具体的なところまで」「次に参加した時にやっぱり、把握しやすいなぁとか、もしかこれが職員室にあったら、いつも目に触れるところにあるから、話が進めやすいな」との意見が出た。これは、保育 KI 活動のレジューム性が評価されたものである。

保育KI活動を通じたインクルーシブ保育実践力の強化

B 保育所では、0歳から3歳までの乳幼児を預かっている。家庭的な雰囲気を大切にする小規模の保育所であるためか、B 保育所のメンバーからは、気になる子どもの保育に関する問題や困り感は出なかった。

訪問後の電話によるフォローアップ

フォローアップ訪問から2カ月後、電話によるフォローアップを実施した。主任の話によると、「時間の都合があって、毎回付箋を使ったミーティングはできずに、元の形に戻っちゃうことがありますけど、でも、保育KIのエッセンスはしっかり入れてます」とのことであった。どの組

織にも、必ず少なからず問題は生じている。所長をはじめＢ保育所の人々
は、職場の問題を隠すことなく敢えて公表し、改善していこうとする姿
を示しているところが示唆に富む。

３－３　Ｃ保育所へのフォローアップ訪問

３－３－１　活動中のアドバイス

　Ｃ保育所は、「わが園の避難訓練のあり方」を活動テーマに設定した。
活動の冒頭に、筆者がメンバー全員に保育KI活動の目的、段取りミー
ティングの意義、ミーティングの進め方や課題解決のための検討ステッ
プ等を説明した。Ｃ保育所では、筆者の訪問前に、主任によってあらか
じめメンバーに保育KI活動における話し合いの手順が説明されていた。
そのため、活動の当初から活発に意見が出され、話し合いは円滑に進ん
だ。

　活動中のアドバイスとしては、自治体の避難訓練マニュアル及び法人
が作成した避難訓練マニュアルをもとに、Ｃ保育所が位置する地域の特
徴を加味して避難訓練のあり方を検討する手順を提案した。また、主任
による「これ（保育課題ばらしシート）をとっておくと先生おっしゃって
ましたけど、これどうすればいいかなぁと、ちょっと今悩んでます」と
の意見に対しては、保育課題ばらしシートが、ミーティング後には議事
録の役目を果たすことを伝えた。保育課題ばらしシートは活動日ごとに
写真撮影しておけば記録となる。一連のプロジェクトが終了した後に、
もし保存スペースに困るようであれば、保育課題ばらしシートを処分し
ても問題はない。使用後の保育課題ばらしシートについては、各園の事
情に即して取り扱っていただく旨をアドバイスした。

３－３－２　Ｃ保育所訪問で明らかになった事象

　ここでは、Ｃ保育所へのフォローアップ訪問を通じて明らかになった

事象を、「職場風土の活性化」と「インクルーシブ保育の実践力強化」の二軸で整理する。

　　　職場風土改善活動による保育士の変化

　発言の対等性について、3名の保育士から次のような意見が出された。「私はいつものミーティングだと、どうしても、自信がないっていうか、なんかしゃべるのも、あまりパッパッと、こう、でないから、やっぱりこう、ね、自分が言う前に先に皆さんに話し合ってもらっちゃったりすることが多いから、今日はちょっと、あの、意見がいつもよりは言えたかなと思います」「いつもよりは、私としては自分の考えが出せたかなと思います」「普段のミーティングだと、あまり頭がすぐまわらないから、意見が言えなかったりもしてたんですけど」。

　これらの保育士は、「B保育所の保育士の成長」の欄でも述べたように、他者の心情を察する能力、他者の心情に配慮する能力に優れ、且つ、遠慮深い人々である。それらの能力は、前言語期の子どもや、言葉で十分に心情を語ることができない幼児に応答的にかかわるうえで、不可欠となる能力である。これらの能力に優れた人は、保育職場になくてはならない人材である。「全員発言」は、保育KIの必須項目である。これまでのミーティングでなかなか意見が言えずにいたこれらのメンバーの一人一人が、自分の意見を持っており、場の雰囲気や意見表明の手段などを工夫することによって、彼や彼女たちは意見を出すことができるようになる。3名の保育士は、そのことを実証した。

　保育KIの特長には、時間切れとなって中断したミーティングも、次回にはすぐに本題に入ることができる「レジューム性」がある。このレジューム性について、J保育士が「ミーティングじゃなくても、なんか、これ（保育課題ばらしシート）をどこかに貼っといて、それぞれ意見をペーペーペーと貼ってく」と提案した。J保育士の同発言は、保育KI活

動の難点として時間がかかりすぎることを問題とし、短時間で話し合いを終えることを重視するＩ保育士の発言を聴いて、「工夫によって、時間はやり繰りできるもの」と考え、Ｉ保育士を否定することなく自分の意見を述べたものと推察できる。「ミーティングじゃなくても、なんか、これ（保育課題ばらしシート）をどこかに貼っといて、それぞれ意見をペーペーペーと貼ってく」や、「私はいつものミーティングだと、どうしても、自信がないっていうか、なんかしゃべるのも、あまりパッパッと、こう、でないから、やっぱりこう、ね、自分が言う前に先に皆さんに話し合ってもらっちゃったりすることが多いから、今日はちょっと、あの、意見がいつもよりは言えたかなと思います」の発言をしたＪ保育士は、「全員参加」「全員発言」「発言の対等性」の重要性に気づき、ミーティングの時間短縮と比較して、それらのプライオリティを高くしていることが読み取れる。

　Ｊ保育士の発言に対して、Ｉ保育士は否定的な発言をした。その瞬間、ほかのメンバーの表情が固まり、動作が停止し、静まり返った。すると、Ｉ保育士は自分がルール違反をしたことに気づき、「あっ！」と言って手で口をふさいだ。そして、「普段も、その、何げないことだと会話だけでも解決できるけど、ミーティングでもどん詰づまりした時とかに、みんなの意見もほしいなあという時とかに、こうやってペターっと貼っていくのもありかなぁと」と言葉をつなげた。その時、誰ひとりＩ保育士を注意しなかったが、同保育士は「他者の意見を否定しない」というルールに違反したことを自ら察知し、建設的な意見へと軌道修正をした。そこに、Ｉ保育士の「気づき」が確認できた。

　Ｉ保育士が「貼るかなぁ？」と発言したのは、同保育士の思考が「全員の意見表明」よりも「自分の言葉を付箋に書いて貼る面倒さ」が優勢であったものと推察される。そして、活動を継続するための障壁として「時間ですね。やっぱ、休憩を取らせてあげたいですね、クラスの先生にも。

で、やっぱこうやって会議をした日には、だれも休憩が取れないので。ちょっと、時間だけ」と述べた。同保育士に限らず、組織の中で普段から発言数の多い人は、意見を付箋に書いて貼ることや、全員の意見を聴くことを、時間の浪費と捉える傾向がある。しかし、そこには遠慮して、あるいは批判されることを恐れて意見が出せない人への配慮が欠如している。インクルーシブ保育は、職員全員が自分たちで設定した目標を共有し進めていくものであり、一部の職員の我慢の上で実現できるものではない、

職場風土を活性化するためのツール「保育課題ばらしシート」の有用性【分かりやすさ・作業性】

保育課題ばらしシートについては、「皆さんの意見が、けっこう目で見てわかるから、すごいわかりやすかったです」「可視化できるので、あぁ、こういう意見もあるんだなと細かく見る、後でも見かえすことができる」との意見が出された。C 保育所では、ミーティングの議事録を所長に提出するルールがある。そうして記録は残されているものの、「どのような流れで意見が出され、話し合いが進んだのか」や、「全員が発言できたのか」については記録に残らない。

保育課題ばらしシートは、ミーティング中には話の流れが一目で確認でき、ミーティングの後には議事録の役目をも果たす。公式の文書を残す必要がない場合には、その日の活動後に保育課題ばらしシートを写真撮影し、記録とすれば良い。また、後になって記録の作成が必要になった場合には、写真撮影した保育課題ばらしシートを基に作成することが可能である。

前述の C 保育所保育士の意見は、保育KIの分かりやすさと作業性の良さが評価されたものである。

保育KI活動を通じたインクルーシブ保育実践力の強化

　C保育所はB保育所のグループ園であり、0歳から3歳までの乳幼児を預かっている。家庭的な雰囲気を大切にする小規模の保育所であるためか、C保育所のメンバーからも、気になる子どもの保育に関する問題や困り感は出なかった。

3－3－3　C保育所の取り組みからの示唆

　C保育所のメンバーは、全員が他の保育所での勤務経験を有する。メンバーの中には、過去の職場での経験をふまえて保育KI活動を経験したうえで、次のように語った。「先輩後輩がある園とか、ここはないんですけど、だったら、先輩後輩があるんだったらちょっと言えないかと思いました。なんかちょっと、貼るだけだと思ってたんですけど、貼ったやつを説明するとなると、意見言える、（このメンバーは）けっこう皆さん意見いえるタイプなので、意見言えない人は、これに対して言って下さいって言われても、やっぱり、あっ、貼らなきゃよかったって思う人もいるのかなって思うから、匿名で書いて、（主任）先生が書き出した方が、なんかもっと意見が言えるのかなって思いました」。この発言により同保育士は、C保育所以外の職場で、意見を付箋に書いたうえで、匿名にして主任の口から発表してもらわなければ自分の意見を出すことができない保育職場があることを示唆した。

　年齢や職務経験年数といった職員間のギャップにこだわり、相互に学び合うことのできない保育者が、眼前にいる文化的マイノリティーの乳幼児に適切に関与することができるだろうか。風通しの良くない職場風土の中では、インクルーシブ保育の実践はきわめて困難となる。C保育所の保育士の意見は、職場の長や主任がリードする形で、人と人との間にあるさまざまなギャップにしなやかに対応できる保育者を育成していく必要があることを示唆する。

3−3−4　訪問後の電話によるフォローアップ

　フォローアップ訪問の2カ月後に、電話によるフォローアップを実施した。主任によると、「教えていただいたやり方を取り入れてます。1月(のワークショップ)に、(保育課題ばらし)シートを持っていきます」とのことであった。

3−4　D保育所へのフォローアップ訪問

3−4−1　活動中のアドバイス

　D保育所では、月4回の話し合いの機会を設定している。フォローアップ訪問前の質問紙では、「特定の人に発言が左右される」との問題が提示された。筆者の訪問時の活動テーマは「ダンスプロジェクトの取り組み方」であった。そこで、訪問時には、プロジェクトメンバーが対応に苦慮しているという「ダンスをする時間帯にダンスをしたがらない園児」について、「育ってほしい姿」を出し合い、当該児の身体的特徴、精神的発達段階、好きな遊び、興味関心事、家庭環境などについて意見を交換し、当該児の困り感を探る手順をアドバイスした。つづいて、現状から望ましい姿に到達するまでのステップを検討していく手順を伝えた。

　D保育所では、そのほかに、現在直面している「睡眠障害のある園児への保育」についても話し合いの機会をもちたいとのことであった。それに対して、保育KIでは、さまざまなテーマについて話し合いを進めていくことが可能であること、保育課題ばらしによって、現状をしっかりと整理することの重要性を伝えた。

3−4−2　D保育所訪問で明らかになった事象

　ここでは、D保育所へのフォローアップ訪問を通じて明らかになった事象を、「職場風土の活性化」と「インクルーシブ保育の実践力強化」の二軸で整理する。

　職場風土改善活動による保育士の変化

　保育KI活動後に、訪問時のメンバーの中で最も発言数の多かったM保育士が、「形に残るので、自分の出した意見や、相手の出した意見が。なので、もうちょっとを見ることで、自分の中で記憶ができるっていうのは、普段の会議とはちょっと違ったかなと思う」と感想を述べた。次に、後輩のN保育士が、「えっと、同じで、残るんで、覚えてられるっていうか、ですね」と述べた。これは、訪問前の質問紙で主任が指摘した「特定の人に発言が左右される」に該当する。しかし、N保育士の話はそれで終わらず、「あとなんか、誰がどういうことを、意見を持ってるのかっていうのが分かるのが良かったと思います」と言葉を続けた。その次にO保育士が、「いつもより、思ってることが、（他の人が）こんなこと思ってるんだなっていうのがわかったって言うか、言葉だけだと脱線してっちゃうので、こういうの（保育課題ばらしシート）に貼ると、わかりやすかったな」と述べた。

　M保育士の言葉により、「普段の会議では、自分や他者の言葉が記録に残らず消失するために、みんなの意見を整理することが困難であった」ということに気づいたものと推察できる。

　後輩のN保育士の言葉は、先輩の言葉を受けとめると同時に、他者の思考が視える化されたことを高く評価している。O保育士も、「いつもより、思ってることが、（他の人が）こんなこと思ってるんだなっていうのがわかった」と、N保育士と類似のコメントをした。そして、「言葉だけだと脱線してっちゃうので、こういうのに貼ると、わかりやすかったな」と言葉を続けた。O保育士の言葉は、この活動を通じて、「他者の思考を視える化することによって、安心して自分の意見が出せるようになる」と気づいたことを示唆する。

　主任は、ダンスの行事およびそれまでの保育の過程について話し合った今回の活動の中で、「気になる子どもへの配慮」や「保育のリスクマネ

ジメント」等の視点を取り入れ、多角的に検討していく必要性を知り、それが職員の力量の向上につながることに気づいた。それは、主任が述べた「力になっていくのかなぁ、あの、一人一人の職員の力にもなるし、これからの保育をやっていくにも、一人一人の子どもに対しても適切なアドバイス、保育でのアプローチができていくのかなぁ」の言葉から読み取れる。

さらに主任は、働きやすい職場づくりを進めるために、主任として職員の気持ちを受け止める必要があり、その方法があることにも気づいた。それは、「困っている職員の気持ちもわかるし、こう、目に見えて貼ってくので、自分の意見を率直に貼ってくので、いいなぁと思って、ぜひやっていきたいと思います」の言葉から推察できる。

職場風土を活性化するためのツール保育課題ばらしシートの有用性
【分かりやすさ】

保育課題ばらしシートについては、メンバーから「形に残るので、自分の出した意見や、相手の出した意見が。なので、自分の中で記憶ができる」「残るんで、覚えてられるっていうか」「誰がどういうことを、意見を持ってるのかっていうのが分かる」「思ってることが、（他の人が）こんなこと思ってるんだなっていうのが分かった」が挙げられた。これらの保育士の言葉は、保育課題ばらしシートを使用することによる分かりやすさを示唆する。

職場風土改善活動を継続するうえでの障壁

保育KI活動を継続するための障壁については、M保育士の「やっぱ、時間が取れないことですよね、大きいのは」に続いて、N保育士の「同じですね。時間が…時間ですね」、O保育士の「いつやれるのかなっていうのが、やっぱり、時間が取れるのか」の発言があった。

3－4－3　第2回フォローアップ訪問

　第1回フォローアップ訪問実施の2か月後に、第2回フォローアップ訪問を実施した。

　　　保育KI活動を通じたインクルーシブ保育実践力の強化

　第2回フォローアップ訪問で筆者が聴いた主任保育士の言葉は、D保育所の若い保育士たちが以下のことに気づき、「他の子どもについても、またやりたい」と申し出たことを示す。

・保育KI活動を通じて、気になる子どもについて自らの理解が進む。
・発言の対等性が保障される場で活発に意見を交わすことを通じて、気になる子どもへの理解がメンバー間で共有できる。

　気になる子どもの保育は、当該児の行動や言動の背景にある困り感を保育者が理解することにより、当該児の支援ニーズが把握でき、次の段階である指導方針の立案や、指導計画の検討が可能となる。気になる子どもに適切な支援を行ないたいと思う一方で、子ども理解をまだ単独で進められずに暗中模索をしている若い保育者にとって、眼前の1人の気になる子どもの理解が進んだことが、1つの自信につながったものと推察できる。その自信が、次の活動へのモチベーションとなっていることが判る。

　D保育所の若い保育者たちは、筆者の第1回フォローアップ訪問時には、活動を継続するうえでの障壁として、先輩保育士が挙げた活動時間の確保を懸念する発言に追随する発言をした。それは、先輩の発言に倣っておけば無難であるとする職場風土の特徴を表す。D保育所の若い保育者たちは、外部講師が紹介した保育KIの手法について、分かりやすさや発言の対等性については好意的に受け止めた。一方で、活動の継続に必要な時間の確保を懸念する先輩の発言を聞き、先輩がこの活動を継続

したくないと思っている可能性を察知し、習慣的に先輩に追随する発言をしたものと読み取れる。

　しかし、第 2 回フォローアップ訪問時には、主任の発言により、若い保育たちから活動時間確保への懸念がすでに消えていることが判った。このような若い保育士たちの変化の理由は、所長や主任がこの活動を推進する姿勢を職員に示したからである。

　保育 KI 活動は、若い職員の気持ちを育てることを重視する。主任は、そうした保育 KI 活動の趣旨を理解し、さらに、気になる子どもの理解をメンバー全員で進めるための手法として保育 KI が適することにも気づいた。それ故に、時間を調整して活動の時間を確保している。

　主任は、気になる子どもだけでなく、気になる保護者の対応に困り感をもつ若い保育士の支援ニーズを把握していた。そこで、チームで適切な保護者対応を検討する手法として、保育 KI 活動が使えそうだと気づいた。筆者が訪問した際に主任から受けた質問から、保育 KI 活動を自職場で実施した手ごたえと、実施を通じて得た新たな気づき、及びその後の活動へのモチベーションが感じられた。第 2 回フォローアップ訪問を通じて、保育 KI 活動が、主任から新人保育士までの職層を越えた学びの機会となっていることが明らかになった。

３－４－４　D 保育所の取り組みからの示唆

　D 保育所の所長は、自らもさまざまな研究会等に参加して研鑽を続ける中で、自職場における保育 KI 活動の導入を応援している。主任は、保育 KI 活動の継続の意思を職員の前で、「保育 KI を是非やりたいなぁと思います」の言葉で明確に示した。それと同時に、そのために主任が自ら学ぶ必要があることについても言及した。「こういう題を書いてくのが、なかなか難しい、なかなか大変だなと。だからもうちょっと学ばないと、難しいなって思いました」の言葉は、主任も担当保育士も、誰も

がそれぞれの立場から学び続ける必要があることを啓発するものである。

　分からないことはその旨を躊躇なく相手に伝え、職場外の専門職に助言を求めて職場風土を改善していこうとする主任の姿勢は、D保育所の職員に正の影響を与えることが期待できる点で示唆に富む。

３－５　E保育所へのフォローアップ訪問

　E保育所からは２回のフォローアップ訪問の依頼があったため、筆者は2017年10月に２回の訪問をした。E保育所からは2016年度には副主任が、2017年度にはリーダー保育士が保育KIのワークショップに参加し、その２名が協力してE保育所での保育KI活動導入・展開の準備を整えていった。

　さらに、2回目の訪問時には、2017年度のワークショップ参加者であるリーダー保育士に１時間のインタビューを実施した。

３－５－１　活動中のアドバイス

　E保育所では、2016年度のワークショップで実施した内容「気になる子どもを含む保育のリスクマネジメント」を基にアレンジし、ワークショップで配布した資料や、E保育所の園児が園庭で遊んでいる写真、イラスト等を準備し、「怪我に対する対応の仕方」をテーマに話し合った。活動中には、保育課題ばらしが丁寧に行なえるよう、ファシリテーターにアドバイスをした。

３－５－２　E保育所訪問で明らかになった事象

　ここでは、E保育所へのフォローアップ訪問を通じて明らかになった事象を、「職場風土の活性化」と「インクルーシブ保育の実践力強化」の二軸で整理する。

職場風土改善活動による保育士の変化

　活動終了後に新人保育士が次のように述べた。「いつもの会議だと、自分の意見を述べるのが、一番下で後輩だから、述べて良いいのかもわからずっていうので、意見を言う機会もなく、流れてくんですけど。あの、あと、言っていいのかとか、言って批判されるのが、まあ1年目だから批判されるのも当たり前なんですけど、怖いっていうのがあって、なかなか発言できないっていうのがあるんですけど。ここに書いて、批判されないってなると、自分の意見がとても言いやすくて、やりやすかったです」。

　リーダーのK保育士のインタビュー内容からは、新人の発言が少ないことへの懸念がうかがえたが、話しやすい雰囲気をつくることによって新人が意見を述べ、ディスカッションに参加できることがの発言で証明された。明るい表情でこの発言をした新人保育士は、自分の発言力、提案力に自信をもつことができたと同時に、他のメンバーと対等に意見を交わす心地よさに気づくことができたと推察できた。

　一方、従来の会議ではうつむいたままで視線を合わせようとしなかった新人や若い保育士が生き生きと発言する姿を見て、K保育士と副主任、すなわちリーダー保育士は、新人の変化に嬉しい驚きを感じた旨を表現した。それは、K保育士の「この前の会議で本当に思ったんですけど、あ、言えるじゃんって」、副主任の「取っちゃいたくなるぐらい、あ、意見言えるじゃん」の言葉から読み取ることができた。

　さらに副主任は、「もっとこうした方が良いよっていうのも言いたくなってる自分がいて、でもまあセーブしていかなかんな。でも、回せていないから、もうちょっと出たいなっていうのも、ちょっと葛藤があって」と語った。その言葉は、筆者が研修で伝えた「先輩が後輩に教える時間ではなく、気づき合う時間である」という保育KI活動の考え方を理解したうえで、後輩の言葉を聴きながら、後輩を育てるために自分にで

きることを考えていく必要性に気づいたことを示唆する。そしてさらに副主任は、「でもこれだけしゃべれるようになったんだから、またごちゃまぜにした会議とかもやっていけたらいいなと思いました」と話し、この生き生きとした流れを止めないようにしようとする意欲を示した。

　また、ファシリテーターのK保育士は、「自分だけじゃなくて、ほかの人もこういうファシリテーターになって回せるともっといいかなって思います」と、メンバーの前で話した。その言葉は、後輩に育ってもらいたいとの思いから発した、後輩へのエールである。

　K保育士はインタビュー時に、従来の会議について、「しーんと、もうしゃべっちゃだめっていう、あの雰囲気が嫌で、それが本当に嫌で」と語った。その状況を望ましい状況へと変えていくのが風通しの良い職場風土づくりの活動であると気づき、さらにそれを副主任と自分の2名で進めるのが難しいことにも気づいた。そこでK保育士は、職場外の専門職の力も借りながら自らが新しいことに挑戦する姿をモデルとして後輩に示し、全体を巻き込んで職場風土を活性化しようと努めている。その姿勢は、「これ、10人以上でもできるんですか」「チーム分けは、どういうふうでもいいんですか」「若い子ばかりのグループの時は、一人ぐらい年配の先生が入った方が良いんですか」「この活動が子どもにも使えないかな」等の質問から読み取れる。

　主任保育士については、筆者が1回目のフォローアップ訪問を終えてE保育所を出ようとしたときに、副主任とK保育士に向けて次のように話した。「これ、おもしろかったから、他のテーマでもやってみたい。先生（筆者）がもう1回来てくれるんだったら、次回は別のテーマでやってみたい」。その言葉は、従来の会議で多くの発言をしてきた主任が、全員で活発に意見が出し合える保育KI活動への参加を通じて、普段とは異なる若手保育士の姿に気づいたことを示唆する。

　保育KI活動中には、普段の習慣からか時おり主任による教示的な発言が確認できたが、その都度、副主任とK保育士が主任の自尊心に配慮した言葉を添え、若手の緊張感を解くようにフォローしていた。筆者はE保育所へのフォローアップ訪問を通じて、保育KIが主任や副主任、ファシリテーター役のリーダー保育士も含めて、全員が他者の姿や言葉から気づきを得て、育ちあっていることを確認した。

　　【発言の対等性の高さ・全員参加の徹底】
　保育KI活動における発言の対等性の高さ、及び全員参加の徹底については、職場における少数派の専門職である栄養士が次のように述べた。「いつもは栄養士という立場だったので、保育の研修とか、保育のこととなると、ちょっと自分の意見が言いにくかったり、言っていいのかなというところがあったので。少人数なので、相手の意見をしっかり聞けるし、自分の意見を言えるのが良かった（栄養士）」「紙で書いたり、前提として意見を否定されないっていう会議のシステムがすごく、自分の意見を言やすかった（栄養士）」。
　若手の保育士からは、「紙にパーッと書けるのは、自分の意見とかを出しやすいな」「自分の意見を言うのは、いつもだと苦手なんですけど、付箋に書いてどんどん出していくっていう方法だったので、自分の考えとかも、どんどん出していけるところが良かったな」「書いて貼っていくことで、自分の意見を言やすかった」「自分の意見もいやすいですし、相手の意見も見てわかるので、やり方が新鮮でいいな」といった意見が出された。

　　保育KI活動を継続するうえでの障壁
　K保育士は、「今回は、（研修で）やったことがあるテーマだったので、やりやすかったんですけど、もしこれを違うテーマにしようとしたとき

に、どうやってやればいいんだろうっていうのもあって。テーマは何でもいいじゃないですか、この活動は」と話した。

　保育KI活動は、子どもや保護者へのかかわり方のみならず、業務の偏りの改善やコミュニケーションの促進等、職場のさまざまな問題をテーマに設定して仕事の進め方を見直し、望ましい状態へと改善を繰り返していく、利便性の高い手法である。テーマが変わっても、考えを進めていくStep1-6は変わらない。しかしながら、K保育士の言葉にあったように、伝達型の会議は経験しているものの、少人数でのミーティングにまだ慣れていない人に向けては、いくつかのモデルを示していく必要があることが判った。

３－５－３　Ｅ保育所の取り組みからの示唆

　Ｅ保育所の所長は、副主任やK保育士が研修で経験した保育KI活動を職場に導入、展開することを応援している。Ｅ保育所では、1970年代から障がいのある子どもを受け入れている。また、外国人の子どもの在籍率も高く、現在は全園児の２割を上回る。このように多様な文化的背景をもつ子どもたちが生活するＥ保育所では、インクルーシブ保育を実践する職場力の強化が喫緊の課題となっており、そのことを、所長をはじめ副主任やK保育士も認識して職場風土の活性化に取り組んでいる。

　１回目と２回目の訪問時の活動メンバーは、ファシリテーターと副主任以外は別の職員であった。活動に参加した複数の給食担当者や保育士は、この活動を通じて全員が参加し、全員がのびのびと発言できたこと、尚且つ自分の発言を非難せずに聞いてもらえたことを喜び、明るい表情で自らの気づきを語った。

　これまでは、保育に関することには遠慮して発言することがなかった栄養士や給食担当者が、保育KI活動中には園児の危険な行為に関わる

気づきを述べていた。このように、職場内で異なる分野の専門職がそれぞれの視点で意見を出し合い、互いに気づきを得ながら学び合うことは、インクルーシブ保育を実践する園づくりへの近道である。保育所長の応援を得て、副主任とリーダー保育士がエネルギッシュに職場風土の活性化を進めている姿は、保育業界に示唆を与えるものである。

３－６　Ｆ保育所へのフォローアップ訪問

３－６－１　活動中のアドバイス

Ｆ保育所では、2017年度のワークショップで実施した内容「風通しの良い職場文化をつくる」をテーマに話し合った。活動中には、保育課題ばらしが丁寧に行なえるよう、ファシリテーター役の主任保育士にアドバイスをした。

３－６－２　Ｆ保育所訪問で明らかになった事象

職場風土改善活動による保育士の変化

最初に、乳児クラスリーダーのＰ保育士が「こういう時間がとれたら、もっと子どもたちと関わりがもてたり、もっと良いものができるのかなと。昨日こんなことがあったとか、気軽に言えるような時間を作っていくといいかな。乳児クラスなんか、そういうの、特にいいよね」と述べた。Ｐ保育士は乳児クラスリーダーとして、まだ言葉で心情を伝えることができない前言語期の乳児に関わる保育が簡単なものではないことを十分認識したうえで、それに携わる保育者チームのコミュニケーションの重要性に気づいた。

Ｐ保育士の発言に、年長児クラスの学年主任であるＱ保育士が、「幼児クラスの自分たちの取り組みとかも、こういうの（KI活動）があればいい。トラブルのこととか、ちょっとした連絡でも」と続けた。Ｑ保育士も、保育者間のコミュニケーション不足を感じていた。しかし、集え

る場所がないことを残念に思い、「部屋がない。みんなが集える場所が
ないので。今けっこうバラバラの場所で仕事をしてるけど、みんなが、
職員室とかの場があったら、そこで集まった時に結構話せるのにな。バ
ラバラでいるから、みんなバラバラでね、仕事したり」という言葉で、
改善の必要性を投げかけた。Q保育士は、P保育士の意見を聴き、複数
担任である乳児クラスの保育者よりも、単独で幼児クラスを担任してい
る自分たちの方がより個人商店化しており、学年やクラスの壁を越えた
保育者間のコミュニケーション不足が深刻であることに気づいた。

　Q保育士の発言に続いて、年少児クラスの学年主任であるR保育士
が、「こういうの（KI活動）があると、みんなに分かっていいと思う。会
議はあるけど、職員会議は正職。でも、パートの先生も、子どものいろ
んなことを知っていたほうがいいのかなと。共通に、役割とか知ったほ
ういいかなと」の言葉で、常勤職員と非常勤職員との間に生じている「見
えない壁」があることに気づいた。さらにR保育士は、その「見えない
壁」を取り除くための手段として、保育KI活動が使えるのではないかと
気づいた。それを、「書くことで一人一人の感じていることも見れるし、
みんながそれを見て、あ、そうだなと、なんか共感できるんだなと。文
字にして、それでまた望ましい姿を見たら、あこういう姿もあるんだな、
そして、こうしていく方法もあるんだなと思って」という言葉で表現し
た。そして、変化しつづける社会の要請に応える保育所づくりをするた
めは、自分ひとりの力では難しいことにも気づいた。その気づきが、次
の言葉で表現された。「自分に対するアドバイスにもなったし、これか
らみんなで、やっぱり共通で、あの、保育園のことを考えてやっていか
ないといけない時が来たんだなということを、再確認ができたかなと思
います」

職場風土を活性化するためのツール「保育課題ばらしシート」の有用性【分かりやすさ】

保育KI活動の終了後には、意見を視える化することによる分かりやすさが、メンバーによる下記の言葉で表現された。「書くことで一人一人の感じていることも見れるし、みんながそれを見て、あ、そうだなと、なんか共感できるんだなと。文字にして、それでまた望ましい姿を見たら、あぁこういう姿もあるんだな」「見えるっていうことが、あの、簡単な文字の中に思いが入り込んでいて、それが、もう一回話をしてもらったことで、よりわかる」。

保育KI活動を継続するうえでの障壁

本活動の難しい点については、「あの、最初は、どこまで書こうかなっていうところで、ちょっと悩んでまして。そこだったんですけど、あとは大丈夫です」が挙げられた。この発言をした保育士は、日々職場で感じているさまざまな問題の中で、私的な問題と公的な問題とを分類したうえで、職場全体の利益に関与する問題を提示する必要性に気づいた。同保育士の言葉は、職場で問題と感じたことを公的に発言する風土がなかったことを示唆する。その職場風土は、フォローアップ訪問前に主任が質問紙に記述した「会議時には意見を出さず、会議後の話が活発になる方が多かった」の言葉にも表れている。

主任が担当保育士として数年前にF保育所に着任した当初は、毎年5〜7名程の保育士が離職していたという。ここで区別して考える必要があるのは、これまでのF保育所では、職場の問題や保育内容の問題について、発言する機会がなかったのではなく、発言する文化がなかったことである。そのため、職員会議では意見を出さず、遠慮と我慢の末に疲弊して離職する保育士が後を絶たなかった。

その後、離職保育士の数が少し減少したものの、年度途中での新人の

離職は現在もある。主任は現在の職位を得た３年前から、保育士の休憩時間の確保等、職場内の労働条件の改善に取り組んできた。そして、主任着任３年目にあたる 2017 年度には外部研修に出て、外部講師の支援を得ながら職場風土の改善活動に取り組んでいる。以上に述べたように、職場風土の活性化を進める上での障壁は、風通しの良くない職場風土である。Ｆ保育所の主任はそのことに気づき、所長の理解を得て精力的に職場風土の改善活動を推進している。

３－６－３　第２回フォローアップ訪問

第１回フォローアップ訪問実施の２か月後に、第２回フォローアップ訪問を実施した。

職場風土改善活動による保育士の変化

第２回フォローアップ訪問で筆者が聴いた主任保育士の言葉「みんな、これ（保育KI活動）をもっとやりたいって言うんです」は、Ｆ保育所の若い保育士たちが以下のことに気づいたことを示す。

・保育KI活動は、日々の保育で感じていることを発言しても良い場である。
・発言の対等性が保障される場で活発に意見を交わすことを主任が推奨しており、尚且つ出した意見が反映される。

保育KI活動を通じたインクルーシブ保育実践力の強化

Ｆ保育所の主任の言葉「若い人が、すごく喜んでやってます。見てください。若い先生から、こんなふうに意見が出ています」、及び第２回フォローアップ訪問時に提示された保育課題ばらしシートから、Ｆ保育所の若い保育士たちが以下のことに気づいたことを示す。

・気になる子どもを含む一人一人の子どもがのびのびと遊べる環境を

つくる必要がある。

・その環境づくりには、クラスの境界を越えた取り組みが必要である。
・その方策を検討するために、自身も勉強をして知識を得る必要がある。

３－６－４　Ｆ保育所の取り組みからの示唆

　Ｆ保育所は長い歴史を有することから、職場には伝統的な文化や保育内容、仕事の進め方などがある。保育所長は主任保育士を信頼し、主任が進めている職場風土の活性化を応援している。所長は、主任が同席する場で筆者に「これまでで最も優秀な主任です」という言葉で信頼を表現すると同時に、働きやすい職場づくりに取り組んでいる主任を激励した。

　主任は、毎年５名以上が離職していた職場について問題意識をもち、「なぜ、職員が辞めるのか」「どのように改善すれば定着が図れるのか」を検討した。まず、職員の休憩の確保等の労働条件を改善し、つづいて保育課程の見直しを行なった。そして現在は、職場風土の活性化に取り組んでいる。これについては、必要に応じて外部の専門職の力も借りながら精力的に進めている。

　主任は、保育KI活動で保育士から出された意見を受けとめ、それらをできる限り実現していこうとする姿勢を示している。保育KI活動では、この部分が重要である。「意見は聴いてもらえたが、何ら変化はない」となると、若い職員が次の意見を出すモチベーションにつながらない。それに気づいた主任は、Ｒ保育士の発言「会議はあるけど、職員会議は正職。でも、パートの先生も、子どものいろんなことを知っていたほうがいいのかなと。共通に、役割とか知ったほういいかなと」を受けて、主任は「パートの先生方にも同じことをやっていこうというふうに考えています」と返した。このように、保育士から出された気づきやアイデ

260

ア、建設的な意見を受け流すことなく、しっかりと受け止めて反映していく姿勢を皆の前で示している。尚且つ、「お昼間の時間帯で何とか組めれば、次はリーダーじゃない先生方でやる。で、その意見を全部合わせて貼っていけば、みんながどんなふうに思っているのかということがわかると思うし」という言葉で、自らのコミュニケーションスタイルを見直し、改善していくことを啓発した。そして、「お昼間の時間帯で何とか組めれば」の言葉を使い、時間の調整をして保育KI活動のプライオリティを上げていこうとリーダー保育士に呼びかけた。

保育KI活動では、その特長である発言の対等性が確保されて活発に意見が出されたとしても、それらの意見が主任や管理職によって反映されない場合には、メンバーが次の意見を出す意欲は低下する。それに関して、F保育所の主任は「私の3年間を見ていてもらえば、先生方もわかってくれると思うの。できるときはやる」と話した。保育者が自分たちで目標を設定し、一人一人が当事者意識をもって仕事を進めていくことが、職場力の向上につながる。職場全体の利益、すなわち職場力の向上につながる意見であれば、F保育所の主任は「保育士の一方通行の意見」で終わらせることはないであろう。F保育所の主任が示したリーダーシップは、インクルーシブ保育を実践する園づくりに示唆を与えている。

4　保育KI活動を継続するうえでの各保育所の課題

保育KI活動をテーマとする3回のワークショップ後に、6か所のフォローアップ訪問を実施した。その結果、活動を体験した保育士の言葉から、この活動を継続するうえでの障壁が明らかになった。「時間確保の困難」を挙げたのは、A保育所、B保育所、C保育所、D保育所の4か所であった。

A保育所では、保育士の1名が、「15分から20分ぐらい話すようにしてるんですけど」（この活動は）掘り下げれるから。細かく話せるには、

時間が足りないかなって思います」の言葉で、この活動に要する時間に懸念を表した。一方、メンバーの最年長者は「できます」、主任保育士は「この続きを、シフトを調整してやりましょう。明日とか、明後日とか、たとえ30分でもいいからシフトを調整して、続きを話し合いましょう」と継続の意欲を示した。

この経緯から、時間の懸念を示した保育士は、保育KI活動の特長であるレジューム性を、まだ十分に理解していないものと考えられる。園長と主任がリードするかたちで保育KI活動を進めているA保育所では、活動のための時間は保障されるであろう。したがって、次の段階としてA保育所のメンバーには、一人一人の保育士が、子どもの最善の利益を保障したうえで自らの仕事のムリ・ムラ・ムダを見直していく必要性に気づいてもらえるよう促していきたい。

B保育所とC保育所では、いずれも保育KI活動の発言の対等性についてメンバーからから高く評価された。しかし一方で、各保育所に1名ずつ、時間確保の困難を挙げた保育士がいた。彼や彼女たちの共通点は、①メンバーの中で最も発言回数が多いこと、②付箋に意見を書いて貼る方法よりも、口頭で意見を出す方法を好んだこと、であった。時間確保の困難についてC保育所の保育士は、「時間ですね。やっぱ、休憩を取らせてあげたいですね、クラスの先生にも。で、やっぱこうやって会議をした日には、だれも休憩が取れないので」と表現した。

B保育所とC保育所では、すべてのメンバーに8年以上の保育経験があるうえ、全員が他職場での勤務経験を有していた。主任の話によると、いずれの保育所でも人間関係上の大きな問題は生じていないとのことであった。保育KI活動は、組織の中で活動を牽引していく人が必要であり、熱意をもってメンバーに働きかけながら進めることが継続の鍵となる。

B保育所とC保育所では、発言回数が多く、現状で満足している人がいる一方で、話す間合いを推し量っているうちにミーティングが終了す

ることを残念に思っていた心情を語り、発言の対等性を高く評価した保育士もいた。インクルーシブ保育を実践する園づくりは、一部の保育士の我慢の上で実現するものではない。

　職員の姿から、仕事をする中で生じた「残念な気持ち」が見えた時が、保育KI活動のはじめ時である。熟練保育士のみで構成された組織にも、風通しの良さは必要である。したがって今後は、各保育所の事情に即したスタイルにアレンジをして、保育KI活動を進めてもらえるよう促していきたい。

　時間確保の困難については、職場風土の活性化に対してメンバーのプライオリティが上がれば、「保育KI活動の時間を確保する」をテーマに保育KI活動を行なうことによって解決を図ることが可能である。KI活動を継続している多くの組織が業務時間内に設定していることに鑑みれば、保育士が挙げた時間確保の問題の本質は、時間以外のところにあるといえる。

　保育KIの難しい点としては、D保育所の主任とE保育所のリーダー保育士が「保育課題ばらしの項目設定」を挙げた。保育課題ばらしでは、職場の「現状」と「望ましい状況」との間にあるギャップを課題として散り散りに分解し、関係者間で共有化するために視える化していく。例えば、筆者がワークショップで導入した「気になる子どもの保育」をテーマとした保育課題ばらしの場合には、日々の保育における園児との関わりを通じた各メンバーの気づきの中から、課題である「子どもの困り感」を見つけ出した。つづいて、見つけた課題を「保育課題ばらし」の手法を用いて整理した（第3章第2節）。

　保育KIでは、取り扱うテーマがさまざまであることから、「現状」と「望ましい状況」及び両者の間にあるギャップがテーマによって異なる。

フォローアップ訪問を通じて、D保育所の主任とE保育所のリーダー保育士は、テーマが変わった場合の課題の整理の仕方に困惑していることが明らかになった。これを受けて、今後はいくつかのテーマの例を挙げて、課題ばらしの方法を提示していきたい。

第7節　小括 - 各園の組織風土活性化に向けて -

　本節では、保育KI活動の試行1、試行2、試行3で明らかになったことを整理する。

　試行1では、幼稚園教諭と保育士を対象に「気になる子どもの発達支援」をテーマにワークショップを実施した。ワークショップでは、保育KIのStep1からStep4に相当する活動を事前準備編と実践編との2回に分けて行なった。その実施内容と結果について、ワークショップ資料と参加者へのフォローアップアンケートの分析を基に、保育KIの適用可能性を検討した（2015年度）。

　試行2では、2015年度の試行1により保育職場への適用可能性が確認できた保育KIの導入効果を、2016年度の保育士研修において計測した。保育職場における気になる子どもへの配慮に関する気づきについて、①発言の対等性、②等至性、③作業性、④レジューム性、⑤網羅性の各観点から従来手法の課題と比較しながら効果を確認した。

　試行3では、全4回のワークショップを計画した。第1回から第3回までには講義を行ない、第3回から第4回までの期間には、筆者が参加者の職場を巡回し、フォローアップを実施した。フォローアップ訪問はA～F保育所の6か所に、それぞれ2回から3回実施した。フォローアップ訪問とは別に、電話によるフォローアップも行なった。各保育所の巡回時には、保育KI活動のリーダーをバックアップすると同時に、グループメンバーから「本活動に参加した感想」「本活動の利点／難点」「本活

を継続するうえでの障壁」について生の言葉を聴きとった。

　各保育所によって職員構成等の事情が異なることから、職場風土もさまざまであっが、共通しているは、発言の対等性が保障されることによって、訪問したすべての保育所で、新人を含むメンバー全員の意見表明が実現できたことである。たとえばE保育所では、リーダー保育士が自職場のミーティングについて、「もうしゃべっちゃだめっていう、あの雰囲気が嫌で」と表現していた。そのミーティングの雰囲気が、フォローアップ訪問時には一変した。着任3年未満の若い保育士が生き生きとミーティングで意見を出し、話し合いに参加している姿を見て、この活動を進めようと協力して準備した副主任、リーダー保育士が嬉しい驚きを言葉にした。

　その他の訪問先でも、新人保育士や、それまでのミーティングで発言を躊躇していた保育士に、E保育所の保育士と同様の姿が確認できた。そして、彼や彼女たちは皆、保育KI活動の「発言の対等性」を高く評価した。

　発言の対等性は、保育KIの基本原則である。自分の意見を発言することは、若い保育者の仕事のモチベーションを向上させる。第2章でも述べたように、先輩や上司から言われた通りに仕事をしていると、失敗が少ない一方で、若い保育者のモチベーションは上がらない。若い保育者は、自分で計画をして自分で行動し、自分で小さな失敗を繰り返すことが必要である。失敗を自分で乗り越えたときに人は成長し、自身を持つことができる。

　若い保育者には、若い視点から見た気づきがある。その気づきを熟練保育士や管理職が受け取らないでいると、職場の風土は伝統を守ることに偏り、新しい知識や社会の要請等が職場に浸透するのも遅れがちになる。インクルーシブ保育は、ひとりの職員が多くの知識とスキルをもっていても、それを共有し、学び合う風土がなければ、進めることが難し

くなる。インクルーシブ保育を実践する職場力を育てるには、必要に応じて改善を繰り返すことができる職場風土づくりが必要である。誰もが自らの気づきを伝え、学び合う機会をもつことが、そのための第一歩である。

　保育所保育指針の2018年版の第5章「職員の資質向上」では、2019年版の第7章「職員の資質向上」と比較して、新設された部分がある。例えば、第1節第1項保育所職員に求められる専門性として、各職員が「自己評価に基づく課題等を踏まえ、保育所内外の研修等を通じて専門性を高める」[8]とある。保育士の職務能力の自己評価については、適切な指標をまだ持っていない保育士が少なくないのが現状である[9]。これを受けて高尾 (2017)[10] は、保育者が自らのキャリアパスのイメージを描き、その実現に向けてスキルの向上を図る時期及び手段を判断するために有用な指標の必要性を明らかにしたうえで、現職保育者から協力を得て「保育スキル標準」の開発に着手している。

　また、同じ2018年版の保育所保育指針では、第5章の2で「施設長の責務」の一つとして、職員の体系的・計画的な研修機会の確保を努力義務としており、職場内での研修の充実、外部研修への参加および組織内での研修成果の活用を求めている[11]。しかし、現状では、外部研修については職場における保育士間の受講希望の調整が円滑に行なわれず、希望するテーマの研修に参加できない保育士もいる。また、外部研修で経験したことを職場内で報告する機会が与えられない、あるいは、受講後3

8　2018年版保育所保育指針　第5章職員の資質向上　1職員の資質向上に関する基本的事項 ⑴ 保育所職員に求められる専門性.
9　2016年度　保育園連盟の研修部長から聴取.
10　高尾淳子 (2017)「インクルーシブ保育スキル標準の必要性 – 米国ワシントン州保育スキル標準の開発事例をもとに –」愛知教育大学幼児教育講座『幼児教育研究』19, 65-72.
11　2018年版保育所保育指針　第5章　2施設長の責務　3職員の研修等.

ヵ月以上経過してから報告の機会を与えられて受講内容を想起し、整理するのに苦労する保育士もいる[12]。さらに、研修の配布資料を職場内で回覧して完結する組織もある。この状況をみると、外部研修で得たものを職場で共有し、活用できているとは言い難い。

　つづいて第4章では、第3章で述べた試行1、試行2、試行3の実践研究を通じて明らかになったことを基に考察する。

---

12 2017年度 筆者が講師を務めた保育園連盟主催研修の参加保育士から聴取.

第4章　インクルーシブ保育実践者の育成に関する考察と新しい視点

本章では、試行1、試行2、試行3の実践研究を通じて明らかになったことを基に考察する。

第1節　試行1による検証と考察

試行1では、2015年度に、幼稚園教諭21名と保育士24名を対象に、「気になる子どもの発達支援」をテーマとするワークショップを2回連続講座で実施し、保育KIの適用可能性を確認した。

試行1の終了後に1カ月程度の期間をあけて、それぞれ2回のフォローアップアンケートを行った。このフォローアップアンケートでは、研修参加の満足度の集計ではなく、参加者が職場に戻ってから回答した延べ175件の自由記述を分析した。そこでは、筆者が予め想定したコメントと、想定していなかったコメント、及びポジティブな意見、ネガティブな意見を分類し、整理した。

その結果、ポジティブな意見、ネガティブな意見とも、予め想定していた範囲内のものが多かった。ポジティブな意見には、「子ども自身が困っていることを困り感として考えるようになった」「社会的障壁を意識するようになった」といった、参加者がワークショップを通じて自らの視点を変えることにより得られた新たな気づきが記されていた。

前者については、「気になる子どもに指示が通らず、保育者が困っている」と感じながら仕事をしてきた保育者が、困っている主体を子どもに置き換えて話し合うことによって、さまざまな子どもの行動の理由が

理解できるようになることに気づいたことを示唆する。

　また、後者については、気になる子どもの行動を当該児の発達の遅れ
を理由にして諦めるのではなく、「当該児に対する周囲からの心ない言
葉や、冷たい視線はないか」「当該児にとって当園のこの暗黙のルール
は必要か」「保育者自身に偏見はないか」「当該児にとって、園内に危険
な場所はないか」といった視点で話し合うことにより、雑多な情報を構
造化できることに参加者が気づいたことを示唆する。

　試行1では、第1回と第2回のワークショップの間に、参加者がホー
ムワークとして課題ばらしシートを持ち帰った。参加者は、第2回には
そのシートを基に話し合いを進めた。そこでのポイントは、各自が持ち
寄った検討内容を照査し、その議論の中からさらに新しい気づきを得て
より高いレベルの「合理的配慮」の考案に至ることであった。

　試行1の実践では、研修時間の制約から75分のグループ議論時間を
設定した。ワークショップでのグループ議論の内容を分析した結果、保
育者同士の議論によって合理的配慮内容の高度化が確認できた。例え
ば、あるグループの個々の保育課題ばらしシートの「合理的配慮」には
「給食の時間をなるべく多くとり、量の配分を考える」「好き嫌いを把握
して配膳を考慮する」との具体的な記述が見られた。

　これら2件の合理的配慮はグループディスカッションを経て、子ども
の自主性を尊重した配慮「給食の量を一緒に決めて、まず完食する喜び
を味わってもらう」に変化したことが確認できた。このように短い議論
時間であっても、お互いの配慮の内容を共有することにより、ホームワー
クで個別に検討してきた合理的配慮よりも、さらに高いレベルの合理的
配慮に到達した。

　一方、ネガティブな意見には、障害者差別解消法や合理的配慮、社会
的障壁といった言葉の難解さについて「用語の理解が難しかった」との
記述があった。これについては、講師がさらに丁寧に言葉の説明を行な

うよう、改善が必要である。

　前述の用語について、言葉が難解だと感じた参加者がいた一方で、新しい法制度について知る必要性に気づいた参加者もあり、「法律や制度の変化に注意しなくてはならないと思った」とのコメントを残している。

　想定外のコメントとしては、保護者対応に苦慮していることや、「若い保育士が続かず、1〜2年で辞めてしまうケースが多い。どう育てていくと良いのか」といった早期離職への困惑感、人材育成の問題が記されていた。ネガティブな意見も今後の保育KI手法の改善による改善が見込めることから、保育KIは保育職場への適用が可能であると判断し、保育職場への適用準備と効果の確認活動へ進んだ。

第2節　試行2による検証と考察

　試行1のフォローアップアンケートの結果を受けて、2016年度の試行2では、ワークショップの進め方や教材を改良し、保育士16名を対象に「保育KI活動における園長・リーダーの役割」をテーマとしてワークショップを5回連続講座で実施した。

　ワークショップでは、保育KIのStep3　保育課題ばらしのテーマとして「保育のリスクマネジメント」を導入した。試行2の参加者の実態から、保育職場における気になる子どもへの配慮に関する気づきについて、①発言の対等性、②等至性、③作業性、④レジューム性、⑤網羅性の各観点から従来手法の課題と比較しながら検証を行い、効果が確認できた。

　保育KIでは、「他者の意見を批判しない」「全員参加」「全員平等」「全員発言」が基本原則である。この基本原則を徹底するためには、全参加者の発言の対等性の保障が不可欠である。

　保育KIの特徴である発言の対等性とは、発言機会の対等性のみを指すのではなく、発言尊重の対等性を含むものである。発言尊重の対等性

とは、発言の扱われ方に対する対等性である。発言機会の対等性であれば、職員会議やカンファレンス等、保障されている会議は少なくない。したがって、自信もしくは勇気のある人、批判への耐性の強い人等であれば、さまざまな会議で発言することができる。一方、保育技術にまだ自信がもてない若い保育者の多くは、発言の機会が保障されていても、先輩への遠慮や批判を受けることへの恐れ等から、会議等で発言することは難しい。

　これについては、試行2で職務経験の異なる保育者を組み合わせて構成した各グループが抽出した気づきの数に有意差が確認できなかったことに加えて、すべての参加者がそれぞれにグループの課題抽出に寄与する発言をしていることから、発言の対等性が確認できた。

　発言の対等性については、その後に実施した試行3のフォローアップ訪問時においても、E保育所の保育士が次の言葉を残している。「いつもの会議だと、自分の意見を述べるのが、一番下で後輩だから、述べて良いいのかも分からずっていうので、意見を言う機会もなく、流れてくんですけど。言っていいのかとか、言って批判されるのが、まあ1年目だから批判されるのも当たり前なんですけど、怖いっていうのがあって、なかなか発言できないっていうのがあるんですけど。ここに書いて、批判されないってなると、自分の意見がとても言いやすくて、やりやすかったです。」

　発言の対等性で欠如してはならない大切な視点は、発言尊重の対等性である。若い保育士の意見が軽く扱われたり、聞き流されたりする場では、若い人たちの発言が減るばかりでなく、一部の人の発言の場となる。保育KIでは、すべての発言を等しく扱うことが活動の進行役を務めるファシリテーターに要求されている。さらに、各自が保育業務を通じて体験した事実に基づいて気づきを述べることから、他のメンバーは他者が体験した事実や、それに対する気づきを否定することが難しい。

　保育KIは、このような特徴をもつ手法であるゆえに、試行2においても、経験や職位の異なる参加者同士で討議グループを構成したにもかかわらず、それぞれの参加者が躊躇することなく自由に気づきを抽出できたことが確認できた。

第3節　試行3による検証と考察

保育KI手法の検証

　試行2では、保育KIの保育職場への導入効果を計測した。つづいて2017年度の試行3では、23名の保育士を対象に「風通しの良い職場風土をつくるファシリテーション - 保育 KI の手法を用いて -」をテーマに4回連続講座でワークショップを実施した。

　保育KIのStep3　保育課題ばらしのテーマとしては、「全員参加のミーティングにするために」を設定した。

　第3回と第4回の講座の間には、筆者が参加者の職場をフォローアップのため2回から3回にわたり巡回訪問し、ワークショップ参加者が活動の進行役を務めるファシリテーターとして、職場で保育KIを展開することをバックアップした。

　このフォローアップ巡回訪問において、「本活動に参加した感想」「本活動の利点／難点」「本活動を継続するうえでの障壁」に関する保育士の生の声を聴取した。この保育士から聴き取った言葉を基に、園内で保育者らが自主的に KI活動を行い検証できた項目を表8に整理した。

保育KI手法の効果

　ここでは、表11を用いて各保育所の活動を総括する。

　表11には、フォローアップ巡回訪問した保育園での活動テーマと参加者を横軸に、検証項目を縦軸にして整理した。それぞれの検証項目に

は、参加者が自らの言葉で評価を述べた場合に、○印を表示している。

等発言性

表11に示すように各保育所の KI 活動チームの職員構成はさまざまであったが、殆どの活動チームにおいて、勤務経験の豊富な熟練保育者と若い保育者の混成でチームを構成している。また、E 保育所においては、保育者だけでなく、給食担当者も活動に参加し、職務を越えて共通する課題を討論できていることが確認できた。このように大きく経験年数が異なる職員や、職種の異なる参加者間においても、フォローアップを行なったすべての保育所でそれぞれの発言が尊重されることについて参加者からの肯定的なコメントが得られ、等発言性を実証することができた。

等至性

等至性については、E 保育所、G 保育所の活動の観察により実証できた。E 保育所では、同じ活動テーマについて、異なる参加メンバーによる2回の活動を行った。第1回と第2回のそれぞれの活動を観察すると、それぞれのチームで同じように1年目の保育者を含む全員から活発な意見が出され、話し合いの結論が同レベルに到達できたことが確認できた。

G 保育所では、講師の訪問前に幼児クラスの担任メンバーらで実施したテーマを、講師の訪問時に参加メンバーを変えて3歳未満児クラス担任メンバーで実施した。3歳未満児クラスの活動終了時に、幼児クラスの担任メンバーで既に実施した保育課題ばらしシートと比較し、同レベルに到達できたことが確認できた。これらの検証により、等至性を確認した。

レジューム性

レジューム性は、断片的な活動を行った場合においても、連続した活

動とさほど遜色なく活動を進めることができることを指している。保育KI活動のレジューム性は、A保育所の活動で実証できた。A保育所では、保育課題ばらしが活動途中で時間切れとなり中断した。後日に保育KI活動を実施し、その中断時点から問題なく再開することができていることを確認した。

網羅性

保育KIの網羅性とは、検討が必要な範囲について、全体を網羅するように整理する度合いを意味する。保育課題ばらしは発想法ではなく、知見の構造化手法である。検討が必要な範囲を保育課題ばらしシートで構造化し、全く検討されずに空白となる部分がないようにする。一方、テーマから大きく外れる意見に偏りはじめた場合には、ファシリテーターの役割として、話し合いの流れを軌道修正する。

この網羅性については、A保育所、C保育所、D保育所、E保育所で実証できた。訪問したE保育所、F保育所では、ワークショップで導入したテーマと同じテーマを用いて話し合ったことから、ファシリテーターがスムースに参加者の意見を引き出して活動を進めることができた。その他の保育所では、園独自のテーマに取り組んだため、抜け漏れの無い構造化の進め方について講師が最小限のアドバイスを行ったが、どのファシリテーターにおいても、全体をまとめることができていた。上記の保育所の活動内容から、網羅性につても確認ができた。

活動の効果・ねらいと参加者の評価

職場風土の中で、コミュニケーションについては、フォローアップ訪問をしたすべての保育所で肯定的なコメントが得られた。それにより、保育KI活動による職場風土活性化の効果を実証することができた。

職場環境の改善効果については、2か所の保育所を観察し、1か所で

表 11 フォローアップ訪問で検証した保育KIの効果と課題

活動テーマ			A保育所 個別の子どもの捉え方・指導法		B保育所 子どもの発達に沿った運動会の競技内容		C保育所 わが園の避難訓練のあり方	
参加者			5名 主任（Facilitator） 5年目1名 2年目1名 1年目2名 （園長同席）		4名 主任（Facilitator） 8年目以上3名		6名 主任（Facilitator） 8年目2名 10年目以上3名	
	活動と効果		活動した	効果のコメント	活動した	効果のコメント	活動した	効果のコメント
保育KI手法の検証	等発言性		○	○	○	○	○	○
	等至性							
	レジューム性		○	○				
	網羅性		○	○			○	○
活動の効果狙いと参加者の評価	職場風土	コミュニケーション	○	○	○	○	○	○
		環境						
		働き方						
	インクルーシブ保育	気になる子ども	○	○	○	○	○	○
		リスクマネジメント					○	○
活動の継続と課題	継続	継続する	○		未定		未定	
	課題	時間	○		○			
		手法						
		ファシリテーター						
		課題無し						

D 保育所		E 保育所		F 保育所		G 保育所	
ダンスプロジェクトの 取り組み方		怪我に対する対応の仕方		風通しの良い 職場風土をつくる		公平に休憩をとる	
4 名 主任（Facilitator） 5 年目 1 名 2 年目 1 名 1 年目 1 名		9 名（第 1 回 2 チーム） リーダー（Facilitator） 副主任（活動協力者） 30 年目以上　主任 1 名 5 年目 5 名 3 年目以下 3 名 給食担当 1 名 9 名（第 2 回 2 チーム） リーダー（Facilitator） 副主任（活動協力者） 5 年目以上 3 名 3 年目以下 3 名 給食担当 1 名		6 名 主任（Facilitator） 30 年目以上 1 名 10 年目 2 名 5 年目 2 名		6 名（第 1 回） 主任（Facilitator） 5 年目以上 3 名 5 年目以下 2 名 6 名（第 2 回） 主任（Facilitator） 30 年目以上 1 名 10 年目以上 2 名 5 年目以上 2 名	
活動した	効果の コメント	活動した	効果の コメント	活動した	効果の コメント	活動した	効果の コメント
○	○	○	○	○	○	○	○
		○	○			○	○
○	○	○	○			○	○
○	○	○	○	○	○	○	○
				○		○	○
						○	○
○	○						
		○	○				
○来年もやりたい		○来年もやりたい		○来年もやりたい		○来年もやりたい	
	○		○				
	○		○				
				○		○	

効果が実証できた。もう1か所については、今年度の新任保育者の早期離職後に主任保育者が研修を受けて保育KI活動を開始し、現在も精力的に職場で展開している。したがって、新人の早期離職が回避でき、なおかつ職場環境が改善できたことをメンバーが実感する次年度まで、改善効果の実証を待つこととした。

　働き方の改善については、1か所の保育所の活動の観察により実証できた。G保育所では、僅か1時間の保育KI活動でメンバーが意見を出し合う中で、個人商店的な仕事の進め方から、職場全体で協力して仕事を進めようという方向性が共有され、課題ばらしが進められた。

　インクルーシブ保育の実践力強化については、気になる子どもの発達支援の分野で、5か所の保育所の活動の観察により実証できた。フォローアップ訪問を通じて、D保育所とF保育所では、1人の気になる子どもの困り感について深く掘り下げる課題ばらしによって子ども理解が進むことに若い保育者が気づき、保育KI活動を継続したい旨を主任に伝えていたことがわかった。一人一人の気になる子どもへの理解が進み、なおかつそれをメンバーで共有することは、インクルーシブ保育の実践力強化につながる歩みである。

　インクルーシブ保育におけるリスクマネジメント力の強化については、2か所の保育所の活動の観察により実証できた。C保育所では、市区町村および所属法人の避難訓練マニュアルを基に、自園の避難訓練のあり方をテーマに話し合った。保育課題ばらしシートには、避難訓練における気になる子どもへの配慮が盛り込まれ、さまざまな気づきが共有された。

　E保育所では、一人一人の気になる園児の危険な遊びの実態の写真を基に、自園における子どもの怪我に対する対応の仕方をテーマに話し合った。園内で事故や怪我が生じる理由について課題ばらしを行なった際には、過日に受けた心肺蘇生法の講習での経験を通じて気づいたこと

や、日頃の保育におけるさまざまな気づきが共有された。本活動を通じてE保育所のメンバーは、事故や怪我が生じる理由が1つではないこと、医療分野から推奨される応急処置やケアの方法が変更されるに従って、保育者がそれらにフレキシブルに対応する必要があること、職員間での協力体制が必要であることに気づいた。こうした気づきを得ることは、次の保育KI活動での学び合いに参加するモチベーションとなる。そして、個人でもさらに学んでみようとする動機付けにも繋がる。

保育KI活動の継続については、4か所の保育所の所長、主任から、次年度も続けたいとする言葉があった。

第4節　これからの保育者に求められる視点
- インクルーシブ保育の推進 -

多様性を尊重する保育

今後の日本では、障がいの他にも、多文化・多言語への理解と配慮をも行う「インクルーシブ保育」の視点をもった実践が、ますます必要になることについては前述した。現在のわが国では多様な文化や習慣をもつ民族が共に生活している。保育者が園で出会う子どもとその家族は、前述の文化や習慣に加えて、皮膚や髪・瞳の色等の外見的特徴や、宗教もしくは信条・良心（倫理性の強い思想）といった心理的特徴、職業・地位等の社会的特徴および家庭の経済状態等がそれぞれ異なる。このように多様な特徴をもつ子どもたちが、保育所・幼稚園等で幼児期から集団生活による学びを経験することは、彼や彼女たちが将来の社会を共に支えていくための強靭な基盤となる。

保育者は、これまで社会の変化に即して子どもや保護者の要望に応えてきた。今後、日本が推進するインクルーシブ保育の実践には、一人ひとりの子どもとその家族の多様性 (diversity) の尊重が不可欠であり、

保育者にはその姿勢と行動が求められる。

医療的ケア児に向けた支援レベルの向上

医療的ケア児の大部分が在宅生活を送っている現状をふまえて、2015年に厚生労働省は必要な法律を改正し、医療的ケア児や家族への支援強化方針を決めた。今後は、医療的ケア児とその家族の生活の質（QOL）の向上に向けた支援策の検討がさらに進められていくことになる。

国が前述のような施策を進める中で、医療的ケア児の保育については今後、訪問保育や児童デイサービス・保育所・幼稚園等での受入れが進められていくことになろう。その際には、医療・保健・福祉・教育職の連携・協働が不可欠となる。保育者は、それを念頭に置いて準備をしていくことが重要である。

具体的には、第2章で述べたように、所長・園長等が医療的ケア児の保育目的や保育所・幼稚園で他の子どもたちとともに園生活をすることの意義、保育者の役割を職員に明確に示し、保育者がそれらを十分に理解した上で相互に学び合い協力しあえる風土をつくり、職場内でのチーム保育体制づくりを進めることが必要である。そのうえで、関係機関の専門職と関わり、適切な情報交換や役割分担を行ない、多職種連携体制づくりを推進することが望ましい[1]。

保育職場の組織風土の活性化

今後、わが国では、文化的、言語的、経済的マイノリティ等の人々への理解と配慮をも行なうインクルーシブ保育の視点をもった実践が益々必要になる。

---

1 高尾淳子 (2017)「保健・医療・福祉・保育による総合的支援」『医療福祉相談ガイド』, 中央法規出版.

　保育者は、これまで長きに渡り社会の変化に即して子どもや保護者の要望に応えてきた。今後も引き続き社会的要請に保育者が応えていくには、広範にわたる学びの継続が求められる。現状に鑑みれば、保育者が単独で生じた問題の解決に取り組んできた従来の仕事の進め方から、チームとして職員全員が連携して保育する体制を構築することが求められている。

　これをふまえて筆者は、保育士が仕事を通じて相互に学び合い、協力し合える風通しの良い職場風土づくりを通じて組織風土の活性化を図り、進化し続ける組織づくりを進めていくことを提言する。そのためには、保育KI活動などの組織改善活動を組織全体で推進することが望ましい。

医療および他の専門職の保育チーム入り

　子どもへの医療的ケアと保育者への医療的ケアの指導には、看護師としての知識とスキルが必要である。また、言葉の発達課題や発達障害等のある子どものアセスメントや言葉のトレーニング[2]等については、言語聴覚士がこれにあたるのが望ましい。言語聴覚士は、子どもの発達検査や得意分野・苦手分野を明確にするアセスメント等を行なうスキルをもつ専門職である。

　また、重度・重複障害児の食事動作の指導[3]、協調運動・巧緻動作の促し、感覚統合の促し[4]等については作業療法士の知識とスキルが必要である。乳幼児の習慣的な姿勢が身体的発達に及ぼす影響に関するアセスメント、乳幼児の運動学習過程に関するアセスメント及び運動面での発

2 高尾淳子「保育・家庭・医療・行政によるチーム支援 – 海外のインクルーシブ保育を参考に –」『発達』第 149 号 , 72.
3 濱田匠・菊池紀彦 (2017)「重度・重複障害児の食事動作の指導過程における教員と作業療法士のコンサルテーション」『三重大学教育学部研究紀要』第 68 号 , 205-210.
4 関森英伸・谷口敬道・杉原素子 (2016)「医療機関 A で作業療法を実施した発達障害児の医療機関利用時の特徴」国際医療福祉大学学会『国際医療福祉大学学会誌』21 (2), 69-81.

達支援等については、理学療法士の知識とスキルが必要である。言葉で心情を表現する力が未熟である幼児に行なうプレイセラピー[5]には、心理士の知識とスキルが必要である。

　これらの専門職が保育所や幼稚園の保育者とともにチームを構成することが理想である。これらの異なる専門知識をもつスタッフが、それぞれの役割を最大限に発揮し、チームとしての力を高めるためには、保育KI活動が適する。それぞれの専門家が、チームとして、課題のある子どもの困り感に関与をすることにより、インクルーシブ保育を実践する園づくりがさらに進むと期待される。

　一方で、保育所では、園に看護師を配置しているものの、子どもが病気や怪我をしたときしか仕事がなく、園としての看護師への仕事の与え方に困惑している事例もある。保育所における看護師の仕事としては、子どもの病気や怪我のケアだけでなく、普段から保育室に入り、子どもたちの日頃の様子を観察し保育者たちと気づきを共有しておくことが望ましい。また、小児に関わりたいと希望する言語聴覚士が、活動の場を見つけられないという事例もある。

　言語聴覚士、作業療法士、理学療法士、心理士等の専門職の中には、医療現場で発達障害等の子どもへの訓練に苦慮している事例もある。彼や彼女たちのように専門知識を持っているにもかかわらず、それを十分に発揮できていない専門職にとっては、保育所等は新たな活躍の場となり得る。

　「訓練」の言葉は医療用語として用いられているが、保育所・幼稚園等は訓練の場ではない。したがって、セラピストが知識とスキルを活用して保育者と協働し、保育の場で遊びを通して言葉や社会性等のトレーニングを行なうことが可能となる。他児とともに遊ぶ心地良さを味わう

---

5 永井知子 (2013)「セラピストの体験様式の変化とスーパービジョンとの関連　プレイセラピーの一事例より」『四国大学紀要』A (41),41-48.

中での自然なトレーニングであれば、発達に課題のある幼児や、発音を
修正されることを嫌がる幼児の自尊感情 (self-esteem) を傷つけること
なく進められることが期待できる。

　これまでに述べたように、保育者と他の専門職は、それぞれが専門知
識と不得意な領域とをあわせもち、個々に課題意識を持って仕事をして
いる。この状況から次の段階に進むための方策として、複数の領域の専
門職が日常の保育室に入って子どもたちの発達状況をアセスメントし、
保育KI活動を通じて保育者と相互に気づきを共有し、強い職場力をつ
くっていくことが望ましい。

　保育現場において、高い専門知識をもつ職員が子どもの発達支援に直
接携わることは、米国ではすでに制度化されている[6]。しかし、わが国で
は、それは各園の裁量に委ねられているのが現状である。今後はわが国
でも、医療関係者を含むさまざまな専門職が保育チームを構成し、イン
クルーシブ保育を推進していくことを提言する。

---

6 高尾淳子「保育・家庭・医療・行政によるチーム支援－海外のインクルーシブ保育を参考に－」
　『発達』第 149 号 , 68-72.

終章　研究の総括と今後の課題

　本章では、本研究の全体を総括し、さらに今後の課題と展望について述べる。本研究は、インクルーシブ保育を実践する保育者の人材育成の手段として「保育KI」を開発し、その適用可能性および継続する上での課題を明らかにした。本研究では、調査研究と実践研究を行なった。

　序章では、インクルーシブ保育及び教育に関する国内外の捉え方を整理した上で、保育に関するわが国の諸問題を挙げ、それらの問題とインクルーシブ保育との関連について述べた。本研究のテーマに含まれる「インクルーシブ保育」について、その発祥からインクルーシブ保育に対する国内外の捉え方、インクルーシブ保育・教育に関する日本の法整備、インクルーシブ保育と特別支援教育との関係、インクルーシブ保育と保育者の早期離職との関連、インクルーシブ保育と合理的配慮の保育現場での変遷、インクルーシブ保育を実践する保育者と他職種連携との関連、障がいのある子どもの支援の枠組みと連携支援の限界、インクルーシブ保育と支援が届きにくい子どもの保育との関係、インクルーシブ保育とリスクリテラシーの関連、インクルーシブ保育と職場風土の活性化との関連について説明し、問題提起をした上で本研究の目的を提示した。

第1節　調査研究結果の総括

　本研究では3件の調査研究を行なった。第1章で行なった1件目の調査研究では、インクルーシブ保育を実践する保育者を育成するための方策を検討するために、園外研修に着目した。研究方法は、全国組織である保育三団体の研修担当者へのヒアリング調査、記録資料分析を基に、保育者研修事業における研修の概要・対象・機会・内容、さらには障が

284

い児保育関係法規の改正と研修テーマの追随状況を整理した。

　ヒアリング調査で得た情報を総合すると、全国組織では所長研修や主任研修等を通じて、管理職やリーダーの心構えを育てていることがわかった。そして、管理職やリーダーは、自職場に戻ってOJTを通じて後輩職員のモチベーションを支援していくことをねらいとしている。

　第2章で行なった2件目の調査研究では、インクルーシブ保育を実践する保育所づくりを目指した職場風土の醸成及び保育者育成の要素を明らかにすることを目的として、185名の保育所長の意識調査を実施した。質問紙調査では、各園の職場風土および保育者の育成状況（定義度）と、それに対する保育者の行動（実施度）について、所長の立場からの回答を得た。調査データを「目標」「コミュニケーション」「職場風土」「研修」の4項目にカテゴライズした上で分析し、インクルーシブな職場風土の醸成及び保育者育成の要素を抽出した。具体的には、「組織の目標の視える化」「職層を越えたコミュニケーションの活性化」「風通しの良い職場風土づくり」「新しい保育知識の吸収と組織内への展開」等である。

　第2章で行なった3件目の調査研究では、職場風土や保育者の人材育成に関する課題の分析を通じて保育者の知識及び技能の向上に関わる施策検討につながる着眼点を明らかにすることを目的として、649名の保育者を対象に意識調査を実施した。この調査の質問内容は、2件目の調査の質問内容と同一であったことから、第1回と第2回の質問紙を合わせて分析した（834名分を回収。その内、情報公開の承認を得た716名分の回答を分析）。

　この意識調査では、人材育成につながる職場マネジメントを「職場の目標・課題の共有状況」「職場のコミュニケーション」「相互の協力・連携体制」「学び・向上意欲」の4項目の観点から実施した。さらに、その職場マネジメントの（定義度）と（実施度）について回答を「職層」「業務経験年数」「保育者数」「園児数」などの観点でクロス集計することで、さ

らに一段詳細なレベルの課題把握を試みた。

　分析の結果から、職場全体で共有すべき大きな課題をそれぞれの保育者が認識できていないこと、保育者が自由に会話できる場が少なく本音での会話も活発でないこと、忙しい中で互いに協力しながら業務を進めているが、仕事の経験を通じて学んでいくOJTの環境が私立園などで十分とは言えないこと、学びの意欲を維持し相互に研鑽する必要性は認識しながらも、実際にはさまざまな制約から実施できていないことなどの課題が把握できた。

　以上の3件の調査結果は、保育職場の活性化と人材育成の手法である保育KI活動を保育職場に適用する際の参考とした。

第2節　実践研究の総括

　第3章では、3件の実践研究を行なった。保育KIの試行1では、2015年度に、幼稚園教諭21名と保育士24名を対象に、「気になる子どもの発達支援」をテーマとするワークショップを2回連続講座で実施し、保育KIの保育現場への適用可能性を確認した。

　ワークショップでのグループ議論の内容を分析した結果、保育者同士の議論によって、気になる子どもに向けた合理的配慮内容の高度化が確認できた。短い議論時間であっても、お互いの配慮の内容を共有することにより、ホームワークで個別に検討してきた合理的配慮よりも、さらに高いレベルの合理的配慮に到達した。

　研修後のフォローアップアンケートには、参加者がワークショップを通じて自らの視点を変えることにより得られた新たな気づきが記されていた。さらに、整理されずに混在していた雑多な情報を構造化できることに、参加者が気づいたことを示すコメントがあった。

　保育KIの試行2では、2016年度に、保育士16名を対象に「保育KI活

動における所長・リーダーの役割」をテーマとしてワークショップを5回連続講座で実施し、保育職場への導入効果を計測した。試行2の参加者の活動の分析から、保育職場における気になる子どもへの配慮に関する気づきについて、①発言の対等性、②等至性、③レジューム性、④網羅性の各観点について従来手法の課題と比較し、明らかな効果が確認できた。

　保育KIの試行3では、2017年度に、23名の保育士を対象に「風通しの良い職場風土をつくるファシリテーション‐保育KIの手法を用いて‐」をテーマとして4回連続講座でワークショップを実施した。第3回と第4回の講座の間には、筆者が参加者の職場をフォローアップのため2回から3回にわたり巡回訪問し、ワークショップ参加者がファシリテーターとして職場で保育KIを展開することをバックアップした。

　このフォローアップ巡回訪問において、「本活動に参加した感想」「本活動の利点／難点」「本活動を継続するうえでの障壁」に関して、ファシリテーター役の保育者と参加した保育者の双方の声を聴取した。

①発言の対等性

　フォローアップを行ったすべての保育所で、大きく経験年数が異なる者や職種の異なる参加者間においても、それぞれの発言が尊重されることについて参加者からの肯定的なコメントが得られた。また、討議の記録にも他者の発言を否定する発言は確認できなかった。これらの結果を総合して、等発言性を実証できたと判断する。

②等至性

　等至性については、同じテーマについて異なるメンバーで行っても同様の成果が得られることと定義する。今回のフォローアップ期間において、同一のテーマで繰り返しKI活動を実施したのは、E保育所、G保

育所である。両保育所では、同じ活動テーマについて、異なる参加メンバーによる2回の活動を行った。第1回と第2回のそれぞれの活動を観察すると、それぞれのチームで同じように1年目の保育者を含む全員から活発な意見が出され、話し合いの結論が同レベルに到達できたことが確認できた。これにより等至性を持つものと判断する。

③レジューム性

レジューム性は、断片的な活動を行った場合においても、連続した活動とさほど遜色なく活動を進めることができることを指している。A保育所では、保育課題ばらしが活動途中で時間切れとなり中断した。後日に保育KI活動を実施し、その中断時点から問題なく再開することができていることを確認した。これらの調査・分析の内容を総合してレジューム性を持つと判断した。

④網羅性

保育KIの網羅性とは、検討が必要な範囲について、抜け漏れなく全体を網羅するように課題を整理することを意味する。

この網羅性を確保すべき活動テーマについてKI活動を進めたのは、A保育所、C保育所、D保育所、E保育所であった。訪問したE保育所、F保育所では、ワークショップで導入したテーマと同じテーマを用いて話し合ったことから、ファシリテーターがスムースに参加者の意見を引き出して大きな漏れなく活動をまとめることができた。その他の保育所では、園独自のテーマに取り組んだため、抜け漏れの無い構造化の進め方について講師が最小限のアドバイスを行った。

上記の保育所の活動内容から網羅性につても確認ができた。

職場風土活性化の効果については、フォローアップを行なったすべての保育所で参加者からの肯定的なコメントが得られたことから、保育

KI活動による職場風土活性化の効果を実証することができた。

　職場環境の改善効果については、2つの保育所を観察し、1か所で効果が実証できた（G保育所）。もう1か所については、新人の早期離職が回避でき、なおかつ職場環境が改善できたことをメンバーが実感する次年度まで、改善効果の実証を待つこととした（F保育所）。

　働き方の改善については、1か所の保育所の活動の継続的な観察により実証できた（G保育所）。保育KI活動でメンバーが意見を出し合う中で、個人商店的な仕事の進め方が見直され、職場全体で協力して仕事を進めようという方向性が共有されたうえで課題ばらしが進められた。

　インクルーシブ保育の実践力強化については、気になる子どもの発達支援の分野で、5か所の保育所の活動の観察により実証できた（A保育所、B保育所、C保育所、D保育所、E保育所）。フォローアップ訪問を通じて、若い保育者が保育KI活動を継続したい旨を主任に伝えていたことがわかった。一人一人の気になる子どもへの理解が進み、なおかつそれをメンバーで共有することは、インクルーシブ保育の実践力強化につながる歩みである。

　インクルーシブ保育におけるリスクマネジメント力の強化については、2か所の保育所の活動の観察により実証できた（C保育所、E保育所）。C保育所の保育課題ばらしシートには、避難訓練における気になる子どもへの配慮が盛り込まれ、さまざまな気づきが共有された。

　E保育所では、自園における子どもの怪我に対する対応の仕方をテーマに話し合った。この活動を通じてE保育所のメンバーは、事故や怪我が生じる要因が1つではないこと、医療分野から推奨される応急処置やケアの方法が進化するにつれて、保育者がそれらにフレキシブルに対応する必要があること、さらには、職員間での協力体制が必要であることに気づいた。こうした気づきを得ることは、次の保育KI活動での学び合いに参加するモチベーションとなる。そして、個人でもさらに学んで

みようとする動機付けにもつながる。

　保育KI活動の継続については、4か所の保育所の所長、主任が、次年度も続けたいとの意向を示した（D保育所、E保育所、F保育所、G保育所）。

第3節　研究の成果
　　　- インクルーシブ保育実践者の人材育成への寄与 -

　厚生労働省は、2017年に「保育士等キャリアアップ研修ガイドライン」[1]にて各園に働きやすい環境づくりを推奨し、さらにその「手引き」[2]では、職場内でのコミュニケーションの円滑化を各園に呼びかけた。同じく2017年に、文部科学省は「これからの時代の幼稚園教諭に求められる資質能力」に新たな課題（発達障害等、特別な支援を必要とする児童生徒等への対応を含む）に対応できる力、組織的・共同的に諸問題を解決する力を挙げた[3]。

　さらに筆者が本研究で実施した調査では、現職保育者が「組織の目標の視える化」「職層を越えたコミュニケーションの活性化」「風通しの良い職場風土づくり」「新しい保育知識の吸収と組織内への展開」等の必要性を挙げた。

　海外の動向をみると、OECD（2008）[4] は「教育とトレーニングのための革新戦略」の中で、「組織改革は、組織における仕事の進め方の慣行に、外部組織の新しいメソッドの導入を含む。教育分野では、教員同士の新しい組織づくりや、管理領域における組織の変化等がこれに該当する」

1　厚生労働省（2017）「保育士等キャリアアップ研修の実施について」，雇児保発０４０１第
　　１号．
2　楽天リサーチ株式会社（2015）厚生労働省委託事業『保育士が働きやすい職場づくりの手
　　引き』．
3　文部科学省（2017）「幼稚園教諭に求められる資質能力と教員養成段階に求められること」．
4　OECD.（2008）. A project led by the OECD Centre for Educational Research and
　　Innovation（CERI）, *Innovation Strategy for Education and Training*, 2.

と定義した。米国の保育分野では、チームベースのコラボレーションに
よる子どものニーズへの対応を重視している。米国保健福祉省児童・家
庭援護庁の副部長Joan Lombardiは、保育者に革新的な戦略が必要であ
ることを強調した。

　また、Dowerは「他の業界も、職場力の強化を目指す保育業界と同様
の多くの問題に直面している」としたうえで。職業の担当者と指導者が、
改善すべき任務についての十分な情報と、新しいアプローチを試みるた
めの十分な自由と資源の両方を持つことの重要性を指摘した（National
Research Council 2012）[5]。

　このように、国際機関、国などが新しい社会的要請に保育者が対応す
ることや保育者育成のための革新的戦略、働きやすい職場環境づくりの
必要性を示す一方で、その具体的なメソッドを提示するには至っていな
い。保育者が組織の中での自分の役割を理解し、自分の仕事を自らコン
トロールする意識を明確にすることで、自らの成長の意欲を維持するこ
とと、担当する業務を越えた専門職間の自由なコミュニケーションによ
る風通しの良い職場風土を通じて保育者が互いに協力してチームとして
保育業務にあたることが、インクルーシブ保育を推進するために必要で
ある。

　これをふまえて本研究では、保育者のモチベーションを高いレベルに
維持すると同時に、職場の全員がチームとして行動する力を高めるため
のメソッド保育KIを開発した。このメソッドは、先に述べたOECDの
ストラテジーにも適合するものである。

　インクルーシブ保育を実現するには、各保育施設が様々な文化や特別
な支援の必要な課題をもつ子ども及びその保護者を受け入れ、差別する

---

5 National Research Council, Institute of Medicine, Board on Children, Youth, and Families,
　Committee on Early Childhood Care and Education Workforce: A Workshop. (2012).
　The Early Childhood Care and Education Workforce: Challenges and Opportunities: *A
　Workshop Report,* 26, 61-65, the National Academies Press.

ことなく合理的配慮をもって対応し得るヒト、組織、インフラなどの環境の醸成が必要である。

　まずヒトづくりに関しては、保育者それぞれが保育という仕事を通じて自分がどのように成長していくのかについて、具体的に認識できていることが必要である。特に経験の浅い保育者に対しては、管理者が十分に保育者とコミュニケーションをとりながら保育者が自らの成長をイメージできるように支援することが必要である。

　チームづくりに関しては、自職場の目標を職場全体で共有し、それぞれの職員の日々の活動と関連づけることが必要である。それに向けては、保育KI活動において、さまざまな職層や異なる勤務形態の保育者、コメディカル、給食担当者などのチーム全員が意見を出し合い、仕事の進め方を改善していくことによって、職場の風土を活性化することが期待できる。また、これらの活動を通じて一人一人の保育者が主体的に業務に向かえるようになる。

　上記のことを実証したのは、G保育所での活動事例である。試行3のワークショップ最終回（2018年1月）に開催した保育KI活動の報告会では、G保育所の主任が職場に保育KI活動を導入したが、その次には参加メンバーが、ファシリテーターとなって小グループでの保育KI活動を自主的に実施したとの報告がなされた。

　長年にわたり個人商店的な仕事の進め方をしていた一人一人の保育者が、組織の中での自分の役割を捉えなおし、チームで協力して仕事を進めることを試みた結果、G保育所では、保育KI活動を導入してから僅か6か月間で職場の風土が活性化し、チームで目標を共有し協力する体制が形成されつつある。

　以上のことから、保育KIの開発・導入はインクルーシブ保育を実践するチームを活性化するとともに、個々の保育者を育成することで、高いレベルのインクルーシブ保育を実現するものであるといえる。

第4節　研究の限界と今後の展望

1　保育KI活動参加者のフィードバックを受けて

　本研究の試行2の後に行ったフォローアップ調査では、ワークショップの参加者の職場での保育KI活動の実施状況と課題の聞き取りを行った。その結果、等発言性や等至性について、ワークショップ参加者の言葉で実証することができた。また、ワークショップの参加者がファシリテーターとして推進している職場内の保育KI活動について、86％の活動参加者が従来の園内活動と比較しての有用性を認めた。

　つづいて、自職場で保育KI活動を実施した人々から得られた課題を挙げ、改善策を提示する。

1－1　活動時間の確保

　参加者の中には、保育KI活動の有効性を認めているものの、保育KI活動をするための時間を確保することが困難であると回答した参加者がいた。昨今のさまざまな保育ニーズに対応するため保育所では、保育時間の延長などを実施している。複雑な勤務シフトで保育者が勤務する影響により保育者全員がまとまった会議時間を確保するのは難しくなっている。

　しかし、共同で担当する業務の進め方を事前に打ち合わせる時間も確保できないとすれば、業務に優先度をつけて何かの業務を止めるなり、優先度の低い業務を後回しにしてでも、保育者間の打ち合わせ時間を確保するべきであると考える。事前に十分な打ち合わせを行なわずに仕事を進めることにより、大きな失敗が発生しやすくなる。さらに、このやり直しのために、もっと多くの時間が必要になるからである。また、仕事を計画的に進めることができなければ、若い保育者にとって仕事の達

成感が得られにくく、保育者自身の成長へのモチベーションも得られにくい。

　また、フォローアップ調査の解析により、保育KI活動を行うことで勤務時間が増加するとワークショップの参加者の多くが認識していることが分かった。保育KI活動は、日常業務のなかで仕事を効率良く進めるための手法であり、日頃の業務で忙しい中でさらに保育KI活動の分の勤務時間が増加するとの参加者の誤解を解消する必要がある。

　この誤解の背景には、今回のワークショップの参加者に、保育KI活動の全員参加という言葉が上手く伝わっていないことが一因ではないかと感じられた。保育KI活動での全員参加は、必ずしも保育施設内の職員全員が集まって議論することを意味しない。課題を共有すべき職員が、業務に必要な範囲で仕事の進め方について必要な範囲で議論することである。これについては、保育KIを少人数で小さく活動する手法について、ワークショップ等で伝えていく必要性を感じた。

　試行3後のフォローアップ訪問では、保育KI活動を継続する上での課題について、2か所の保育所のメンバーが活動時間の確保を挙げた。その中のD保育所では、第1回フォローアップ訪問時に時間の確保を課題と話した若いメンバーが、第2回訪問までの期間に活動の効果に気づき、主任に活動の継続を申し出ていた。

　このように、メンバーの中で保育KI活動の効果が認識されプライオリティが上がることによって、時間の調整は可能であることが判った。

　フォローアップ訪問を通じて、複数回の保育KI活動を実施した保育所を含むすべての保育所が、業務時間内に活動を行なったことが判った。保育KI活動を継続している多くの組織が業務時間内に実施したことに鑑みれば、保育者が挙げた時間確保の問題の本質は、時間以外のところにあるといえる。

　そこで、活動時間確保の困難を感じた場合の新しい視点として、仕事

のやり方の見直しを提案する。保育KI活動を行なうことは、勤務時間や仕事の量を増やすことではない。保育KI活動は、保育職場で子どもの最善の利益を保障したうえで、これまで慣習的に継続してきた仕事を見なおしたり、時代に沿わない作業を改善あるいは縮小したりすることによって、社会の新しい要請に応える時間を確保するための活動である。インクルーシブ保育のように新しい保育を実現するには、このようにして協力しあい時間を生み出していくことが重要である。単にインクルーシブ保育を追加しただけでは、保育職場が多忙により疲弊していく懸念がある。

1-2　テーマに即した課題の整理の仕方

　ワークショップの参加者の中で保育KIを試みた参加者からは、ワークショップで得た知識だけでは、自分が KI 活動のリーダー役となって保育KIを推進することができなかったとの指摘があった。この原因は、ワークショップで筆者が事例として例示した課題ばらしに沿って園内で保育KIを実行することは容易にできたものの、全く新しい課題が出てきたときに、どのように課題ばらしを進めて良いものかわかりづらいという不安であった。

　この課題ばらしを現場の活動のなかで円滑に遂行するための対策として、保育団体の協力を得て、2017年度も継続して保育KIのリーダー研修を保育者向けに課題ばらしのコンセプトをよりしっかりと把握してもらえるようなトレーニングの講座を開講することとした。2016年度のワークショップの参加者も必要であれば、今年も続けて受講することが可能とした。また、保育KIのリーダー研修では、上記で述べたように保育KI活動を小さく必要な規模で起動する手法についての講義を加えた。

　試行３後のフォローアップ訪問では、保育KIの難しい点として、D保

育所の主任とＥ保育所のリーダー保育者が「保育課題ばらしの項目設定」を挙げた。保育KIでは、取り扱うテーマがさまざまであることから、「現状」と「望ましい状況」及び両者の間にあるギャップがテーマによって異なる。筆者は、活動を継続するファシリテーターからの意見を受けて、今後はいくつかのテーマの例を挙げて、課題ばらしの方法を提示していくこととする。

　一方、目の前の「問題」から「手段」へと一足飛びに解決を図ろうとする保育者が多いことから、「問題」と「手段」の間に要因把握のステップを設けて、真の要因を把握しながら仕事を進めていくことを推奨する。このように「なぜだろう」の視点をもって、問題の背景を複数の方向からばらしていくことが大切である。そのことにより、保育課題ばらしをスムースに進めることが可能となる。

　さらに、自分の職場に帰ってから１人で保育KIを推進すると、周囲の無理解などのさまざまな障害により、活動が停滞することが予想される。このために、ワークショップの参加者の職場を講師が巡回訪問し、ファシリテーターの活動の障害を取り除くための助言と推進のためのアドバイスなどの支援を継続する。このように各園において保育KIを理解し、推進する保育者が増えてくることで、保育職場のコミュニケーションが活発化し、それぞれの保育者の意欲が高まるとともに職場の活性化が期待できる。

２　研究の限界と今後の展望

　本研究では、厚生労働省がわが国の保育施設に推奨した「働きやすい環境づくり」、「職場内でのコミュニケーションの円滑化」を実現するため、及び文部科学省がこれからの時代の幼稚園教諭の資質能力として挙げた「新たな課題に対応できる力」、「組織的・共同的に諸問題を解決す

る力」を育成するための具体的な手法として、保育KIを開発した。

　保育KIの適用効果については、試行1、試行2、試行3およびフォローアップ訪問を通じて実証することはできた。

　ただし、本研究での実証は保育KIが保育職場に適用可能であること、効果があることの実証にとどまっており、共時的であることは否めない。

　もとより一人一人の保育者の成長を客観的に評価することは本研究のような短期間の実証では不十分であり、さらには評価の指標も存在しない。それらの本研究の課題を認識したうえで、保育者の成長について通時的な研究を継続することとする。

　序章で述べたように、保育業界では数多くの問題が山積しており、そこで勤務する保育者の中には、新たな社会的要請に対応しきれずに困惑し、孤軍奮闘した挙句に志半ばで離職する人も少なくない。このような状況に鑑みて本研究では、保育という社会的意義の深い仕事を、新人から熟練者までが生きがいをもって継続できるような、学び合いと協力のできる風通しの良い職場に活性化していく手法の開発に重点をおいて着手した。

　試行3後のフォローアップ訪問で訪ねた保育所の中には、「個別の子どもの捉え方・指導法」等のインクルーシブ保育に関するテーマはもとより、「公平に休憩を取る」といった労働条件に関するテーマを取り上げた保育所もあった。保育KI活動は、保育業務に関する幅広い問題をテーマとして話し合うことが可能な手法であることから、今後は各職場でさまざまなテーマで活発に話し合いが進めていけるよう、課題に即した整理の仕方を例示していく。

　それと並行して、働きやすい環境づくりを進めるために、保育職場の客観的現状をふまえた保育労働の実態分析を行ない、保育業界に情報を提供する必要がある。これについては、本論文では着手に至らなかった

部分であることから、筆者の今後の研究課題とする。

　序章で述べたように、2018年版保育所保育指針の第5章「職員の資質向上」第1節第1項 保育所職員に求められる専門性として、各職員が「自己評価に基づく課題等を踏まえ、保育所内外の研修等を通じて専門性を高める」とある。

　社会人の学び直しを推進する具体的な施策としては、2015年7月31日に、「大学等における職業実践力育成プログラムの認定に関する規程」（平成27年文部科学省告示第124号）が公布、施行された。これに基づき、大学等における社会人や企業等のニーズに応じた実践的・専門的なプログラムを文部科学省が「職業実践力育成プログラム」と認定し、社会人の学び直しを支援している。

　この制度によって文部科学省は、社会人の学び直しの選択肢を可視化し、体系的かつ魅力的で学びやすいプログラムを増加し、企業等の理解増進を図るとしている。2017年4月現在で180課程が認定されており、その中には保育に関する課程も含まれている。

　このように、国が生涯学習の支援体制を整備する中で、保育者がその制度を活用するために必要なことは、学習者のニーズと課程とのマッチングである。そのために保育者は、自己の職務能力を客観的に評価する必要があり、指標となるものさしが必要である。

　保育者は、保育KI活動を通じて自らの組織の中での役割を捉えなおし、自らの成長のための行動を起こす必要がある。しかし、自らの職務能力不足に気づくための適切な指標を持っていない保育者は少なくない。

　一方、A県の保育団体研修部長によると、管理職の立場からは、保育者とコミュニケーションをとりながら、保育者が自らの成長をイメージできるように支援するための指標が未だ見当たらないとのことであっ

た。

　上で述べた必要性から筆者は、保育者が自らのキャリアパスのイメージを描き、その実現に向けてスキルの向上を図る時期及び手段を判断するために有用な指標となる「保育スキル標準」の開発を、現職保育者の協力を得て既に着手している。したがって今後の展望としては、保育KI活動および保育スキル標準の活用を並行することによって、各保育職場においてチーム力の向上と個人のスキルアップとが円滑に進められるようになり、インクルーシブ保育を実践する保育者の人材育成が一層推進されることが期待できる。

　最後に、保育の専門能力を高めるためには、業務を通じて人材を育成することがもっとも重要である。筆者は、人材育成は、職員一人一人の「気持ち」を育てることであると考える。ここでいう「気持ち」とは、喜怒哀楽という意味ではなく、保育の仕事に対する心の持ち方、心構え、モチベーション等を含む概念である。その「気持ち」は、保育者が業務を担当する限り、少しずつ変化しながら生涯にわたって育ち続けるものである。

　インクルーシブ保育は、それぞれの専門性をもつ職員がチームを構成し、そのチームが一体となってこそ円滑に推進できるものである。優れた保育者が職場に一人だけいても、インクルーシブ保育を単独で進めることは非常に困難である。したがって職場の管理職は、チームが最大限に力を発揮できるようにさまざまな環境を整えることが必要である。その一つが職場風土の継続的な改善であり、風通しの良い職場の雰囲気作りを心掛けることが重要である。同時に管理職は、保育者それぞれの職務に関する前向きな気持ちを高める努力を続けることが望ましい。

　このような活動を通じて保育者が自身の目標を認識すると同時に成長へのモチベーションを保てるようになり、自己研鑽と業務経験を通じた

スキルアップが進められるようになる。

参考文献 （A-Z）

Ahire S. L. (1997). Management Science-Total Quality Management interfaces: An integrative framework. *Interfaces* 27（6）91-105.

Anthony C. L., Patricia E. M. & Robert W. H.（1999）. : The Kaizen Blitz: accelerating breakthroughs in productivity and performance, *John Wiley and Sons*, 26.

Anupam, A., Mel, A., Alphonsine, B. B., et al.（2015）. *Guidelines for Inclusion: Ensuring Access to Education for All*. UNESCO.13.

Asperger, H.（1944）. Die 'Autistischen Psychopathen' im Kindesalter, *Archiv fur Psychiatrie und Nervenkrankheiten*, 117, 76-136.

Cramér, H.（1999）. [1946]. Mathematical methods of statistics. *Princeton Landmarks in Mathematics*. Princeton University Press.

DEC/NAEYC.（2009）. *Early Childhood Inclusion: a joint position statement of the Division for Early Childhood (DEC) and the National Association for the Education of Young Children (NAEYC).* Chapel Hill, the University of North Carolina, FPG Child Development Institute.

Deming, W．E.（2012）.: *Six Sigma and Quality Management MBA Student Text* 1-3, 8.

Developed collaboratively by the California Department of Education and First 5 California.（2011）. *California Early Childhood Educator Competencies,* 6-8, 9.

European Commission.（2010）. *Europe2020 A European strategy for smart, sustainable and inclusive growth.*

James, J. H., Dimitriy, V. M.（2007）. The Productivity Argument for Investing in Young Children, *Review of Agricultural Economics,* Volume 29, Number 3, 476.

John, P. M.（2001）. *Starting Strong: Early Childhood Education and Care.* Stockholm, 13-15.

Kanner, L.（1943）.Autistic Disturbances of Affective Contact, *Nervous Child,* 2, 217-250.

National Research Council, Institute of Medicine, Board on Children, Youth, and Families, Committee on Early Childhood Care and Education Workforce: A Workshop.（2012）. the Early Childhood Care and Education Workforce: Challenges and Opportunities: *A Workshop Report,* 26, 61-65, the National Academies Press.

OECD.（2006）. Starting Strong II: Early Childhood Education and Care.

OECD.（2008）. A project led by the OECD Centre for Educational Research and Innovation（CERI）, *Innovation Strategy for Education and Training,* 2.

302

OECD. (2012). Starting Strong III: A Quality Toolbox for Early Childhood Education and Care.

OECD. (2015). Starting Strong IV: Monitoring Quality in Early Childhood Education and Care.

OECD. (2015). *The Definition and Selection of Competencies Executive Summary.*

OECD. (2017). Starting Strong V: Transitions from Early Childhood Education and Care to Primary Education.

OECD. (2017). Starting Strong 2017 Key OECD Indicators on Early Childhood Education and Care.

Peter, F. D. (1969).The knowledge Economy. The Age of Discontinuity: *Guidelines to Our Changing Society,* 259-260.

Truls, V. (2014). ADHD and relative risk of accidents in road traffic: A meta-analysis, *Accident Analysis and Prevention*, 62, 415–425.

UNESCO. (1994).*World Conference on Special Needs Education: Access and Quality,* Salamanca, Spain.

U.S. Department of Education NCES. (2009).*1.5 Million Homeschooled Students in the United States in 2007*, 03.

Walter, A. S. ： Statistical method from the viewpoint of quality control. The Graduate School, *the Department of Agriculture*, 155, 1939.

Wing, L. (1981). Asperger's syndrome: a clinical account. *Psychol Med* 11 (1)115–129.

Wrzesniewski, A., Jane, E. D. (2001). Crafting a Job: Revisioning Employees as Active Crafters of Their Work. *Acad. Manage. Rev.* 26 (2), 179-201.

Wrzesniewski, A., Justin. M. B., Jane, E. D. (2011)「やらされ感のある仕事をやりがいある仕事に変えるジョブ・クラフティング法」(鈴木英介 , 訳).Turn the Job You Have into the Job You Want. *Diamond Harvard Business Review.* 58-66.

参考文献（五十音順）

秋田喜代美・安見克夫・小林 美樹(1998)「1 年間の保育記録の省察過程 -1 人の子どもの育ちをめぐるカンファレンス -」『立教大学心理学科研究年報』(40), 59-72.

阿部克己(2002)「教育組織ポテンシャル診断へのファジィ理論の応用(2)S-F スキームによる教育組織力の機能活性診断」『明星大学研究紀要』219-236, 明星大学.

井桁容子(2016)「保育はひとなり」汐見稔幸・大豆生田啓友編『保育者論』81-82.

石川 馨(1984)「QC サ - クルの基本 - 住宅産業の品質管理」『通産ジャーナル』17(4)46-49.

石丸昌彦(2015)『今日のメンタルヘルス』放送大学教育振興会.

イズミヤ総研（2017)「歴史から学ぶ永続的繁栄への道　天地自然の理と一体化した実業家：稲盛和夫, 松下幸之助と石田梅岩」,『季刊イズミヤ総研』.

一般社団法人全国を保育士養成協議会(2016)「平成 27 年度子ども・子育て支援推進調査研究事業(厚生労働省)保育士養成のあり方に関する研究」.

稲垣忠彦(1986)『授業を変えるために―カンファレンスのすすめ』, 国土社.

井上眞理子(2013)「専門性の向上と保育カンファレンス - カンファレンス行動指標モデルの提言」『お茶の水女子大学人文科学研究』9, 71-82.

岩間伸之(2005)『援助を深める事例研究の方法　対人援助のためのケースカンファレンス』第 2 版, 20-66, ミネルヴァ書房.

上田厚作・松本昌治(2015)「新任保育者の早期離職を防ぐために保育者養成校に求められる就職支援活動. ―離職率・離職原因等に関する追跡調査結果を受けて―」『越谷保育専門学校研究紀要』(4), 29-34.

大分キヤノンのものづくり　セル生産方式.
https://www.oita-canon.co.jp/tech/index.html

大阪産婦人科医会(2014)「未受診や飛込みによる出産等実態調査報告書」.

大曽根　寛(2012)『社会福祉と権利擁護』放送大学教育振興会.

大野耐一(1978)『トヨタ生産方式』, ダイヤモンド社.

岡花 祈一郎・杉村 伸一郎・財満 由美子 他(2009)「エピソード記述」を用いた保育カンファレンスに関する研究, 広島大学学部・附属学校共同研究機構編『学部・附属学校共同研究紀要』

304

小川英彦 (2009)「卒園後の修学に向けて」『幼児期・学齢期に発達障害のある子どもを支援する―豊かな保育と教育の創造をめざして―』, 35-36.

小澤文雄 (2014) 幼稚園・保育所における保育中の死亡・障害事故の分析・検討 (1) －独立行政法人日本スポーツ振興センターのデータを利用して－」『東海学園大学研究紀要』19, 47-65.

乙竹岩造 (1929)『日本庶民教育史』目黒書店.

加藤由美・安藤美華代 (2012)「新任保育者の抱える困難に関する研究の動向と展望」『岡山大学大学院教育学研究科研究集録』第 151 号, 23 － 32.

金子健 (1990)「保育所」『1978 年度版 精神薄弱問題白書』46-48.

亀山秀郎 (2012)「幼稚園における稲作の意義の検討 -KJ 法による保育者記録の分析を通して -」『保育学研究』, 50 (3), 42-52.

亀谷和史編 (2008)『現代保育と子育て支援』八千代出版.

川池智子 (2006)「子育ち・子育て支援」をめぐる保育政策の課題 (その 3): 障害児等、特別な配慮を必要とする子どもと親の支援」山梨県立大学人間福祉学部紀要 (1), 43-64.

川島みどり・杉野元子 (2008)『看護カンファレンス』医学書院.

岸井慶子 (2011)「保育者の資質向上と研修のあり方」『保育学研究』49 (3), 321.

君岡智央 (2016)「試行錯誤し工夫しながら遊ぶための環境・援助とは -5 歳児における作って遊ぶ活動に焦点をあてて」『広島大学附属三原学校園研究紀要』6, 45-50.

キヤノン株式会社 CSR 活動労働と人権データ集.
http://web.canon.jp/csr/labor/data.html

黒沢一清 (1989)「知識集約型スタッフ (KIS) の生産性と組織風土との関係の診断システム」,『放送大学研究年報』7, 65-88.

黒沢一清 (1990)「知識集約型スタッフ (KIS) の生産性 / 創造性を高めるための組織風土改革戦略策定に資する組織診断体系」,『研究技術計画』5 (2), 183-192.

黒沢一清 (2014)『自己創生組織論 -SRO Self-Recreating Organization 生産力論 -』, 287-88, 御茶の水書房.

桑江曜子 (2015)「アクションラーニングによる"学習する組織"の実現」,『日本アクションラーニング協会 年次カンファレンス』事例講演, 日本アクションラーニング協会.

小泉吉永 (2014)『石門心学書集成』.

厚生労働省『保育所保育指針』1999 年版　第 11 章 9 障害のある子どもの保育.

厚生労働省 (2009)「今後さらに充実が必要な科目」『第 2 回保育士養成課程等検討会　参考資料 4』.

厚生労働省 (2009)「平成 19 年度地域保健・老人保健事業報告の概況」.

厚生労働省チーム医療推進方策検討ワーキンググループ (2011)「チーム医療推進のための基本的な考え方と実践的事例集」.

厚生労働省 (2013)「新制度を見据えた保育所の設置認可等について」平成 25 年 5 月 15 日雇児発 0515 第 12 号 .

厚生労働省 雇用均等・児童家庭局 職業安定局 (2013) 保育を支える保育士の確保に向けた総合的取組 .

厚生労働省 (2014)『今後の障害児支援の在り方について（報告書）〜「発達支援」が必要な子どもの支援はどうあるべきか〜」の取りまとめについて　平成 26 年 7 月 16 日』.

厚生労働省 (2014)「保育人材確保のための「魅力ある職場づくり」に向けて」.

厚生労働省 (2015)「保育士等に関する関係資料」第 3 回保育士等確保対策検討会参考資料 1，平成 27 年 12 月 4 日 .

厚生労働省 (2015) 保育士確保集中取組キャンペーンについて（平成 27 年 12 月 25 日公表）.

厚生労働省 (2016)「待機児童及び待機児童解消加速化プランの状況について」（平成 28 年 9 月 2 日公表）.

厚生労働省 (2016)「保育分野における規制改革」平成 28 年 4 月 14 日 .

厚生労働省・内閣府・文部科学省 (2016)「医療的ケア児の支援に関する保健、医療、福祉、教育等の連携の一層の推進について」.

厚生労働省 (2016)「保育園等関連状況取りまとめ（平成 27 年 4 月 1 日）」.

厚生労働省 (2016)「平成 27 年 4 月の保育園等の待機児童数とその後（平成 27 年 10 月時点）の状況について」平成 28 年 3 月 28 日 .

厚生労働省 (2017)「保育所等における障害のある子どもに対する支援施策について」.

厚生労働省 (2017)「保育士等キャリアアップ研修の実施について」雇児保発 0401 第 1 号，平成 29 年 4 月 1 日.

厚生労働省『保育所保育指針』2018 年版　第 5 章職員の資質向上 .

厚生労働省大臣官房統計情報部「社会福祉施設等調査」（各年 10 月 1 日）.

306

香曽我部琢 (2011)「保育者の専門性を捉えるパラダイムシフトがもたらした問題」『東北大学大学院教育学研究科研究年報』59(2), 53-68.

香曽我部琢 (2014)「保育者の時間的展望の共有化と保育カンファレンス - 複線経路・等至性アプローチを用いた保育カンファレンスの提案 -」,『宮城教育大学紀要』49, 153-160.

河野龍太郎 (2004)『医療におけるヒューマンエラー』, 医学書院.

小枝達也・塩野谷斉・寺川志奈子・梶川貴子 (2007)「軽度発達障害児への気づき：5歳児健診と事後相談体制―第1報　相談件数の推移から見えてくるもの―」『日本小児保健学会講演集』第5巻, 136.

後藤信志 (2017)「生物の進化とイノベーション」『JTMIA 工業会報』第 107 号会報, 巻頭.

小林恵子 (1986)「キリスト教保育の創始」キリスト教保育連盟百年史編纂委員会編『キリスト教保育百年史』, 39-103.

近藤幹生 (2014)『保育とは何か』岩波書店.

坂﨑隆浩ら (2016)「乳幼児教育における教育・保育に関わる要領や指針の在り方に関する研究」『保育科学研究』7, 133-148.

佐藤陽子 (2005)「障害児保育 - 特別な援助を必要とする子どもの保育の歴史 - 寺子屋時代から今日まで -」『尚絅学院大学紀要』51, 9-21.

佐々木 毅 (1982)「19 世紀イギリスにおける比較教育研究とアイルランドの教育」『日本比較教育学会紀要』8, 65-71.

澤田英三 (2009)「制度化以前の保育所における障碍児保育についての事例報告」『安田女子大学紀要』37, 169-178.

汐見稔幸 (2015)「園内研修と保育カンファレンス」『発達』142, 76-79.

障害者政策委員会 (2015)「議論の整理 - 第3次障害者基本計画の実施状況を踏まえた課題 -」平成 27 年 9 月.

「障害」の表記に関する作業チーム (2010)「『障害』の表記に関する検討結果について」平成 22 年 11 月 22 日.
〜子どもの笑顔があふれる社会のために〜平成 22 年 1 月 29 日.
関森英伸・谷口敬道・杉原素子 (2016)「医療機関 A で作業療法を実施した発達障害児の医療機関利用時の特徴」国際医療福祉大学学会『国際医療福祉大学学会誌』21(2), 69-81.

全国社会福祉協議会 (2003)「慈善から福祉へ」『全国社会福祉協議会九十年通史』, 356, 35.

全国私立保育園連盟 (1997)『全国私立保育園連盟 40 年史』, 503-506.

全国私立保育園連盟 (2008)『全国私立保育園連盟 50 年史』, 364, 520, 380, 381.

全国私立保育園連盟 (2013)『1, 2 歳児保育の現状と課題 - 子どもが主人公になれる保育 -』全国私立保育園連盟保育・子育て総合支援機構.

全国保育協議会 全国保育士会 (2011)「保育士のキャリアパス構築に向けて」『全国保育士会・新たな保育制度への対応に関する検討委員会報告 (第 1 次)』.

全国保育士会 (2007)「保育士の研修体系」, 7-11, 14-96.

総務省統計局 (2017)「日本の統計」主要職種別平均年齢, 勤続年数, 実労働時間数と月間給与額.

曽良一郎・福島攝 (2006)「脳の発達障害 ADHD はどこまでわかったか？」『日本薬理学雑誌』128 (1), 8-12.

高尾淳子 (2009)『発達障害児と家族への支援システムに関する日米比較』平成 21 年度愛知教育大学修士論文.

高尾淳子 (2010)「< 保育 - 家庭 - 医療 > の連携による発達障害児の就学移行支援 - 米国障害児教育制度と愛知の事例との比較分析 -」国際幼児教育学会『国際幼児教育研究』18, 95-102.

高尾淳子 (2010)「障害児の家族支援における日米比較 ―米国「ペアレント・センター」「TLG」「ヘッドスタート」の 3 制度をもとに―」愛知教育大学『幼児教育研究』15, 49-56.

高尾淳子 (2010)「発達障害児の家族支援システムに関する日米比較―小学校移行期における事例から―」,『日本保育学会第 63 回大会発表要旨集』, 17.

高尾淳子 (2011)「自閉症スペクトラム不登校児への支援実践事例にみられる問題と課題 - 幼児期からの就学移行支援 -」日本特別ニーズ教育学会『SNE ジャーナル』16, 165-178.

高尾淳子 (2012)「保育学生が認識する保育士の専門性 1 テキストマイニングによる頻出表現」『愛知江南短期大学紀要』(41), 39-46.

高尾淳子 (2013)「障害児施設での現状と課題」『医療福祉相談ガイド』, 1531-1536, 中央法規出版.

高尾淳子 (2013)「保育実習生が認識する幼児の気になる行動 - 学生のキャリア・デザインの視点から -」『愛知江南短期大学紀要』(42), 57-66.

高尾淳子 (2014)「保育学生に向けた危険予知トレーニング法の検討 (2)」- 保育者養成校 1・3 年生と高校 2 年生との比較から -」『愛知文教女子短期大学研究紀要』34, 33-43.

高尾淳子 (2015)「日本におけるペアレント・トレーニングの展開と今後の方向性 - 米国サンフランシスコ市との比較から -」愛知教育大学『幼児教育研究』18, 63-69.

308

高尾淳子 (2015)『保育者の生涯学習のための試行的プロジェクト 2015 年度放送大学学長裁量経費 I 報告書』, 1-25.

高尾淳子 (2017)「インクルーシブ保育推進の視点からみる保育三団体の研修事業の変遷 - 全国組織と地方組織の役割の検討 -」同朋大学学会『同朋大学論叢』100, 41-59.

高尾淳子 (2017)「インクルーシブ保育スキル標準の必要性 - 米国ワシントン州保育スキル標準の開発事例をもとに -」愛知教育大学幼児教育講座『幼児教育研究』19, 65-72.

高尾淳子 (2017)「インクルーシブ保育を実践する保育園づくりに向けた風通しの良い職場づくり及び人材育成の要素 -HOIKU-KI 活動導入に向けた保育園長への意識調査から」『同朋福祉』23,159-180, 同朋大学社会福祉学部 .

高尾淳子 (2017)「気になる子ども」『保育士・幼稚園教諭のための障害児保育キーワード 100』, 福村出版 , 20-21, 62-63.

高尾淳子 (2017)「保育における KI 活動 "HOIKU-KI" の適用可能性の検証」『教育実践学研究』第 18 巻第 2 号 , 1-12, 日本教育実践学会 .

高尾淳子 (2017)「保健・医療・福祉・教育との関連からみた障害児保育」小川英彦編『基礎から学ぶ障害児保育』239-254, ミネルヴァ書房 .

高尾淳子 (2017)「保健・医療・福祉・保育による総合的支援」『医療福祉相談ガイド』, 1631-1636, 中央法規出版 .

高尾淳子 (2017)「保育・家庭・医療・行政によるチーム支援 - 海外のインクルーシブ保育を参考に -」『発達』第 149 号 , 68-72.

高尾淳子 (2017)『考え , 実践する施設実習』92-95, 137-140, 保育出版社.

高尾淳子 (2017)『基礎から学ぶ社会的養護 (4)』61, 165, ミネルヴァ書房.

高尾淳子 (2017)「保育における H-KI 活動の導入 - インクルーシブ保育を実践する保育者チームの"合知共育"をめざして -」公益財団法人鈴進会『2016 年度 助成事業報告会要旨集』, 105-108.

高尾淳子 (2018)「子どもの言葉の発達を促す保育者のコミュニケーション能力の視える化 - 保育者養成課程学生による創作短編物語の談話分析を通じて -」同朋大学社会福祉学部 『同朋福祉』25.

高橋障彦 (1978)「保育園の現状と問題点」『1978 年度版 精神薄弱問題白書』30-49.

田中良三 (2009)「障害児保育から特別ニーズ保育へ」『ＳＮＥジャーナル』第 15 巻第 1 号 , 5-31.

塚越寛 (2009)『リストラなしの「年輪経営」』, 光文社 .

都留伸子(1966)『患者に目を向けよう チームカンファレンスを中心にして』,医学書院.

帝国データバンク史料館・産業調査部(2009)「伸びる老舗,変わる老舗」『百年続く企業の条件 老舗は変化を恐れない』朝日新書.

東京都福祉保健局(2014)「東京都保育士実態調査報告書2014.

東洋経済新報社(2016)「2017 ESG編 CSR企業総覧」『週刊東洋経済』.

利根川智子・和田明人・音山若穂他(2015)「継続的カンファレンスへの参加における保育者の課題意識」,『東北福祉大学研究紀要』39, 37-47.

トヨタ自動車株式会社(2013)「トヨタ自動車75年史 もっといいクルマをつくろうよ」,トヨタ自動車株式会社.

トヨタ自動車公式ホームページ 企業情報 トヨタ生産方式.
http://www.toyota.co.jp/jpn/company/vision/production_system/

内閣府(2010)「子ども・子育てビジョン-子どもの笑顔があふれる社会のために-」平成22年1月29日.

内閣府(2012)「障害児保育の実施状況推移」『平成24年版 障害者白書』.

内閣府・文部科学省・厚生労働省(2016)「教育・保育施設等における事故防止及び事故発生時の対応のためのガイドライン」平成28年3月31日.

内閣府子ども・子育て本部(2016)「教育・保育施設等における事故報告集計の公表及び事故防止対策について」平成28年4月18日.

内閣府(2017)「子ども・子育て会議(第30回)基準検討部会(第33回)合同会議」2017年2月8日.

永井知子(2013)「セラピストの体験様式の変化とスーパービジョンとの関連 プレイセラピーの一事例より」『四国大学紀要』A(41), 41-48.

中川純(2015)「障害者福祉と差別禁止アプローチの規範論的検討」日本社会保障法学会編『社会保障法』30, 56-68.

中川美子(2006)「外国人の子どもの保育に関する調査」『愛知県立大学文学部論集』54, 55-75.

中島陽子・福田久美子(2016)「水・砂・土との触れ合いの中で見えてくる子どもの思い,私たちの思い:エピソード記録と保育カンファレンスを手掛かりにして」『保育所保育実践研究報告集』10, 138-140.

中坪史典(2015)「園内研修における質的アプローチの活用可能性-KJ法とTEMに着目して-」,『広島大学大学院教育学研究科紀要』第三部(64),129-136.

中村敬・高野陽・鉢之原昌　他 (2007)「乳幼児健診に関する全国調査，平成 18 年度厚生労働科学研究費報告書」.

中村敬・高野陽・鉾之原昌・吉田弘道・福本恵・堤ちはる・野口晴子・齋藤幸子 (2007)「乳幼児健診システムに関する全国実態調査 -2005 年および 2006 年度 2 年間における悉皆調査の分析結果について」.

成田 泉・関 理恵・澤田美佳・水内豊和「障害のある子どもの保育カンファレンスに関する研究 - 保育カンファレンスと保育実践の循環に着目して -」.

日本能率協会コンサルティング (JMAC) (2013)「組織風土活性化プログラム KI (Knowledge Intensive Staff Innovation Plan)」『研究開発 / 技術開発』4-01.

日本保育協会 (1995)『日本保育協会三十年の歩み』, 52-56, 411, 487-489.

日本保育協会 (2014)『日本保育協会五十年の歩み』, 220-217.

日本保育協会 (2015)「保育所における人材育成の実態に関する調査報告書」, 8.

濱田匠・菊池紀彦 (2017)「重度・重複障害児の食事動作の指導過程における教員と作業療法士のコンサルテーション」『三重大学教育学部研究紀要』第 68 号, 205-210 .

原田順子・北川由紀彦 (2015)『グローバル化と私たちの社会』放送大学教育振興会 .

平松美由紀 (2011)「幼児理解を深めるためのカンファレンスの検討 - 保育実践の一場面のカンファレンスの省察から -」中国学園大学『中国学園紀要』, 163-167.

古屋義博 (2011)「保育士養成科目『障害児保育』の歴史的考察」『身延山大学仏教学部紀要』12, 31-44.

ベネッセ教育総合研究所 (2012)「第 2 回幼児教育・保育についての基本調査報告書」.

堀越紀香 (2015)「保育カンファレンスを通して保育者の資質向上をめざす」,『発達』36 (142), 57-63.

松井剛太 (2009)「保育カンファレンスにおける保育実践の再構成：チェンジエージェントの役割と保育カンファレンスの構造」『保育学研究』47 (1), 12-21.

水野智美・徳田克己・西館有沙・西村美穂・安心院朗子 (2014)「ADHD 衝動型幼児の交通事故を防止するための教育方法の開発」三井住友海上福祉財団『研究結果報告書集交通安全等・高齢者福祉』20, 21-24.

みずほ情報総研株式会社 (2016)「在宅医療ケアが必要な子どもに関する調査 在宅医療ケアが必要な子どもに関する調査　平成 27 年度障害者支援状況等調査研究事業報告書」.

宮下俊彦 (1974)「障害児保育の実態と問題点」『1974 年度版 精神薄弱者問題白書』196-201.

村田弘子(1976)「保育所における障害児保育の現状」『1978 年度版 精神薄弱問題白書』46-48.

明晴学園幼稚部・小学部・中学部・明晴プレスクールめだか
https://www.meiseigakuen.ed.jp/

森上史郎(1996)「保育を聞くためのカンファレンス」『発達』68, ミネルヴァ書房 , 1-4.

守　巧・中野圭子・酒井幸子(2013)「保育者の主体的な保育実践を導くコンサルテーション成立要因の抽出 - コンサルテーション実施のその後に焦点を当てて -」日本保育学会『保育学研究』51 (3), 82-92.

森永雄太(2014)「ジョブ・クラフティングを通じた職務の再設計」『産業看護』6 (3), 33-37.

文部科学省　今後の家庭教育支援の充実についての懇談会(2002)「社会の宝として子どもを育てよう！(報告)」.

文部科学省(2015)「学校教員統計調査」平成 27 年 3 月 27 日 .

文部科学省(2016)「学校基本調査 平成 28 年度(速報)結果の概要」.

文部科学省(2016)「幼児教育に関する調査研究拠点の整備に向けて(報告書)」.

文部科学省(2017)「平成 28 年度幼稚園教諭の養成課程のモデルカリキュラムの開発に向けた調査研究 - 幼稚園教諭の資質能力の視点から養成課程の質保証を考える -」, 4-5.

文部科学省(2017)「幼稚園教育要領 平成 29 年 3 月」.

文部科学省(2017)「幼稚園教諭に求められる資質能力と教員養成段階に求められること」.

文部科学省 国立教育政策研究所 幼児教育研究センター(2018)「OECD 調査　国際幼児教育・保育従事者調査 (International ECEC Staff Survey)にご協力をお願いします」平成 29 年 12 月更新版 .

山岡 正義(2014)「商人哲学の基礎となった石田梅岩の「石門心学」「正直に」儲けて社会を豊かにするのが商人の使命」『人材教育』30-33.

矢野潔子(2016)「子どもの保健」におけるマインドマップ活用の試み ,『静岡大学教育学部附属教育実践総合センター紀要』, 25, 271-278.

山田知子(2010)『大都市高齢者層の貧困・生活問題の創出過程 - 社会的周縁化の位相 -』学術出版会 .

山本佳代子・山根正夫(2006)「インクルーシブ保育実践における保育者の専門性に関する一考察 - 専門的知識と技術の観点から -」山口県立大学社会福祉学部紀要(12) ,53-60.

吉川和幸（2015）我が国の幼稚園における障害児保育の歴史的変遷と現在の課題」北海道大学大学院『教育学研究院紀要』123, 155-174.

楽天リサーチ株式会社（2015）厚生労働省委託事業「保育士が働きやすい職場づくりの手引き」, 30-38.

若林紀乃・杉村伸一郎（2006）「保育カンファレンスにおける知の再構築を導くコンサルテーション成立要因の抽出 - コンサルテーション実施の案 -」,『宮城教育大学紀要』49, 153-160.

若林紀乃・杉村伸一郎（2006）「保育カンファレンスにおける知の再構築」『広島大学大学院教育学研究科紀要』第三部（54）, 369-378

謝辞

　本研究の趣旨をご理解のうえ、調査に快くご協力くださった全国保育協議会、日本保育協会、全国私立保育園連盟の皆様、研修の運営にご協力くださった保育団体研修部の先生方ならびに社会福祉団体の皆様、意識調査及びインタビュー調査にご協力くださった幼稚園長・主任・教諭の先生方ならびに保育所長・主任・保育士の先生方に、心より御礼を申し上げます。研究を進めるにあたり、ご指導やご助言をいただきました放送大学大学院の大曽根寛先生、山田知子先生、石丸昌彦先生、北川由紀彦先生、白梅学園大学大学院の近藤幹生先生に、深く感謝申し上げます。また、本書の出版にあたりご支援くださいました同朋大学の皆様、三学出版の中桐和弥氏に厚く御礼申し上げます。

　2019 年 12 月

高 尾 淳 子

高尾　淳子（たかお あつこ）

学歴

放送大学大学院文化科学研究科博士後期課程修了　博士（学術）。
愛知教育大学大学院修士課程修了。名古屋大学教育学部卒業。

職歴

保育士、中学校・高等部教員（英語）を経て、現在は同朋大学社会福祉学部講師。
社会活動
保育士・幼稚園教諭の現任研修講師。　津島市子ども・子育て会議会長。
あま市家庭教育読本作成委員長。　日本ＬＤ学会大会実行委員・事務局員。　　他

論文

「保育における KI 活動 HOIKU-KI の適用可能性の検証」日本教育実践学会『教育実践学研究』17（1）1-12, 2017 年。
「インクルーシブ保育を実践する風通しの良い職場風土づくり及び人材育成の状況 - 保育職場の改善活動 HOIKU-KI の適用に向けた保育者意識調査を基に -」同朋大学社会福祉学部『同朋福祉』46（24）113-137, 2017 年。
「インクルーシブ保育推進の視点からみる保育三団体の研修事業の変遷 - 全国組織と地方組織の役割の検討 -」同朋大学学会『同朋大学論叢』（100）1-19, 2017 年。　　他

著書

『子どもの主体性を育む保育内容総論』みらい , 2018 年（分担執筆）。
『コンパクト版保育内容シリーズ 言葉』一藝社 , 2018 年（分担執筆）。
『保育士・幼稚園教諭のための障害児保育キーワード 100』福村出版 , 2017 年（分担執筆）。　　他

インクルーシブ保育実践者の人材育成
職場を活性化し学び合いの風土をつくる保育KI

2019 年 12 月 20 日初版印刷
2019 年 12 月 31 日初版発行

　　　著　者　高尾淳子
　　　発行者　中桐十糸子
　　　発行所　三学出版有限会社

〒 520-0835 滋賀県大津市別保 3 丁目 3-57 別保ビル 3 階
TEL　077-536-5043　FAX　077-536-5404
http://sangaku.or.tv

亜細亜印刷（株）印刷・製本